■01 2013年10月18日，在全国第三届基础教育课程改革与发展论坛（上海建平中学）上进行《"四学"主体型教学模式的实践与探索》经验交流

■02 2013年10月，与窦桂梅校长在上海市建平中学合影

■03 2013年07月，在第七届全国中小学特色学校建设高峰论坛上进行《弘扬儒学文化，传播文明精髓》汇报交流

■04 向顾明远先生请教并合影

■05 2013年12月，在国家教育行政学院参加校长培训

■06 向魏书生先生请教并合影

■07 2015年10月25日，在山西师范大学为国培班学员做《找准抓手，课题引领，搞好特色化学校建设》专题讲座

1

■08 2015年，在太原市尖草坪区做学校建设讲座

■09 2017年09月，在吕梁市交口县做《学习工匠精神，做"四有"好老师》专题讲座

■10 2018年08月，为临汾市大宁县校长班做《让我们相信教科研的力量》专题讲座

■11 2019年11月，在山西师范大学教师教育学院做国培讲座《初中校长的角色觉醒与治校实践》

■12 2021年07月，在山西师范大学教师教育学院做国培讲座《改革中前进，做灵魂"站立"的教育》

■13 2015年04月，省教科院卢红书记（时任副院长）及省、市、县领导到校指导小课题研究工作

■14 2016年，市教育局授予平定县实验小学校"阳泉市教育科研示范学校"奖牌

■15 参加小课题研究结题鉴定与验收环节的课题成果陈述与答辩
■16 在阳泉郊区文苑小学做小课题研究开题报告点评
■17 2016年阳泉市课题评审专家在实验小学校进行小课题结题鉴定与验收后合影
■18 2019年04月，在吕梁市交口县做课题专题讲座
■19 2013年11月29日，在山西省"影子校长"培训表彰会上进行优秀学员交流发言
■20 2019年在阳泉矿区桥头小学参加阅读活动指导点评

■21　2020年10月07日参加新教师入职培训开班仪式
■22　2016年07月参加首期中华优秀传统文化高级研修班
■23　2021年05月，为农村干部学历提升班做《团结一心，撸袖加油，开创乡村振兴新局面》专题讲座
■24　2010年10月带领新入职教师到我市红色教育基地——红育口小学旧址观摩学习

教坛心语

——中小学教育的

实践与思考

任建青 著

文心出版社

· 郑州 ·

图书在版编目（CIP）数据

教坛心语：中小学教育的实践与思考／任建青著．

郑州：文心出版社，2025.6 --ISBN 978-7-5510-2862-2

Ⅰ．①G632.0

中国国家版本馆 CIP 数据核字第 2025UQ4276 号

出　　版　文心出版社
地　　址　河南自贸试验区郑州片区（郑东）祥盛街 27 号　邮政编码：450016
发　　行　新华书店
印　　刷　郑州市毛庄印刷有限公司
开　　本　787 毫米×1092 毫米　1/16
印　　张　18.5　彩插　2
字　　数　244 千
版　　次　2025 年 6 月第 1 版
印　　次　2025 年 6 月第 1 次印刷
书　　号　ISBN 978-7-5510-2862-2
定　　价　78.00 元

如发现印、装质量问题，请与印刷厂联系调换。电话：0371-63784396

卷首语

讲台，是我心灵的圣地
教师，是我钟爱的职业
教育，是我孜孜的追求
教坛，是我生命的坚守

教坛心语——
教育征途的快乐采撷
理论探究的深邃思考
职业生涯的甜蜜回忆
思想园地的翘首仰望

观察，解读，交流
思索，顿悟，蜕变
心有所悟，笔底千钧
夙兴夜寐，笔耕不辍

流淌着追索的细流
盛开着芬芳的花朵
闪烁着真理的光辉
氤氲着学术的灵秀

教坛心语——
献给您，亲爱的同行
献给您，知心的朋友
拙作难免瑕疵
薄见有显粗疏
只望您理解我的一片赤诚
还有攀登路上的滴滴汗珠

序

不久前，我高兴地收到任建青同志送来的书稿《教坛心语——中小学教育的实践与思考》。乍看书稿副标题"中小学教育的实践与思考"，开宗明义，挈领提纲；品读内文，全书 64 篇文稿，24.4 万字，分《学校管理》《教学探讨》《现实思考》三大板块，井然有序。这是建青同志近年来扎根基础教育这方沃土，在宏观管理与微观操作两个维度的经验总结，也是她在实践探索与理性思维两个方面的创新成果。她用朴实无华的文字，如实记录了开拓创新的教育实践经历与发自心底的理性思索，一篇篇精彩文章恰似一朵朵绚丽浪花，跃动着智慧，润泽着读者的心灵。

教坛实践的一部新作

任建青同志是平定县乡镇中学第一位女校长，先后任职于岔口中学、巨城中学、岩会中学、城关中学、县实验小学和县教育发展研究中心（原县教师进修学校）。从教 35 年来，无论工作岗位和角色身份如何变换，她都扎根基层，不改初心，耕云播雨，琢玉点金，积累了丰富的教育管理与教学研究经验，先后获得省级教学能手、学科带头人、精神文明先进个人、最具魅力校长等称号，之后顺利取得正高级教师职称并荣获特级教师荣誉称号。这部文集，正是她在教坛辛勤耕耘的实录。

建青同志认为"课堂是师生心灵沟通、思想交流和思维碰撞的舞台"，因此，她在县实验小学校大刀阔斧地推行课堂教学改革。在本书的《教学探讨》板块，就有多篇文章论述"四学"（导学、自学、互学、悟学）自主课堂教学模式。这里既有对"四学"自主课堂教学模式的具体解读，也有应用性探索，仅看"导学"这一步，就有设计问题导学、探究活动导学、情景创设导学、学案试学导学等具体方法，还有巧用"四学"提升学生核心素养的教学案例及其要义解读，旨在"全面深化课程改革，落实立德树人的根本目标"。

一步步投石问路，一段段美好记忆，一个个岁月痕迹，有记叙，有反思，有感慨，更有诗一样的笔触，处处体现一个"实"字。这部文集的卷首语是一首小诗，应该是她撰写"心语"的自述："教育征途的快乐采撷，理论探究的深邃思考，职业生涯的甜蜜回忆，思想园地的翘首仰望。"可以毫不夸张地说，这部文集凝聚着建青的心血和汗水，彰显着她的才智，也昭示着她主持学校工作的正确性和先进性。

教育理论的一溪清流

我国战国时期的教育家荀子说过："不闻不若闻之，闻之不若见之，见之不若知之，知之不若行之。"现代革命家、教育家徐特立先生也说过："没有实际的理论是空虚的，同时没有理论的实际是盲目的。"而任建青同志这部文集，正是把她在教育实践中的所闻所见所知所行，积淀成教育理论的一溪清流。

在《学校管理》板块，建青同志首先用切身体会诠释了教师职业的本质"传道、授业、解惑"，而核心是"传道"。"传道"必先"悟道"，"悟道"必先"务道"。"君子务本，本立而道生。""教师务道，道专而业精。校长务道，道至而济世。"就是这么浅显易懂的道理，不少人却往往夸夸其谈，不得要领。所以，文集就切中时弊，很有针对性地提出了"校长悟道，贵在务道""校长之道，在于人道"，这无疑是学校管理智慧的结晶。

建青同志在县实验小学校任职期间，曾经邀请我为他们全校教师讲《论语中的教育智慧——君子之道》。这个同题讲座，我曾在机关、企业都讲过，所以，如何塑造"君子人格"是我多年来非常感兴趣的一个话题。我讨厌那些所谓"高大上"的纸糊假冠，而对被文化、教养熏陶出来的君子人物充满兴趣。建青虽然多年担任一校之长，从农村学校到县城大校，位高言重，但却谦逊低调，兢兢业业，她的所行所言，自然对人们有所启迪。文集中的《用先贤的智慧夯实学校德育的基石》《主题教育意义下校本课程的规划与实施》等篇，记述了她在县实验小学校围绕"仁爱儒雅"文化主题推行分段系列校本课程中，从"迷茫徘徊、初次尝试"到"总结定位、转身回归"的心路历程，当然也如实论述了其间的"困惑与思考"。回顾我曾经参与敲定的该校"德馨亭"上的楹联——"新德广业行方远，仰圣崇贤品自馨"，深感这句话正好用来形容建青，建青不仅是个谋事的实干家，而且极富教育思想和管理智慧。像她这样的雅人君子，我们更应该从文集中触摸她的心灵轨迹。

教师成长的一道曙光

教师的专业成长与发展之路，应该包括个人精神成长的一个个片段，还应该反映思想发展之路。建青的这部新作，正是从一个教育管理者的特别视角来反思并研究教师的成长与发展，以便更好地被人借鉴。所以，用平定县教研室原主任翟有祥老师的话来说，建青的新作是"引导教师成长的一道曙光"，我觉得斯言精当，故而深感这部文集尤显珍贵。

随着社会的不断进步，教育在社会中的作用越来越重要，这无疑对教师的专业化水平提出了更高要求。建青同志是从中小学校长岗位调任为县教师进修学校和县教育发展研究中心领导岗位的，因此，她处处从基层教育实践着眼，对教师的专业发展有着更加清醒的认识。提高教育质量的关键在教师，如果没有教师的专业发展，即便有再好的办学硬件，教育质量也是一句空话。

近年来，任建青作为市级课题评审组专家、市级小课题指导组核心成员，撰写了《教科研行动研究是教师体验职业幸福的源头活水》《小课题研究芬芳四溢，教师专业成长幸福相伴》《以校本行动研究推进中小学教师专业化发展》等系列文章，旨在引导教师从专业思想、专业知识、专业能力等方面不断发展和完善，以促进教师从专业新手不断成长为专家型教师。

教师的专业发展不尚空谈，重在实践。近年来，建青同志全身心投入教师培训工作，一是不断提升师训工作政治素养，将提高教师的师德修养和政治素质作为首要任务，明确作答"培养什么人？怎样培养人？为谁培养人？"之根本问题，厚植校长、教师的社会主义核心价值观，切实提高立德树人的政治自觉。二是坚持改革，不断创新，建立了"研训一体化"运行机制，落实了培训与课堂改革、校本教研、课题研究"三个结合"，校长、教师的自主成长意识得以激发。她组织的教师培训，既有专题讲座，又有案例展示，还有现场研学，形式多样、效果良好。我本人还应邀带领教师游学冠山，观摩红育口学校旧址，激发了学员的主体成长意识，对其经验的报道《阳泉平定县：创新有效培训模式，助力名师素养再提升》《平定县 2021 年新教师入职培训正在有序有效推进》还"登"上了"学习强国"。

整部文集既有大格局、新思路，如《切实找准着力点，让职业教育在基层落地生根》《"双减"的目标指向在"三提"》；又有高站位、前瞻性，如《利用云平台环境实现教学方式改革的实践与思考》《将国学经典纳入学校课堂教育体系》；还有全方位、系统化的课题研究，从常规教学到特色建设，从环境氛围到习惯养成，从反思自身到借鉴他人，头头是道，让人一看就知道作者是行家里手。再如《提高教育认知，担当育人使命》《浅谈家庭教育的引导策略》《全方位推进书法教育，立体化营造墨香校园》，方方面面，林林总总，都渗透着作者对基础教育工作的满腔热情和真知灼见。

窃以为，这部文集为培育新时代"四有"好老师奉献了智慧，对推动教师专业发展、推进教育高质量提升助益颇多，实在是一部不可多得的教科书式的个人专著。

在《教坛心语——中小学教育的实践与思考》付梓之际，作为古稀之年的教育老兵，我有幸提前拜读大作，深感欣慰，并愿借此把自己的所思所感与读者分享。先睹为快，挂一漏万，不揣浅陋，是为序言。

王世茂

目　录

第一部分：学校管理

管理，"方"管"圆"理。管，乃刚性的约束，以制度管事管人；理，乃柔性的梳理，以交际管人管事。二者结合，是为完整的管理。

学校管理，首先涉及人，班子成员、教职工、学生。班子成员精诚团结、以身作则、率先垂范，教职工团结协作、勤勉奉献、为人师表，学生朝气蓬勃、积极进取、全面发展，这三类人共同构成学校发展的"软实力"。其次涉及事，制定章程制度、构建校园文化、研究教学内容等，均无小事。最后涉及物，学校公共资产来之不易，积累更不易，是党、社会各界和纳税人共同作用的结果，应充分利用，倍加珍惜。

校长悟道,贵在务道

有幸参加了为期一周的"平定县中小学校长领导力提升北京师范大学高级研修班"的学习,聆听了九位来自一流大学、名优学校的教授、专家的精彩讲座,我如享饕餮大餐,喜不自胜,对教授、专家的许多观点都高度认同。学习归来,数日沉淀,我澎湃激昂的心开始在现实中渐趋平静,理性的思考进入教育实践的快车道,且学且思,且悟且行,感悟至深的一点是:校长悟道,贵在务道。

"君子务本,本立而道生。"教师务道,道专而业精;校长务道,道至而济世。从"悟道"到"务道",这是一个由"知"到"行"的过程。在现实生活中,只"知"不"行"的大有人在。实践证明,只有学以致用,知行合一,学习才能真正有价值。所以,我们不仅要"悟道",更要"务道"。

一、悟理念之道,务实施之策

一所学校最重要的元素是学生。以学生为中心的教育教学理念有很多种表述方式:"以学生为中心"的教学理念、"面向全体学生"的理念、"三个一切"的教育理念、"主体型"教育理念,等等。这些表述都很生动、很正确。提出理念很关键,实施理念的策略也至关重要,因为它决定了理念实施的效果。

学生活动的主要场所,一是课堂,二是校园,我们要在这两个场所实施有效策略,落实以学生为中心的教育理念。如在课堂上,我们实施"导学、自学、互学、悟学"自主课堂教学模式,通过针对导学、明确目标、起点展示、合作互学、分层悟学、自主小结、教师总结这七个环节,构建"主体型"课堂,让学生的智慧主宰课堂。

又如在校园中,我们通过实施"活动设计策略",组建艺体教师工作室和学生活动社团共20余个,通过绘画、唱歌、跳舞、练武、红领巾广播、班级自主综合活动课等社团活动满足学生的多元需求,开发学生智力,落实"品德好、习惯好、身体好、学习好、实践好"的育人目标,促进学生全面发展。

二、悟管理之道,务治理之策

校长要管好学校里起主导作用的"人"——自己、班子、教师队伍,这是校长管理最为紧要的三要素。"管"和"理"的工作过程,可以总结为一个字"治",即"管+理=治",管理的过程就是治理的过程。

校长要管理好自己,并不是一件容易的事情。"道自微而生,祸自微而成。"校长要做到严格自律,慎独慎微,始终不放纵、不越轨、不逾矩;始终保持一颗敬畏心、平常心;始终保持如履薄冰、如临深渊的警觉性;始终心存敬畏、手握戒尺,做到心中有党、心中有民、心中有责、心中有戒,增强政治定力、纪律定力、道德定力、抵腐定力,在防微杜渐上不舍尺寸之功。这是为师生之表率应有的修养与境界。校长要在工作、生活中认真落实习近平总书记的做人要求:"做人要实,就是要对党、对组织、对人民、对同志忠诚老实,做老实人、说老实话、干老实事,襟怀坦白,公道正派。"以上就是校长的治校之道、成事之要、修身之本,只有真正做到了,才能以律己修身的品格在全校师生中形成强大的示范效应。

管理党政班子是校长最重要的职责。校长的第一管理对象不是学生,不是教师,而是班子。学校工作搞不好,直接原因往往在于班子不团结,根本原因在于校长对班子的管理不到位。只有把班子管理好了,把班子成员的合力发挥出来了,校长的决策才能更加民主科学,才能凝聚班子成员的智慧,让班子成为"智囊团",打出"组合拳",使班子成为全校师生的"火车头"。

管理教师队伍是校长的主要职责。教师是学校工作的关键力量,加强教师队伍的管理必须加强制度建设。制度建设是学校管理的基础,用制度管人是校长依法治校的具体表现。如,教职工工作制度、请销假制度、绩效考核制度、评优评模制度、职称晋升制度等,都关乎教师的切身利益,理应纳入公平公正的法治轨道。同时,教师需要校长的人文关怀。多年的管理实践经验让我深深地体会到,教师是善良正直的,也是单纯脆弱的。哪怕是校长的一个会心微笑,他们都会感到备受鼓舞,工作干劲立即大增,这是上下级之间的一种感情沟通,非常宝贵。如果学校能够建立起充满人文关怀的激励机制,形成具有人文情怀的校园氛围,教师队伍的凝聚力、协作力将大大增强,从而推动学校的良性发展。

三、悟强师之道,务科研之策

为师之道,乃仁爱之道、师范之道、谦德之道。《礼记·学记》云:"是故学然后知不足,教然后知困。知不足,然后能自反也;知困,然后能自强也。故曰:教学相长也。"当前,我们的教师队伍由于受到各方面因素的影响,数量不足、素质参差不齐,专业实力还有很大的提升空间。悟强师之道,务科研之策,是解决这些问题的必由之路。所谓"闻道有先后,术业有专攻",学校领导团队要从德教、知教等方面开展研究引领,将师道篇章写在每一位教师专业成长的记录里。

教研科研工作本来是校长、教师的本职工作,而现实中许多校长脱离了这些工作,脱离了课堂,实际上也就是脱离了作为教育专业人员的"老本行"。苏霍姆林斯基说过:"如果你想让教师的劳动能够给教师带来乐趣,使天天上课不至于变成一种单调乏味的义务,那你就应该引导每一位教师走上从事研究这条幸福的道路上来。"可以说,坚持开展教研科研工作是学校可持续发展和教学质量提升的生命线。

四、悟修身之道,务立身之策

师者,为人师表,尤其当以修身为本,修身治教行大道。作为人民教师,我们如何修身? 要明德、立身。明德即领悟高层次的仁爱、忠义、诚实之美德,身体力行仁义之爱、人类之爱、人为贵之爱;常存"利他"之心,身体力行慎独、格物致知等品格,能够高度进行自我控制。作为人民教师,我们如何立身? 要加强自我修养、自我控制、自我反省,进而达到自我升华。当我们把自己浸润在优秀文化的氛围中并不断成长时,我们也必定和学生共处在教学相长的幸福里,教学双赢之境界便会自然生成。

校长作为师生之表率和楷模,应加强自我修身,深刻领悟教育之道,这既关系到学生的成长,又关系到教师的成长,归根结底关系到民族的发展、国家的进步。作为校长,我们要思考:立德树人的根本任务如何完成? 立什么德? 树什么人? 我们要用教育实践回答"怎样培养人""培养什么样的人""为谁培养人"的重大教育问题,要站在党的立场把准教育的方向,要站在人民利益的角度抓实教育发展,要站在民族发展的大局提升师生的核心素养。因此,校长修身的基础在仁爱大义,校长为人的基础在忠恕、担当,校长立业的基础在术业专攻,校长要在平凡的工作岗位上,担起实现中华民族伟大复兴的中国梦的重任,把建设祖国的接力棒代代传承,永续发展!

校长悟道在心,务道在行。习近平总书记指出,中华民族伟大复兴,绝不是轻轻松松、敲锣打鼓就能实现的。全党必须准备付出更为艰巨、更为艰苦的努力。我们的教育也是这样,要实现学校管理不断进步,教育事业持续发展,绝不是吹吹捧捧、轻轻松松就能实现的,校长、教师必须付出辛勤的劳动、艰苦的努力。校长要静下心来,扑下身子,守住本真,方能不负使命。让我们在追逐教育梦想的光明大道上建业修身,不断走向美好吧!

校长之道，在于人道

人道，本义指以爱护人的生命、关怀人的幸福、维护人的尊严、保障人的自由等为原则的人事或为人之道。我这里所讲的"人道"是指以"人和"为目标，贯彻上述人道品质的治校方法。

学校是教育人、培养人的地方，办学目的是培养德智体美劳全面发展的社会主义建设者和接班人，但在社会发展日新月异、教育蓬勃改革的今天，没有教师的成长和发展，就没有学生全面健康的成长，所以学校同时也是引领教师成长、发展的地方。校长作为学校的掌舵人，要善于抓住学校建设和发展中利于"人和"的关键因素，理性而科学地抓好"三支队伍"建设，为学生的快乐、健康成长和全面发展创设一流的人文师资环境。因此，学校培养人的终极目标是学生，关键目标是教师，这两类人的生命安全、人格权利、成长发展、幸福指数等都与校长是否实施人道管理有直接关系。我将十几年做校长的经验总结为一句话：校长之道，在于人道。

一、人道管理的首要目标在班子队伍

校长只要抓住了班子队伍、班主任队伍、教职工队伍这"三支队伍"的建设，就抓住了学校建设的"重中之重"。这是校长的基本素质和职责，也是一所学校的事业走向成功和辉煌的灵魂所在。

要想人道管理落实在学生身上，班主任要做好人道管理的"排头兵"，教职工要做好人道管理的"主力军",这两支队伍充分发挥作用的前提是班子首先实施人本管理。很多校长把人本管理理解为减少纪律约束、降低工作标准、放宽出勤考核、减少课外活动和教研活动、缩小评价考核差距,营造出一种"你好我好大家都好"的一团和气的局面,结果导致教职工纪律松散、观念落后,教育教学质量降低,学校工作呈现一盘散沙状态,这是极端错误的。所以,人道管理的首要目标是班子,而且对班子的管理要从严、从实、从细。

校长抓班子队伍建设,核心是选好人、用好人。用什么样的人?两条标准:一是靠得住,二是有本事。靠得住是指人品好;有本事主要指做事情有思路、有方法、有敬业奉献精神、有公平作风和创新精神,同时能心系教师、心系学生、心系学校大局,有良好的群众基础。符合这两条标准的班子成员,不仅让校长放心,而且教职工乐意配合其工作。

领导可以影响下属的思想。校长首先要把自己的理念、办学思想转化为班子的理念和思想,把自己的管理思想转化为班子成员具体而有针对性的管理行为。所以,大家要形成共识,学校的每位领导实施的管理行为都不是个人行为,都不会针对某个人。这些管理行为代表着学校领导班子的集体意志,从根本上讲,代表着全体师生的利益。班子成员"互为主角、互为配角",在各有侧重、各把一关的同时,更多的是相互配合和相互影响,"互相支持,好戏连台;互相拆台,一起垮台""一荣俱荣,一损俱损"。只有班子成员的思想和校长的思想保持一致,班子成员的执行力才会大大提高,这样的思想理念也会影响每位教职工的思想,如此,人本管理的合力就自然形成了。

道理是相通的,如果全体党员干部、群众都能认识到"学校应该是教师、学生、班子一起成长的地方,大家共同构成学校舞台的主角,所以大家要共同进步;一所好学校应该是一个出优秀教师、优秀学生、优秀干部的地方;任何一位校长都不可能是'完人',她的不完善乃至弱点需要班子成员和教职工来坦诚地帮助和弥补",并能够精诚团结、共同向上，那么人道管理带来的人本和谐氛围将会滋养学校，教育的成功自然不在话下。因此，校长之道在于人道，人道管理要从校长"人道"抓起！

二、人道管理的关键目标是教师，要由每一位教师去实施

第一，学校对教师队伍实施人道管理，创造仁爱、和谐、向上的学校文化和工作环境，保护教师的生命安全，尊重教师的人格权利，提升教师的职业幸福指数，帮助教师实现人生价值。第二，教师对学生进行人道教育和管理。这里有两个层次：班主任是教育、管理学生的核心力量，他们对学生的教育影响最为全面、最为深远，所以班主任的教育理念和方法是学校管理是否人道的"窗口"和"试金石"；科任教师是教育、管理学生的重要力量，他们对培养和发展学生的多元素质起到极其重要的作用，所以科任教师的教育理念和方法与班主任保持高度一致，乃至有创新，是学校人道管理深入开展的重要标志。

（一）引导班主任做人道管理的"排头兵"

人们都说"一个好校长就是一所好学校"，这句话强调了校长的重要性，然而我更相信"一个好班主任就是一个好班级，一支好班主任队伍就是一所好学校"。班主任队伍是学校的脊梁。在他们日复一日的工作中，我们可以看到他们平凡中的伟大、勤勉中的大爱，可亲可敬可爱的班主任形象永远是学生的精神支撑。但是，整体形象不代表全部形象，个别班主任还存在认识不高、工作思路不明确、治班策略不科学、班级管理不自主、个人素质待提高等问题。班主任教育学生的方式方法粗暴，引起家长不满或社会强烈反响的事件时常见诸报端，这是与学校人道管理相悖的。如何杜绝？要明确工作方向。

教育的根本任务是培养人才，要坚持德育为先、坚持能力为重、坚持全面发展，强调"重点是面向全体学生、促进学生全面发展，着力提高学生服务国家、服务人民的社会责任感、勇于探索的创新精神和善于解决问题的实践能力"，并创新人才培

养模式,注重学思结合,注重知行统一,注重因材施教。"教育要培养什么样的人"和"教育应怎样培养人"的答案皆在于此。这就是新时期教育工作者应该坚持的工作方向,也是班主任应全面深刻领会并加强执行力的工作指南。

班主任明确工作方向比努力工作重要得多,我们最怕认真负责却没有方向、不懂方法的老师。长期以来,"育人为本"的中心在弱化,"学科为本""知识为本"的现象在强化,本应作为人的发展基础与手段的知识被当作最终的教育教学目的,知识点成为教学与考核的重点。现在的教师,当然包括班主任,最缺的就是教育学、心理学方面的知识,"为知识而教育,为知识而教学",急功近利的目标追求演化出了各种各样的"不平等和不均衡"现象。所以,学校对班主任要进行与时俱进的教育管理,要学习党的教育方针、政策、前沿理论和明确最新的教育导向,学习教育理论(教育学、心理学等),引导他们学习、实践、探索、创新科学的教育教学方法,用先进理论武装头脑、指导实践,用实践创新完善所学理论,从而摒弃"在经验主义的圈圈里继续兜圈圈"的守旧做法,如此,学校才算是做到了"根本性的人道管理"。同时,班主任要做到"懂教育是基本要求,研究孩子是必修课,把教师的要求转化为孩子的需要,转化后进生并不是补课";要在"专业化发展"方向上主动跟进,当好教职工教育教学改革的"排头兵"。一所学校,只要班主任这支队伍靠实了,学校的整体工作就成功了一多半。

(二)引导教职工做人道管理的"主力军"

1.关心学生

关心学生的生活,关心学生的心理状况。我们的教育工作有一个很大的误区,就是过分关心成绩,极少关心学生的生活和心理发展。学生作为独立的个体,有不同层次的需要,首先表现为对自己身体上、心理上的安全的需要。因此,关心学生首先要关心学生的安全。

一个人的成长需要多种营养:物质营养、智力营养、情感(心理)营养等。而我们往往只重视学生的成绩,忽略了其他。其实,现在的学生最易产生"情感饥饿",最缺情感(心理)营养。多数学生需要爱。特别是离异家庭、单亲家庭、留守家庭中的孩子最需要的是爱。教师的基本职责,就是要合理满足学生的心理需求,使学生心理健康、和谐发展。人的心理一旦得不到满足,人就要闹情绪,甚至做出些意想不到的事情,因此,育人要先育心。要提高学生的学业成绩,就学习谈学习是达不到目的的。

2.尊重学生

爱一个人首先是尊重一个人,要把学生当成一个大写的"人"。

(1)尊重学生平等受教育的权利,尊重学生的人格。有老师上课抽查,当轮到一个后进生时,就把他跳过去,这就是不尊重人。这个后进生在日记中写道:"如果太阳像我的老师那样的话,只照地球的一个地方,那么其他地方则连草都不会长。即使长了,也会枯萎。"尊重学生就要尊重学生的人格权。如果一个学生丢了东西,就搜全班学生的书包和口袋,这显然是对学生人格的不尊重;随意停学生的课,是对学生平等受教育权利的剥夺,是违法的。

(2)尊重学生的意见,让学生参与班级、学校管理。学生的意见能采纳的应尽量采纳,让学生感觉到自己是班级、学校的主人。教师要善于将自己的观点变成学生的观点,并把自己的观点转化成学生的话说出来。应该这么讲,管理的最高层次是使每个学生都觉得自己在班上独一无二又不可或缺。

(3)尊重学生的思想。如有语文老师在课堂上讲了一篇课文后,说:"同学们,回家后将这篇文章背下来,明天抽查。"这时,有学生小声地问了一句:"老师,你背得出不?"老师听后没说话。第二天上课时,这位老师首先将课文背给全班学生听,之后才抽查学生,全班学生都很佩服,这就是身教。试想,如果他当时批评这位学生,效果又如何呢?

3.相信学生

我们应该相信学生都有努力成为好学生的愿望。

相信学生就是要对学生抱有积极的期望,着眼于学生的未来,而不是学生的过去。教师积极的期望,可以激发学生的自尊心和自信心,这就是皮格马利翁效应。对学生抱有消极的期望,必然会阻碍学生的健康成长,甚至摧毁学生的一生。比如,一位英语成绩较差的同学,通过一学期的努力,终于考了78分,老师却问:"你作弊了吗?"这一句简短的问话,将会对这个学生的心灵造成多么严重的伤害!

对后进生来说,自尊心和自信心更为重要。转变后进生的良方就是要想办法恢复他们的自尊心和自信心,如果能让每个后进生都抬起头来走路,那么我们的教育就成功了。要相信后进生,更要相信犯错误的学生。我们的教育的着眼点是防止学生犯错误,而不是对错误行为过分指责。一位伟人曾经说过:世界上只有两种人不犯错误,一是没有出生的,二是已经去世的。人都是在错误中学会经验。对待后进生,应该低起点、多反馈、多鼓励。哈佛大学心理学家威廉·詹姆斯通过研究发现,一个没有受到激励的人,仅能发挥其能力的20%—30%,而当他受到激励时,其能力可以发挥到80%。怎样让大批后进生喜欢学习、喜欢学校是目前学校教育的一个大问题。要相信后进生,珍惜后进生。通过教育,后进生都能成为社会有用之才。

4.理解学生

理解学生要移情式理解,要站在学生的角度理解,要有情感上的理解,不能用道德规范强制要求学生。比如,学生早恋问题,我们应该坚决反对,但同时应该移情式理解,并给予正面引导。"两小无猜——异性排斥——异性吸引",这是人成长的正常规律。不要用成人的眼光去看待学生,不能用固定的教师角色去理解学生。

理解学生的关键是理解学生的错误。列宁说:"年轻人犯了错误,上帝都会原谅。"小学生犯错误,所有人都应该原谅!我们应站在学生的角度去理解学生的错误,并注重师生之间的沟通,关键是做好教育和引导工作。转化后进生,不是给后进生补课，而是与后进生交朋友。

5.谅解与宽容学生

对学生要适度地宽容，对学生的错误，宽容胜过惩罚，宽容比惩罚更具有教育意义。

我们以前有一个误区，过分放大学生的错误。中小学生自制力不足，心理与生理的发展不协调，犯这样那样的错误是正常的。有一个名牌大学的学生曾给他的小学体育老师写信，感谢他的谅解与宽容。故事是这样的：期中考试的前一天傍晚，这个学生为了考一个高分取悦父母，就翻窗户钻进老师办公室拿试卷。当他刚把试卷拿到手时，门响了一下，体育老师进来放器材，这个学生吓得赶紧用手遮住脸。体育老师说："你不要放下手，我也不知道你是谁，就当什么都没发生过。但你要记住，不属于自己的东西不要拿。"如果当时这个体育老师不能移情式地理解这个学生，我们可以想象这个学生会受到怎样的处罚，留下怎样的心理阴影！

宽容是一门艺术，教师的宽容要做到严中有宽，宽中有严，严中有爱，宽中求实。

（1）时间上宽容。就是常说的"打时间差"。比如：学生上课犯错误，尽量在课后处理；学生在上午犯错误，最好在下午处理。如果当时处理，将会影响学生听课的效果。要给学生一个冷静反思的机会，给他们留出认识错误的性质和影响的时间。同时，给自己选择处理方法留出余地。

（2）空间上宽容。处理问题要讲究场合。曾国藩有句名言："扬善于公庭，而归过于私室。"公众场合发生的问题，尽可能在私下处理，教室内发生的问题，可放在办公室处理，给学生以台阶下。让学生从心灵上感受到班主任对自己人格的尊重，防止学生出现逆反心理，拒不承认错误。如此缓冲，避开尴尬场面，学生就会以良好的心态接受批评教育。

（3）教育语气上宽容。要讲求实效地做好犯错误学生的思想工作，说话千万别伤害学生的自尊心。要使学生感觉到班主任确实在为他着想。

（4）认识上宽容。师生之间本来就不应有越不过的鸿沟。要架设一个沟通的桥梁，以诚相待，以心换心。无论在任何时候，都不要认为学生是在和自己作对，是在和自己过不去，更不能对学生所犯的错误轻易下结论，而应该深入调查学生犯错误的原因，根据不同的情况采取不同的教育方法。

（5）条件上宽容。即允许犯错误的学生讲条件，给他留下改正错误的机会。如有学生旷课 12 节，应该在全班检讨，但他不愿意在班上检讨。此种情况，班主任不妨"妥协"一下，使学生感到老师对自己的尊重和信任，从而积极改正错误。

（6）态度上宽容。当学生所犯错误较严重，而本人又不愿承认错误时，我们必须克制自己的情绪和态度，冷静对待，同时又让学生感到老师的严厉和对自己的关怀，使其产生愧疚之心，进而改正缺点和错误。

三、人道管理的终极目标在学生，要落实到每一位学生身上

首先，保护学生的生命安全是前提。生命是至高无上的，生命是最为宝贵的，珍爱生命是社会进步的重要标志。学校要通过一系列切实有效的安全管理制度、警示教育措施来保证每一位学生的身心安全。

其次，保护和尊重学生的人格。简而言之，师生的人格是平等的，教师是"平等中的首席"，学校和教师要为学生创造平等受教育的机会和条件，保护每个孩子平等受教育的权利。

最后，让学生享受快乐、幸福、有成长性的教育。创造"适合学生的教育"，让学生选择教育，而不是让教育选择学生。

关于实施基础教育课程改革的反思和对策

基础教育课程改革作为推进素质教育的核心工作,是我国政治、经济发展的客观需要,不仅关系到个人的发展,关系到国民整体素质的提高,还关系到国家和民族的兴旺。而基础教育课程的一系列改革,最终都要靠教师在教学中去实现、去完善。新课程能否顺利实施,关键在于教师的素质能否适应改革要求。因此,加强教师对新课程的理解,提高教师实施新课程的能力和水平,使教师尽快走近新课程,属众愿所归。

一、反思

反思是教师以自己的职业活动为思考对象,对自己在职业中所做出的行为以及由此产生的结果进行审视和分析的过程。教师反思是教师持续学习的最基本动力,是教师专业发展和自我成长的必要条件。因此,教师要从促进课改的具体实施者转变为教育教学的自我反思者,这是课改工作真正启动的动力源。课改能否顺利实施,各个层次的人的认识能否到位是基础。各层次的人只有经过深刻反思,才能形成高远的认识。

校长、中层领导反思:对课改精神的理解有多少? 指导、主持学校工作的基本理念是什么? 能否为学校、师生的可持续发展设计一幅与时俱进的蓝图? 作为课改教研、校本教研的主体力量之一,我们与教师平等沟通的次数有多少?

教师反思:教育教学的目标是精英教育还是全面育人?有多少充满灵性和智慧的孩子被我们遗忘?教育教学行为是否符合科学的教育教学规律?教育教学的过程设计是立足学生,为了学生的发展,从学生出发,还是立足自己,为了方便自己,一切从自己出发?从教育教学的效果来看,自己的教育教学行为是否全面贯彻落实了党的教育方针?是否符合素质教育的要求?

二、对策

(一)校长要进入角色,率先发展,做好带头人

课改中校长要率先发展,树立自己的课改新形象。

1.校长要更新教育观念,做课改的引导者和传递者

校长要通过研读《国务院关于基础教育改革与发展的决定》、教育部印发的《基础教育课程改革纲要(试行)》《义务教育课程设置实验方案》等有关文件,通过阅读各学科的课程标准(2022年版)、观看有关课改的专题片等,使自己先于教师领会课改的精神实质,尽快转变自己的教育观念,使自己在课改新领域率先得到发展,为做好课改带头人奠定坚实基础。同时,要通过校本培训、课堂教学展示等多种渠道,与教师平等沟通,将自己的全新理念传递给教师,真正引导教师尽快转变观念、角色,改善教学方式。

2.校长要转变管理理念,做课改的服务者和同行者

校长要能够放下架子,抛开杂务,走进课改教学第一线。只有走进课改第一线,听课、代课、教研评课,才能倾听到基层"真言",感受到课改勃发的生命力,发现课改存在的问题并提出相应对策。校长要具有"敢为天下先"的精神,大胆地从传统教育的旧框框中走出来,以高效的管理机制作保障,这是课程改革顺利实施的重要条件。课堂教学没有充足的时间,学生的小组讨论就只能流于形式。同理,在校本培训、教

研中，如果没有充足的时间和空间，那么教师的学习提高、教研沟通就绝对没有实效。校长能否在校本培训、教研中下本钱、广开路是衡量课改能否顺利实施的试金石。保持"内挖潜"的教研模式的生命力，需要合理实用的激励机制，采用"走出去、请进来"或"结对子、手拉手"的教研方法需要大量投资。校长肯不肯在这方面投资，能够直接反映其参与课改的决心和抓课改工作的力度，同时也反映了学校课改工作可能达到的水平。总之，新课程理念下的学校管理应该与课改同步"成长"。

（二）中层领导要超前领悟课改，走在前列，当好"排头兵"

校级领导是校长的左膀右臂，是联系校长和教师的纽带。教师在生活中、工作中的情感倾向、意见、建议，中层领导比校长感受得更真切。因此，中层领导应超前领悟课改，观念与校长保持同步，以保证自己始终走在课改前列，当好课改的"排头兵"。试想，一所学校如果只有校长走在课改前列，而中层领导对课改精神的领悟却远远落后于教师，这样的课改效果可想而知。

（三）教师转变观念，深入教研，力争百家争鸣

广大教师要认真学习，深刻反思，真正认识到课改的必要性；转变观念，深入研讨，随时、随地、随机地开展课改工作，扬长避短，交流合作，博采众长。教师要在"摸着石头过河"的这场改革中，在教学行为的改变中，"八仙过海，各显神通"，力争出现百家争鸣、百花齐放的局面。那么，在课程改革中，教师的教学行为会朝哪些方面发展呢？

1.在对待师生关系上，做到尊重、赞赏

"为了每一位学生的发展"是新课程的核心理念。热爱一个"好学生"是教师容易做到的，难能可贵的是对后进生的爱心。赞赏那些爱质疑教师的学生可以使教师更有威信。

2.在对待教学关系上，做到帮助、引导

教育的职责是帮助，教师是学生学习的协助者、服务者。教育的本质是引导，引导的特点是含而不露、指而不明、开而不达、引而不发,引导方法、思维、做人原则,引导表现为启迪、激励、帮助、服务。

3.在对待自我上,做到反思

坚持常反思、深反思、全面反思,只有促使自己形成自我反思的习惯和自我监督的能力,才能天天都有新体会、新收获,天天产生新思想、新方法,天天都能活出一个鲜活的自我。

4.在对待与其他教育者的关系上,要合作

教师之间要平等沟通、取长补短、相互促进,这不仅有教学意义,更具有教育功能。教师要与学生家长经常性地、建设性地沟通并互相配合,这对于学生健康成长的重要性不言而喻。

"教师将成为每一个学生求知的顾问、交换意见的参与者、帮助发现真理而不是拿出真理的人""即使是最普通的学生,只要教育得法,他也会成为不平凡的人""多一把衡量的尺子,就会多出一批好学生""引导学生寻找学习方法比给学生传授知识更为重要""提出一个问题比解决一个问题更重要",这些全新的理念告诉我们,反思和学习是我们基层教育者的生命之需、生存之需、育人之需、创新之需、终身之需。

在处理好以上这些关系,贯彻好这些新理念的同时,一堂堂好课便会以绚丽的色彩展现在学生面前。

总之,课改实施的重任落在了我们基层教育者身上,我们不必抱怨条件艰苦、设备不足,不必抱怨师资紧张、时间空间有限,也不必抱怨学生家长不够配合。课堂的 45 分钟在我们手上,硬件设施不是课改实施的决定性因素,我们教育者的理想信念、历史责任感和时代使命感才是推动课改实施的根本。"教育是未来,未来的前景就在于奋进。"我们坚信,只要我们执着地追求、不懈地努力,课改实施必会带来教育的腾飞。为此,如何进行深刻而全面的反思,才是我们——基层教育工作者必须考虑的关键问题。

用先贤的智慧夯实学校德育的基石

案例一

许多家长反映，孩子学习了《弟子规》后，在家庭中的表现明显转变了：原来是常常悄悄外出玩耍，现在出门一定会告诉家长，得到家长许可后才出门；原来是吃完饭便溜之大吉，现在一定会及时帮助家长收拾碗筷、擦净饭桌；原来吃东西总是挑三拣四，不懂得礼让，现在反倒会拿着自己爱吃的食物先让家中的长者品尝；原来是家中来客人总躲得远远的，表现出与己无关的态度，现在会为客人端上一杯茶，并主动打招呼……"真是不可思议，有时候孩子还用《弟子规》中的原文教育我们家长！"这是家长的感叹。

案例二

很多班主任老师反映，学生学习了《弟子规》后，班级管理容易多了，很多事情学生都能自觉地处理好。原来常出现的"丢东西"（实际上是随便借、拿同学的文具、书本而没有告诉同学）现象几乎没有了，因为孩子们知道了"用人物，须明求。倘不问，即为偷。借人物，及时还。人借物，有勿悭"；原来频繁的"告状"现象（不知道事实真相，而凭现象和主观臆断说同学的不是）明显少了，因为孩子们知道了"见未真，勿轻言；知未的，勿轻传"；原来班内给同学、老师起外号的现象没有了，因为孩子们知道了"人有短，切莫揭；人有私，切莫说"；原来学习不专心、不用功的学生转变特别大，因为他们知道了"勿自暴，勿自弃。圣与贤，可驯致"，知道了"读书法，有三到。心眼口，信皆要"……

国学校本读本《弟子规》被我校师生捧读。我在此书前言部分写下了"把光辉的种子种在心田"，意在号召教师、学生、家长共读，使人人都"仁爱谨慎地把这颗高贵的种子安放在心里，在用心拜读、践行中，使之生根、发芽、成长"。教师、家长和学生共同经历了这个"种种子、观生长"的过程，体会多多。这个教育案例说明：优秀传统思想可以被学生记忆、内化，并转化为行动，优秀传统文化的德育力量便转化为学生的核心素养。

举案说理

中华优秀传统文化光辉灿烂，而《弟子规》是其中的一颗璀璨明珠。只要我们结合实际、古为今用，《弟子规》所传递的正能量是十分强大的；只有认真"读文"，才会"悟理"，才能"养德""导行"，坚持在读中悟、在悟中行，对学生的做人、交际、学习、成长等都具有非常重要的指导意义。《弟子规》的教育效果给了我们两个方面的启示：

1.德育是首要的，比学习知识更为重要

《弟子规》的总序说："弟子规，圣人训。首孝悌，次谨信。泛爱众，而亲仁。有余力，则学文。""孝、悌、谨、信、爱、亲、仁"都是讲做人的，"有余力，则学文"是讲学习的，意为只有把人做好了，才有余力去学知识。可见，做人是做学问的基础，是一个人一生做事成功的基础。

2.德育是无痕的，应当渗透生活的每一个细节

学习《弟子规》，就是要把圣人的教诲贯彻到生活中，落实到自己的一言一行中。首先要做到孝敬父母（泛指所有长辈），与兄弟姐妹（泛指所有同辈）和睦相处。其次是严格自律，诚实守信。最后是平等博爱，见贤思齐。无痕的德育才是最为自然的、深刻的，才能使一个人受益终身，教师应不懈探索与追求。

总之,师生共同学习国学文化,不仅是提高自身修养的过程,更是教育思想升华的过程。我们要指导学生学习、践行中华优秀传统文化,就要自己理解透彻其精神内涵并身体力行;我们要教育学生树立"为实现中华民族伟大复兴而奋斗"的高远志向,就要落实"立德树人"的根基工程;我们要用先贤的智慧去引导学生,就要充分发挥国学文化的德育力量。

校园文化建设要为学生的成长服务

校园文化彰显着一所学校的特色,是特色学校建设中"外显"的重要组成部分,或通过"物"的形式展现出来,或通过"人"的行为表现出来。我在教育实践和学习中形成了一个观点:校园文化建设要为学生的成长服务。在此,以我校平定县实验小学校为例进行说明。

一、以百年的优良传统为基石,确立立德树人的办学思想

平定县实验小学校占地面积为 10810 平方米,建筑面积为 9369 平方米,有教学班 50 个、学生 3245 名、教职工 130 余名,是山西省示范小学、山西省素质教育示范校、山西省特色学校。学校坐落于县城中心原州府圣庙所在地,已逾 600 年的大成殿仍伫立在校园,棂星门为学校的大门,古朴典雅中透出这所百年老校的厚重历史和深厚底蕴。借此区位优势和建筑特色,汲取"至圣先师"孔子的教育思想,我校以"儒家文化精髓"为校园文化建设方向,在办学思想、育人环境、课堂教学、主题活动等方面贯彻校园文化建设思路,为学生的全面发展、健康成长提供土壤。

秉承"仁爱崇文"的办校思想和"面向全体,全面发展"的办学理念,学校持续开展了以"弘扬儒家文化精髓,孕育全面发展人才"为主题的特色活动。以"全面教育"为魂,以"生本教育"为基,以"校本建设"为先,围绕"仁爱崇文,儒雅大成"的文化主题,强化"仁爱儒雅我能行"的教育特色,按照"多元文化育多元人才"的建

设思路,确立了"一二三四"的文化建设思路:一个目标,瞄准"文化育人"这个目标;两个平台,搭建校园环境与教室环境两个文化平台;三个结合,做到校园文化建设与优秀传统文化、体育和艺术教师工作室教学、校本教学实践相结合;四个内容,是指实施爱国主义文化、优秀传统文化、廉政文化、安全警示文化进校园。这种文化建设思路旨在引导学生在思想上领会"仁",在情感上体验"爱",在学识上成为"儒",在行为上表现"雅",致力于使学生成长、成才、成功,可持续发展。

二、以优秀的精神文化为滋养,建设符合认知的育人环境

学校以多层次的空间为平台,刻意营造以儒家文化精髓和优秀传统文化为主要内容的育人氛围:学校的每一面墙壁都在"说话",学生可以随时感受到儒雅氛围;墙壁上所展示的作品以学生创作的作品为主,展现出学生良好的风貌;以"敬廉崇洁我能行""爱在心间我能行""多才多艺我能行""争做少年先锋,胸怀报国梦想"等为主题的书法作品、绘画作品、手抄小报、漫画作品随处可见。无论立足哪一点,学生都能品鉴到同伴学友的作品,都能欣赏到名家的佳作。育人环境以学生的认知为基点,学生智慧的火花被碰撞出来,美好的心灵在成长,精神、情怀得到滋养。

三、以改革的实践探索为引导,构建生命灵动的课堂教学

课堂是学校教育教学的主阵地,课堂改革是教师永远的课题。我们的基本理念是:课题引领,行动研究,构建让学生自主、使生命灵动的课堂。

1."四学七环节"模式统领各学科教学改革

近年,我校以"'导学自学互学悟学'自主课堂教学模式研究"课题为引领,灵活实践"四学七环节"模式,深入进行课堂教学改革。"四学"即导学、自学、互学、悟学。导学——问题导学、实验探究导学、实践活动导学或学案导学等。自学——

问题主导,学生先学,起点尝试,了解学情。互学——小组交流,互补学习,生成学习,比学赶超。悟学——学生练习强化,领悟主旨、关键;教师点拨讲解,促进课堂生成;分层指导学生,促进优化提高。"七环节"指针对导学、明确目标、起点展示、合作互学、分层悟学、自主小结、教师总结。根据教学目标、重点难点、学生思维状态、课堂生成等情况,教师或重点选择使用其中的几个环节,或重复使用或变通使用某几个环节。

"四学七环节"课堂教学模式有利于革除传统课堂的弊端,对教师树立新理念、实施新方法起到了规范、引领的作用,学生"怎么学"和教师"怎么教"的问题得到了有效改进。在改革实践中,教师经历了"有模用模"到"创模多模"的过程,素质优良的教师已进入"无模"状态,并形成了独特的教学风格。

2.小课题研究助力教师专业成长

小课题研究的目标是使教师成为有思想、善创新的教师,切入点是教育教学中司空见惯的"小问题",着力点在于"小问题"的解决。小课题研究的生命力在于其实践性,吸引力在于成果的可操作性和普惠性,价值在于促进教师的专业成长。我校是全国教育科学"十二五"规划课题"小课题在中小学教师专业发展中的实践研究"实验学校,有54项小课题立项,参与教师108人,占在岗教师的85.7%,现已有34项结题,有11项晋升为市级课题。小课题研究成为提升教师专业水平的主要抓手。

特别值得一提的是,在阳泉市教师小课题研究成果展示现场会上,时任山西省教科院副院长卢红亲临指导,她认为我校教师郗艳妍和郭翠红所做的课题体现出了"问题意识强"和"研教相融浓"的特点,认为我所做的"扎实小课题研究的行动,享受教科研成果的幸福"的汇报具有较高的价值,值得学习推广。我校全体教师因此备受鼓舞,更加专注于提升自身专业素养,更加用心地探索让生命灵动、使教学相长的课堂境界。

3.书法教育教学成为弘扬优秀传统文化的亮点

近年，我校以教育部出台的《中小学书法教育指导纲要》为准绳，本着"让每一个学生在书法方面受益"的教育目标，坚持"立字立人，练字练心"的教育理念，全方位推进书法教育，立体化营造墨香校园，努力做到了既贯彻面向全体的普识教育，又关注个体的独特体验和成长，充分发挥了书法教育在良好习惯养成、审美情趣提升、人格品质培养中的特殊作用。

我校的主要做法：一是建立管理制度，重视评价；二是建立专业队伍，强化师资；三是开展课题探究，探索规律。教师坚持因材施教原则，力求"定位中间，兼顾两头""精讲多练，讲练结合""分层指导，分层评价"，课堂上注重技能训练和欣赏能力的培养，帮助每一个孩子打好写字基础，奠定书法根基，形成一定的书法审美能力。在墨香中，优秀传统文化之"真、善、美"在师生笔端流淌。今后，我们将继续推动书法教育向常态化、全员化、专业化、均衡化迈进，使全体学生共沐中华国粹的光芒。

四、以多元的内容为载体，开展丰富多彩的主题活动

1.多种艺术，传承经典

学校组建了书法、绘画、合唱、舞蹈等社团 20 余个，儒家文化精髓通过学生们的书、画、唱、舞等形式展现在"六一"文艺汇演及"校园文化艺术节""新年书画展""读书节"等活动中；校田径队、乒乓球队多年来在县、市级比赛中，成绩名列前茅；校文艺队所排演的节目多次荣获县、市级比赛一等奖……优秀传统文化教育在我校不仅入脑，而且入心。

2.班队活动，主题鲜明

我校班队活动的特色是：大队部确定活动方案，各中队的班队会主题突出、成果丰富。如：开展主题班队会"三爱三节""关爱残疾人·有你有我"等；中队会开展主题演讲"做仁爱之人，扬儒雅正气""崇德向善"等；开展手抄小报比赛"中华文

化,传承美德""寻找英雄的足迹"等;开展"小主持人比赛""才艺展示大比拼""红领巾汉字听写大赛"等;红领巾小记者跑"两会",采访人大代表、政协委员,传播"两会"之声;小记者下乡与农村小朋友"手拉手",走进田间体验种玉米的全过程;小记者走进养鸡场拣鸡蛋,走进厨房煮鸡蛋……多元的主题活动蕴含着社会主义核心价值观教育的大方向,立足于传承儒家优秀文化,着眼于发展学生的多元素质,全面育人理念渗透其中。

3.群英荟萃,小荷崭露

优秀少先队员赵捷参加了全国第五届少代会;鹿中一参加了全国第六届少代会,她陪同时任总书记胡锦涛参观了中国科技馆,还在中央电视台《大风车》栏目即兴表演了节目;省优秀少先队员王鑫楠在山西省"两会"上提交了自己的提案,李钰洁表演了节目,赢得与会代表的一致称赞;"十年磨一剑",辛勤耕耘多年的大队辅导员温素芳参加了全国第七届少代会,在人民大会堂聆听了习近平总书记的谆谆教导——这些共同构成了这所百年名校的亮丽风景。

4.教室内外,书声荡漾

在"晨读、午写、暮省"的良好氛围中,我们开展了读书主题活动"诵中华美文,做少年君子""父母孩子齐诵经典""低碳祭清明经典朗诵比赛"及"读书小天使、小博士评选活动"等。教师和学生一起捧读校本课程资料《仁爱儒雅我能行》《文明向上我能行》和校本国学经典课程资料《弟子规》《三字经》《千字文》,将中华优秀传统文化之光播洒心田,让纯洁的种子在心中发芽生长。

校园文化的教育特点是潜移默化、润物无声,内容涉及学校教育的方方面面,其教育功能发挥的优劣取决于教育对象——学生的认知能力,所以校园文化建设的内容要让学生看懂,为学生的成长服务。感受着儒家文化精髓的仁爱之风,沐浴着先辈圣贤的思想光辉,一代代实验小学学子宏伟梦想的实现必将把这所百年名校装点得更加绚丽多姿!

在生本教育的基点上培育校园文化

平定县实验小学校是一所具有优良教育传统和深厚文化底蕴的省级示范小学。近年来,学校秉承"面向全体,全面发展"的办学理念,坚持"承百年优良传统,建一流特色名校"的办学宗旨,成立了以校长为组长的校园文化建设领导组,研究制定了《实验小学校园文化建设实施方案》,使特色优秀校园文化影响并引领着学生多元素质的发展。

一、校园文化建设与优秀传统文化教育相结合

为了发挥多元化育人的功能,学校将办学思想、办学宗旨、"三风一训"等以醒目的字体呈现在显眼的位置,对内引领教师的教育行为,对外彰显学校的办学思想。

校园西墙上的运动印章图画,营造出轻松自由、活泼开朗、朝气蓬勃的"动"的氛围,激发学生积极投身体育锻炼的热情;校园东墙上图文并茂的"仁、义、礼、智、信"版面,让师生理解传承中华美德的现实意义;大成殿中央的"万世师表"牌匾,在召唤师生走近"圣人"孔子,学习儒家文化精华,使"仁爱崇文"的办校思想在我校发扬光大。"洁、齐、励、美"的班级文化建设各具特色,成了学生表现自我、优化品格的家园。

楼梯入口的对面墙上是以国旗、国徽、国歌、党旗、党徽、党的发展历史等为主

要内容的红色教育版面,每个教室后墙的黑板上是队徽版面。通过对学生进行爱党、爱国、爱团、爱队的"四爱"教育,使学生了解祖国、了解党、了解团、了解队的光辉历史,培养学生爱党爱国的情感。楼梯转弯处和水电暖开关处是安全警示教育版面,一个个安全宣传版面,温馨提醒学生文明言行、儒雅做人、注意安全。

教学楼一楼的北墙是优秀传统文化版面,通过"弟子规""三字经""名人励志故事"等板块,引导孩子们到国学经典中汲取营养,健康成长。而南墙体现的则是廉政文化,学生创作的一幅幅以"敬廉崇洁 知荣明耻"为主题的漫画作品,对社会阴暗面进行了鞭挞和讽刺,表达了孩子们以廉为荣、以贪为耻的品格。

二、校园文化建设与第二课堂相结合

苏霍姆林斯基说:"让学校的每一面墙壁都开口说话。"多年来,我们注重赋予校园墙壁丰富的生命力,使其成为陶冶学生的"立体的画,无声的诗",并搭建了艺术、经典等平台,让校园的每一面墙壁在潜移默化中发挥育人的作用。

教学楼二、三楼的北墙是学生的软、硬笔书法集萃。孩子们的自信倾注于笔端,智慧流泻于纸上,艺术情操和道德情操均得到陶冶。南墙展示的是学生的手抄小报,这是我校艺术长廊、文化氛围的重要组成部分,主要突出普及性、教育性、发展性和艺术性等特点。普及性表现在全体学生参与,人人都可以制作符合年龄特点的手抄小报,并在艺术长廊上展示。教育性体现在每期小报的主题都与主题教育活动结合起来,下部展示学生小报,上部展示主题教育精美图片,突出教育性。发展性指每个年级各有侧重且动态发展,使学生在系统的学习中形成办手抄小报的综合能力。艺术性指手抄小报是集标题设计、书法、绘画、版面设计等为一体的综合艺术。手抄小报在拓展学生阅读面、锻炼谋篇布局能力的同时,还提升了学生动笔写画、美术设计的能力,培养了他们感受美、欣赏美、创造美的能力。四楼是美术教师的课例版面,独具风格。版面中的所有作品来自学生平时练笔,在对比中,既让学生学到丰富的绘画技法,又让学生感受到美术的无穷魅力。新装备的两个科学实验室、一个仪器室、两个计算机教室都是高标准建设,具有很高的应用价值。

三、校园文化建设与教学实践相结合

学校软文化建设是硬文化建设的支撑。为此,学校将校园文化建设与教学实践相结合,要求教师从课堂做起,在日常的教育教学中将校园文化建设落到实处。

1.构建"书香校园",在学习中育人

学校制定了《构建"书香校园"实施方案》,开发了"仁爱儒雅我能行""文明向上我能行"等校本课程资料以及国学经典《弟子规》《三字经》《千字文》读本,开展了"诵中华美文,做少年君子"等大型读书活动,建立了图书角、阅览室,积极营造"书香校园",形成了"晨诵、午写、暮省"的一日常规,使学生养成了热爱读书、热爱写作的良好习惯。

2.开展系列主题活动,在活动中育人

学校通过开展"少先队建队日"主题活动、庆"六一"文艺节目会演活动,举办"迎新年书画展评赛"、"中华魂"读书征文演讲比赛、冬季阳光体育比赛、校运会才艺展示比赛、红歌大家唱比赛等,让学生在活动中施展所长、发展个性。

3.组建各种兴趣小组,在实践中育人

学校制定了音体美教师工作室制度,组建了武术、乒乓球、田径、书法、绘画、合唱、舞蹈、曲艺、器乐等社团。校田径队多年来在县运会比赛中的成绩名列前茅,校文艺队表演的节目在县、市艺术教育月文艺节目会演中获一等奖,学生们在各级各类书画竞赛中频频获奖,为学校赢得了大量荣誉。

"花香时时修人性,绿篱道道筑爱心。"在生本教育的基点上培育校园文化,通过润物无声的方式影响和引领学生多元发展,将是我们建设校园文化的方向,让每个孩子健康成长、快乐成才是我们矢志不渝的信念!

主题教育意义下校本课程的规划与实施

2001 年国家颁布的《基础教育课程改革实施纲要（试行）》提出了"学校在执行国家课程和地方课程的同时,应视当地社会、经济发展的具体情况,结合本校的传统和优势、学生的兴趣和需要,开发或选用适合本校的课程",这一规定确立了校本课程的地位,说明校本课程开发的重要性。近年,我校围绕"仁爱崇文,儒雅大成"文化主题,在实施分段、系列校本课程方面做了一些探索性实践。

一、对校本课程的认识

我校对校本课程的认识和实践同许多基层学校一样,走过了迷茫徘徊、谨慎尝试、总结定位、转身回归的路程。我的理解是:校本课程是基于学校及所在区域的自然特征、历史文化、风土人情等本土条件,在学校开展课程开发、课程实施活动,为最大限度地满足学生的个性发展、多元发展和全面发展提供资源,为教师履行全面育人职能搭建平台的学校本土化课程。

校本课程资料应由学校（个人或小组）主创编写或设计;课程设置应对国家课程和地方课程形成补充,并与学校日常工作协同一致;课程目标应明确、积极向上,与党和国家的教育方针政策保持一致,在国家法律法规允许的范围内实施。

二、关于我校的校本课程

我校的校本课程以"仁爱儒雅，影响一生"为主题，以"仁爱儒雅我能行"为教育特色，以校园的代表性建筑大成殿及学校所处的县城文化中心的区位优势为依托，以学校的日常活动为载体，以传播儒家文化精髓、奠定学生人文素养基础为重点，分学段、成系列开发，循序渐进，逐年推进，不断充实，日臻完善。

我校校本课程的整体规划与实施，主要通过确立"五年计划"目标来进行。

第一个"五年计划"目标：第一年，确立校本课程资料编写体系，编写低段、高段两本综合课程资料并试运行，同时编写专用国学经典读本《弟子规》；第二年，根据试运行情况，完善规范校本课程资料编写体系，分年级编写、分年级使用；第三年，编写专用国学经典读本《三字经》；第四、五年，深入抓好教学工作，高效率使用校本课程资料。同时，对更契合教育教学实际，更有助于学生个性发展、全面发展的多元素质培养的内容进行行动研究，积累实践经验，掌握第一手资料。

第二个"五年计划"目标：规范落实现有校本课程，较深入地拓展使用现有校本课程资料；编写较为成熟的活动类校本课程资料并抓好落实工作。

我校现已规划好的校本课程资料有针对一至三年级的分年级的《文明向上我能行》，针对四至六年级的分年级的《仁爱儒雅我能行》，全校通用的《弟子规》《三字经》《千字文》国学经典读本。这些校本课程资料的主要特点是"四统一""三结合""重实用"。

1."四统一"

"四统一"即校本课程内容与学校的办学宗旨相统一、与学校的特色文化建设相统一、与学校的建筑特色相统一、与学校的常规教育及活动相统一。

首先，校本课程资料编写的指导思想与学校的办学宗旨相统一。校本课程资料秉承我校"承百年优良传统，建一流特色名校"的办学宗旨，课程资料中有关于学校光辉历史的内容,也有"做一流学校儒雅学生"的目标要求。

其次,课程内容与学校的特色资源相统一。600余年的大成殿建筑是学校的特色资源,其宏伟气魄和"万世师表"的光辉在时刻召唤着师生走近"圣人"孔子,教育学生做仁爱儒雅之人。我校校本课程资料的构成有《弟子规》《三字经》《千字文》等国学经典,"文明向上我能行""仁爱儒雅我能行"系列教育活动,乡土教育资源,学生的现实生活等,以安全教育、语言文字规范教育、学习方法教育、"爱"的教育等为课程的基本框架,并据此确定课程的开发目标、内容标准和评价指标,使学生基于在校园里、生活中看到的资源开展校本学习,领略、感悟国家和民族发展的伟大进程和博大精深的文明。

最后,课程设置及内容编排与学校的常规教育及活动相统一。我们把与学生生活联系密切的活动、展示比赛等作为校本课程实施的检验性载体,以丰富学生的人文素养,在潜移默化中引导学生形成良好的道德品质、行为习惯和正确的价值观,使人人都争做一流特色名校的一流学生。校本课程与活动设计紧密结合、相得益彰,充分发挥出了校本课程的教育作用。

2."三结合"

"三结合"即全面教育和个性教育相结合、基本教学与拓展教学相结合、课内教学与课外教学相结合。校本课程内容全面,主题明确,重在底色教育。校本课程通过深入浅出的启蒙教育,让学生掌握初步的正确的认知方法,培养良好的习惯,养成良好的素养,参与并享受生动活泼、严谨自律的学校生活,为培养学生积极的生活态度和生存能力打下良好的基础,为他们在价值多元的社会中形成健全的人格和正确的人生观、价值观打好底色。

3."重实用"

一是选取适合各年级学生学习的内容,分年级编写;二是一、二、三年级的校本课程资料为全拼音版,四、五、六年级的校本课程资料对生僻字加注拼音。这样既方便学生自主学习,又弥补了当前小学生拼音版课外读物的欠缺。因此,我校校本课程的适用性、实用性特点突出。

三、困惑与思考

校本课程在推进中困难多多。首先,校本课程资料的编写、教学、实施、评价等工作主要依靠兼职教师完成,深度和高度都不够。其次,资金缺乏导致校本课程实施的多个环节都受到影响。再次,制度不健全导致的问题较为突出,国家和地方对校本课程的实施只是倡导,缺乏完善的法律法规和课程标准,既没有顶层设计,也没有基础保障,各项工作均靠学校自己"摸着石头过河",编写的校本课程资料五花八门,教学内容的深度、广度、难度参差不齐,整体上超出了适龄学生的认知范围,如,用字没有考虑学生的学力,甚至低年级就没有加拼音,不利于学生使用。因此,校本课程建设相对滞后,没有跟上课改的步伐。

校本课程要真正实施,国家应出台课程标准,对校本课程资料编写、实施等环节所涉及人员的资历素质、内容难度、印刷质量、经费保障等问题进行明确规定、规范和引领;国家应出台相关的法律法规,将校本课程资料的编写、审定、评价等工作纳入法律范围;地方政府应建立统一的校本课程资料编写领导组或专家组,负责指导辖区内各校校本课程资料的编写、审定、评价等工作,这样才能保障校本课程在规范、科学、实用的轨道上健康发展。

浅谈家庭教育的引导策略

当前,家庭教育中存在的误区主要有以下几种:一是"温饱纵容型",二是"严厉苛责型",三是"过分干涉型",四是"过度保护型",五是"拒绝否认型"。为纠正这些误区,山西省平定县实验小学校在家校沟通中,履行教育、矫正、引领的职责,采取多种方式,提高家长的家教理论素质,教给家长一些科学合理的、有效的家教方法,帮助家长走出误区,提高家教水平,使家校配合,共同助力学生健康成长。

一、匡正思想误区,在优良家风中进行品质教育

"温饱纵容型""严厉苛责型""拒绝否认型"等家教心理误区会直接导致家长思想偏激、理念偏向、行为偏执等,这就需要家长重塑家风,匡正教育思想误区。

家风亦称门风,指的是家庭或家族世代相传的风尚、生活作风,即一个家庭当中的风气。家风是一个家庭的精神内核,也是一个社会的价值缩影。家风是无言的教育,具有无声的力量,其好坏直接影响着孩子的品质。孝悌家风是家庭教育的关键,"孝"是一切教育的起点,因为孝道是一个人成长之"根"。平定县实验小学校结合"仁爱儒雅我能行"的主题教育特色,以校本课程资料《弟子规》《三字经》等系列读本为载体,在学生家庭中开展了诵读经典活动。同时,学校利用每学期一次的家长会,使家长认识到经典中的"圣人训"不是以背诵为终极目标的,将"圣人

训"落实到行动上才是目的。以"首孝悌，次谨信。泛爱众，而亲仁。有余力，则学文"为例，如果前面两句话讲到的"孝悌、谨信、爱众、亲仁"的品质培养不好，就不要谈"学文"，因为这是有先后顺序的。就像一棵树，要先把树根扎稳了，它才有可能长成参天大树。人也一样，要"先立德，再学文"。"亲所好，力为具；亲所恶，谨为去"，一个孝敬父母的孩子，不会让父母操心，无论是在学习上，还是在生活上，他都会尽力让父母开心；父母、师长厌恶之事，他不会去做。我们要使家长认识到为孩子"补分数"是末梢，帮助孩子"先补德"才是根本。

指导家庭教育工作要遵循立德树人的思想，将社会主义核心价值观融入家庭教育工作中，将中华民族优秀传统家庭美德发扬光大。优良的家风建设与优秀传统家庭美德的传承是一脉相承的，需要家长身体力行。一是要以身作则。"孝悌"具有传承性，家长的言行直接影响着孩子，所以家长在做事之前要想一下，自己的行为是否给孩子带来了正面的影响。二是要知恩报恩。家长要怀有知恩、感恩、报恩的心态，这是对孩子最为真实、生动的教育。这种教育是潜移默化、润物无声的，会让孩子受益终身。三是要亲师配合。父母要教孩子尊师，教师要教孩子孝亲。一个人如果能做到孝亲尊师，他的思想品德的"根"就扎稳了，将来他有大作为就不难了。古往今来，无数成功人士的成长都说明了这一点。父母要对孩子的老师恭敬，教师要教孩子孝亲，孩子看到父母尊敬教师，自然会对教师生起恭敬心，也自然会认真学习教师教的课程。四是夫妻配合。夫妻双方要分别对孩子讲对方的优点，教育孩子孝敬对方。同时，夫妻双方还要注意教育原则的一致性。

近年，山西省平定县实验小学校不断加强家庭教育工作，充分发挥学校在家庭教育中的重要指导作用，形成了家庭教育支持网络。具体措施：一是办好家长学校，定期召开"爱满校园""给孩子理性的爱和教育""家长不要输在教育孩子的起跑线上""我们和孩子共同成长"等主题家长会，宣讲正确的家教理念，提升家长素质；二是利用通信手段、网络等平台，指导家庭教育，使家庭这块阵地成为宣扬精神文明的窗口;三是加强社区共建,与社区建立合作关系,建设良好的外部育人环境,增强德育的针对性与协调性,提高德育的实效性;四是加强班主任队伍管理,定期举行以"班级管理与教育议事"为主题的经验交流会,使家校形成合力。以上措施有效推动了家庭、学校、社会的密切配合,使三方共同搭建起合作育人的平台。

二、注重养成,在良好习惯中培养规则意识

"过分干涉型""过度保护型"等家教误区会直接导致家长大包大揽,使孩子缺乏独立自主的意识。对此,平定县实验小学校团结和带领家长从养成教育入手,在规则教育中培养孩子的良好习惯,在培养良好习惯中增强孩子的规则意识。

经过多年努力,学校建立健全了家庭教育工作机制,形成了以"学校—年级主任、家长委员会—班主任—科任教师"为主体,由教师、家长、专家学者、优秀学生共同参与,通过家长学校、家长委员会、家长会、家访、家长开放日等各种渠道,将家庭教育指导服务纳入日常工作,尤其是在习惯养成教育方面,同家长达成了共识。

良好习惯的基础是规则意识。"习惯决定命运",在小学教育中,比学习更为重要的任务是使学生养成良好的习惯及规则意识。良好习惯的培养要从生活、学习中的"细节"抓起、做起,特别是家长要做好表率,具体有以下几种:个人卫生习惯、按时作息习惯、独立学习习惯、安全习惯、读书习惯、倾听习惯、关心集体的习惯、热爱劳动的习惯等。总之,良好的习惯需要一系列严格的规矩来促成,所以,规则意识是思想基础。对不同年龄段的孩子应当有不同的要求,如:低年级学生培养的重点是教给方法、督促养成;中年级学生培养的重点是提高要求,承担相对固定的责任;高年级学生的培养要加强理想教育、心理健康教育等。

三、举案说法,提高亲子双方的非智力素质

"过分干涉型"家教的实质是家长不能用发展的眼光看待孩子的成长。为此,

平定县实验小学校通过开放日、亲子活动、阅读书籍等方式,让家长在具体的案例中真正看到孩子的成长和变化,并认识到非智力素质对一个人成长、成功的重要作用。

平定县实验小学校利用星期天、寒暑假、"六一"儿童节等节假日不定期开展家长和学生共同参与的参观体验、专题调查、生活实践、红色旅游、志愿服务和社会公益等活动;在重大纪念日、民族传统节日,通过组织丰富多彩、生动活泼的文艺、体育等活动增进亲子沟通和交流,向家长及时反馈学生的思想状况和行为表现;通过定期举办家长会,让优秀家长举案说法,发挥优秀家长的示范带动作用。每年开学,学校都要组织班主任认真筹建班级家长委员会,并将家长委员会纳入学校日常管理,将家庭教育指导服务作为重要任务。同时,学校还邀请有关专家,同校长、优秀班主任、优秀父母等一起组成家庭教育讲师团,向广大家长宣传党的教育方针、相关法律法规和政策,宣讲科学的家庭教育理念、知识和方法,营造了良好的家校共同育人氛围。

教师要引导家长多关注孩子的以下问题:孩子在班里表现积极吗?孩子和同学的关系融洽吗?孩子的自我管理能力有提高吗?孩子参加学校值日、劳动积极吗?孩子善于帮助同学吗?孩子说谎话吗?孩子的注意力集中吗?孩子的心理阳光吗?孩子善于接受他人的批评教育吗?这些问题涉及孩子的责任感、自制力、自信心、兴趣、情感等非智力品质,家长在关注孩子的同时,也是在进行自我教育。家长要投入时间和精力教育孩子,把玩手机、上网、会朋友、搓麻将、逛商场的时间匀出一些来,陪孩子说说话、聊聊天、做做事,给孩子创设一些展示自己、锻炼自己的机会,让孩子学会承担责任和义务,进而懂得勤勉、节俭、热爱劳动、珍惜劳动成果等。家长在给孩子理性的爱和教育的同时,亲子的非智力素质都会得到提高。

此外,学校还积极争取让街道、社区参与到家庭教育指导服务中来,并与公检法机关形成联动机制,邀请其工作人员定期到学校做法治专题教育讲座,同时还统筹协调各类社会资源,积极引导多元社会主体参与到家庭教育指导服务中。学校还坚持对流动儿童、留守儿童、残疾儿童和贫困儿童予以关注,做到了入学即摸底建档,要求班主任教师制订明确的帮扶计划,并落实到学习及生活中。学校还联合各类社会组织,广泛开展适合困境儿童特点和需求的家庭教育指导服务和关爱帮扶活动。

家庭是孩子的第一所学校,家长是孩子的第一任老师,父母要为孩子扣好"人生的第一粒扣子",用优良的家风教育后代,使其成为对社会、对国家有用的人。学校是家长朋友的第二个家,教师是家长的挚友、亲人,家长朋友永远是学校教育的参与者、支持者、帮助者。孩子的健康成长需要理性的爱和教育,只有家校携手,理性共育,合力共建,才能为孩子营造适合其成长、发展的良好环境。学校要把准时代的脉搏,落实党和国家的教育方针、政策,为家长实施家庭教育做好服务,切实发挥校据一方、影响一片、带动一批、教育几代人的作用。

教务主任的角色

教学工作是学校的中心工作，相应地，教务主任这一角色就成为学校舞台上的一个主角。尤其是一个乡镇中学的教务主任，其角色更具有多重性。

一、具有一定的管理能力，在教学管理中扮主角

教务主任的工作，点多、面大，十分繁杂。从工作计划的拟订到实施，从日常工作布置到落实，从教学常规检查到教学质量的考核、分析、评估，从学籍管理、课程管理的规范化、科学化到有效开展指导教研工作……概括起来即"两项职能四个环节"。"两项职能"指教学管理职能和教学指导职能。"四个环节"指计划环节、实施环节、检查环节、总结环节。"两职能四环节"的落实效果在学校整体工作中有着举足轻重的作用。因此，教务主任必须具有一定的组织调控能力，学会"弹钢琴"，才能履行好管理职责。

几年来，我从抓常规管理入手，以制度规范教学过程的各个环节，并实行"赋分累计量化考核制度"，加大了制度的落实力度。我校注重充分发挥教研组和年级组的职能，通过这两个组抓好"两会两查两深入一汇报"工作。"两会"即每周开一次教研活动会，每月开一次教学质量分析会；"两查"即教研组长定期与不定期查教案和作业批改、辅导情况，年级组长日查与定期查相结合，查教师"岗练"情况；"两

深入"即深入课堂听课,深入备课组指导备课,了解教情和学情;"一汇报"即组长向教务主任汇报工作,坚持两周一次。这样,他们成了我了解一线教学情况的又一双"眼睛",深化了我的"主角"形象。

二、具有一定的教科研能力,在指导教科研中扮主角

教育部明确指出中小学教育要实现"三转",即转观念、转方式、转作风,而"三转"的关键是教师的教育科研能力。教科研能力是衡量教师水平的重要标志,也是学校实施素质教育的重要保证。教务主任要在指导教师提高教科研能力的过程中扮好"主角",必须具有一定的教科研素质:要有强烈的事业进取心,善于汲取教育教改最新信息,收集教育热点焦点问题,学习教育教学理论,用以指导工作;要有渊博的知识,通晓各学科的知识和教学方法;要有"钻头"精神,即深入探讨、开拓、创新的精神;要有敏捷的思维和决断力,在信息丰富的条件下,能够立足实际,果敢地确定教研专题、教改项目,能够卓有成效地实践总结,早出成果。

三、具有较强的教学能力,在教学实践中扮主角

如今,教师的素质在不断提高。教务主任想要树立形象与威信,必须在教学业务上成为大家的表率,在教学实践中能够率先垂范,成为教育科研和课堂教学的"内行""高手",发挥出"主角"对"整体"的引领效应。

开展"五课型"赛讲中,我亲自上"示范"课,将优化课堂教学的种种措施展现出来,得到了师生的交口称赞。不仅如此,我在教学中采用的"目标教学法""学案教学法"使学生掌握了学习这门课程的有效方法。所以,我虽然年纪轻、经验少、资历浅,但在我的母校能得心应手地开展教学管理工作,原因就在于我勇挑重担、身先士卒,在工作中树立起了威信。

四、具有一定的协作能力，在整体工作中扮配角

教务主任相对于校长是下级，相对于教师是上级，在校长和教师中间起上传下达的作用。所以，教务主任要发挥三种协调作用：第一，要当好校长的协助者、参谋员，当好校长指令的"推销员"，协调好上下级关系；第二，要当好教研组长、年级组长的导航员，协调好内部关系；第三，当好搞服务性工作的教师（如实验室、图书室的管理员等）与科任教师的联络员，善于沟通，力争实现人、财、物等资源的优化组合、合理利用。在以上工作中，教务主任是协作者，起纽带作用。所以，教务主任具备一定的协作能力是非常必要的。

总之，教务主任的职责决定了其在学校舞台上要扮演不同类型的重要角色，决定了其应该是一个教育教学的行家里手，是一个"多面手"。由此看来，教务主任必须注重提高自身素质，以适应工作需要。尤其是在落实立德树人根本任务、实施核心素养教育的今天，提高教师素质是关键，而根本还在于提高领导素养、更新领导观念。因此，教务主任明确工作职责、加强学习、努力提高自身素养乃必然之举。

以校本行动研究推进中小学教师专业化发展

一、中小学教师专业化发展现状

（一）现状

中小学教师队伍是一个地区专业技术人员的重要组成，但谈及中小学教师队伍的专业化程度，其现状需要引起我们的重视。

第一，总体学历水平偏低，理论水平参差不齐。中小学教师知识水平不高，是影响教师专业化的关键。

第二，教学理念、教学模式、教学方法重传统、轻创新，教师的专业能力不强。教师的角色定位仍以"传道、授业、解惑"的教师观占主导地位，而"以学生为主体的教育理念"还没有真正内化为全体教师的教育理念，没有很好地反映到教育实践中来。教师专业能力不高主要包括两个方面：一是专业知识更新缓慢，知识面狭窄，应付考试的知识在教学中占主要地位，很少有教师主动吸纳新的知识并用于教学；二是教学技能、技巧不能适应信息时代的教育教学实践，传统的"讲授式"仍被普遍应用，新的教学方式用者甚少或流于形式。

第三，教师培训侧重提高教师的学历，而有关教育教学实践和适应新课程改革的技能培训却偏少，且实效性不强。此外，培训教师的设备条件也普遍较差，难以保证教师培训的质量。

第四,教师的专业意识低制约着教师队伍的专业发展与提高。曾有人做过一个关于教师专业化发展的问卷调查,结果表明:把教师工作当作一种职业的占50.2%,把教师工作当作一项事业的占46.8%,而把教师工作当作一种专业的仅占3%。越是发达地区,教师的事业感就越强,越是贫困地区,教师的职业感就越强,但无论是发达地区还是贫困地区,教师均缺少专业性、缺乏专业意识,这一点大大制约了教师队伍的专业提升。

(二)中小学教师专业化的新内涵

教师职业是一种专业。1966年,联合国教科文组织和国际劳工组织在《关于教师地位的建议》中明确指出:"应把教育工作视为专门的职业,这种职业要求教师经过严格、持续地学习,获得并保持专门的知识和特别的技术。"《中华人民共和国教师法》规定:"教师是履行教育教学职责的专业人员。"这是我国第一部关于教师专业地位的法律法规。1995年,国务院颁布了《教师资格条例》;2000年,教育部颁布了《〈教师资格条例〉实施办法》;《中华人民共和国职业分类大典》把教师认定为"专业技术人员";从2001年4月1日起,在全国范围内首次开展实施教师资格认定工作。

伴随着我国新课程改革的进一步深入,"教师专业发展"成为教育界讨论的热门话题。其实,时下流行的"教师专业化"指的就是教师专业发展,"化"就是变化、发展的意思。中国教育学会第十五次学术讨论会用的还是"教师专业化"这个概念,并且指出:"教师专业化是指教师在整个专业性生涯中,通过终身专业训练,习得教育专业知识技能,实施专业自主,表现专业道德,并逐步提高自身从教素质,成为一个良好的教育专业工作者的专业成长过程。""教师专业发展"包含两层含义,即"教师专业"的发展和教师的"专业发展",前者主要涉及教育制度和教育体系,后者主要涉及教师内在的专业素养和专业水平的提高。而后者又可分为两个层次:一是把教师看作一个被"规范"了的客体,教师应如何使自己的一生有益于他人和社会,其价值倾向是"社会本位论",其操作范式是"认知范式—能力范式—情感范式—研究范式—反思范式";二是把教师看作是一个积极向上的主体,满足教师的需要,尊重教师的人格,其价值取向是"个人本位论"。教师的专业发展直接决定着教育教学水平的质量问题,而现实情况是教师整体的专业发展受到限制,发展不充分、不均衡的问题突出。

二、中小学教师专业化发展的有效途径是校本行动研究

(一)校本行动研究的概念

校本行动研究即教师在学校教育教学情境中正视存在的问题,并主动改进自己工作的一系列活动的结果的研究。简言之,校本行动研究就是"研究教育教学中存在的问题以及怎样做才能使之更好"。我们的校本研训要"向内看",先为解决存在于我们自身或学校内部的问题而反思、集思广"议"、形成共识,进而付诸行动、大胆实践,做出一些具有实效性的行动,概括起来就是"反思—设计—行动",如此循序渐进地提升,才能在教育教学实践中提高我们的专业化水平。我们的研究课题来自自己的实际工作需要,研究在实际工作中进行,研究由自己和同伴共同参与完成,研究成果为自己和同伴所理解、掌握和应用,以解决实际问题、改善盲目低效劳动为目的,这种研究就是校本行动研究。它完全符合"为行动而研究,在行动中研究,由行动者研究"的行动研究特征。

(二)校本行动研究的内容

1.加强学科专业知识和能力的培养

首先,注重对教师进行学科专业知识的培训。教师的学科专业知识是教师最基本的能力,基础教育阶段的主要目的就是教给学生基础的知识,所以,培养教师的学科专业知识就显得格外重要。除了教师本人的努力,组织研讨活动、加强教师

之间的日常学习交流也非常有实效。

2.加强相关学科知识的学习

一名优秀的教师,除了掌握学科专业知识,还要掌握相关学科的知识,甚至要了解与学科无关的部分知识。新课程改革的跨学科教学、项目化学习趋势对教师的这一专业要求更加突出。

3.提高教师的教育研究能力

中小学教师的教育研究不同于专业研究者的研究,教师的教育研究是一种实践性较强的研究活动,主要是为了解决教育教学过程中的实际问题。然而,繁重的教育教学任务和紧张的工作状态决定了教师不可能有充裕的时间进行研究,更不可能进行长时间的脱岗充电学习,所以,校本行动研究是解决这一矛盾的良策。

4.现代教育技术的培训是必要的

全体教师都要掌握计算机基础知识,当前主要是会应用 Word、Excel 和 PowerPoint 进行常规的编辑、文字处理、课件制作,会浏览网上信息、下载文件、收发邮件等;对有一定计算机基础知识的青年教师,要让他们掌握应用 Flash 的技巧、多媒体课件的制作技术、白板应用技术等。

5.提高教师的职业道德水平

教师认真遵守教育部《新时代中小学教师职业行为十项准则》,并内化为自身素养。在教师专业化的过程中,师德应注入新的内容:一要树立远大的理想和正确的价值观。中小学教师应走出"教书仅是谋生手段"的误区,逐步实现由"教书匠"向"教育者"的转换。中小学教师的教育观和价值观对学生三观的形成和人格完善有着重要作用,因此,教师作为专业人员,除了拥有专业技术外,还应有远大的理想和正确的价值观。二要勤于反思,善于积累,乐于交流。如果没有反思、交流,教学容易陷入纯技术化和机械化的泥潭,教师难以成为一个终身学习者,更难以应对课改的挑战。

6.增强教师的专业意识

第一，明确中小学教师的专业权利。我国中小学教师的专业意识淡薄，原因之一是工作负担较重、待遇不够高、学习不够到位，对自己的责权不够明确。原因之二是，社会上对中小学教师的义务规范较多，而对他们工作中应享有的权利，尤其是作为专业人员应享有的权利关注较少。如何保障教师的专业权利呢？一要提高中小学教师的地位和待遇。二要落实相关的法律法规，保障中小学教师的合法利益。三是中小学教师本身要增强法律意识，勇于维护自己的合法权益。

第二，提高中小学教师的专业自主权。中小学教师多是按照统一的教学计划和课程标准工作的，而现在更提倡研究性学习和探究性学习，所以教师应该更多地拥有专业自主权。有了教育的专业自主权，教育才不再是一份普通的职业，而是一种神圣的专业和事业，教师也因而才会有较大的工作成就感和较高的社会地位。

就我校而言，我们始终通过坚持"备、说、讲、评四连环"的校本行动研究来促进教师的专业发展。一是预排听课，研究每个教师有准备的汇报课、公开课、示范课、观摩课、献艺课等，为每一位教师搭建展示自己最高水平、最高技能的平台，同时检验他们综合运用学科教学常规技能与信息化手段的能力。二是推门听课，研究每位教师无特别准备的随机课，促进教师自我教育教学风格的形成，促进教师的专业成长和发展。

（三）校本行动研究与教师专业化发展的关系

有位学者说过："教师要向学生释放知识的能量，首先自己要有丰富的库藏；要散布阳光到学生心里，自己心中必须有一轮太阳。"当今社会，知识更新非常快，就教师个人而言，应当有目标、有计划地学习，才能拥有"能量"与"太阳"。就学校管理者而言，应给教师提供必要条件，予以必要指导，加强督促检查，引领教师专业发展。

我们以务实精神积极地探索促进教师专业发展的有效途径，寻求适合本校教师的校本行动研究方式,努力使学校从过去的仅被作为学生学习与成长的地方转变为学生与教师共同学习、共同发展的地方,使学校成为提升教师专业素养、促进教师专业发展的主阵地。校本行动研究将教师教育教学实际和理论反思结合起来,有效地整合了本校资源。学习无处不在,行动研究也无处不在,校本行动研究立竿见影的实效性充分调动了教师专业发展的内驱力,实现"为了学校发展"的目的。打造一支师德高尚、主动发展、业务精湛、团结协作的教师队伍又有力地促进了特色校本行动研究机制的逐步形成,所以,"基于学校、立足学校、为了学校"的校本行动研究是促进教师专业发展的有效途径。

教科研行动研究是教师体验职业
幸福的源头活水

在教学工作中,我们教师确实很忙、很苦、很累,如果学校再安排些教科研之类的活动,则会有相当一部分教师感到更忙、更苦、更累,甚至产生抵触情绪,这是为什么呢? 因为我们教师把自己的本职工作与教科研工作割裂开来了,我们终日在"教书匠"的圈子里苦苦挣扎,疲惫不堪,却没有充分体验到教师职业的幸福感和满足感! 长此以往,我们必然会处于紧张而倦怠的"亚健康"状态。苏霍姆林斯基说过:"如果你想让教师的劳动能够给教师带来乐趣,使天天上课不至于变成一种单调乏味的义务,那你就应当引导每一位教师走上从事研究这条幸福的道路上来。"教师如何才能体验职业幸福呢? 教科研行动研究是教师体验职业幸福的源头活水。

一、什么是教科研行动研究

教科研行动研究是教育者以研究解决教育教学中的实际问题为根本目的,以"对行动进行研究,以研究促进行动"为基本方法的教育教学实践活动。具体而言,其研究的课题是教育教学中迫切需要解决的问题,在解决这一问题的同时,完善了教育理论,这些教育理论又指导解决了新的问题。在研究、解决问题的过程中,研究者即行动者,研究者之间是民主、平等的合作关系。

二、为什么要开展教科研行动研究

(一)新时代学生的学习需求需要教师改变教育理念、教育思想、教育方法。新时代学生的成长环境、思想和学识基础完全不同于 10 年前、20 年前。我们的教育对象与二十世纪七八十年代的学生有着巨大的差别,以往的教育理念和方法已远不能适应现在学生的需求。教师是为学生服务的,新时代的学生要求教师必须用新理念、新思想和新方法来教育他们。教师如何塑造"新面貌"? 教科研行动研究是最佳途径。

(二)教材的频繁变动要求教师必须与时俱进,提高自身学识水平,提高自身素质素养。事实证明,教科研行动研究是最便捷有效、最能促进教师自身完善提高、最能促进教学质量提高的方法。

(三)信息化刷新了教师的教研内容,学科教学必须与信息技术进行有效衔接已成为教师教科研行动研究的必修内容。在知识水平、操作能力等方面参差不齐的教师队伍里,要大面积、较熟练地使用信息技术为教学服务,就必须开展卓有成效的教科研行动研究。

(四)教科研行动研究是促进教学质量不断提升的重要举措。教科研行动研究的课题是教育教学实际中迫切需要解决的问题;在解决实际问题的同时,完善了教育理论;这些完善的教育理论又进一步促进了教学质量的提升。

因此,在基层学校开展教科研行动研究是非常必要的,而且只有教科研行动研究,才能扎实地推动学校可持续发展,才能使教师真正体验到职业满足感和职业幸福感。

三、怎样开展教科研行动研究

（一）对教师的要求

1.在教科研行动研究中,教师即研究者。教师要以开放的心态、坦诚的交流、敬业的态度、密切的协作、合作的精神投入教科研行动研究中,在研究中进步,在进步中研究。

2.教科研行动研究承认每一位参与人员的作用。研究过程透明化,教师也能决定研究的主题。教科研行动研究重视充分发挥教师的实践性,使普通教师不会因为自己"理论基础差"而对科研望而却步。

3.教科研行动研究是合作式的相互交流,关注理论与实践之间的联系。这使教师能真正明白自己所采用的教育理论与外界所倡导的教育理论之间的差异,从而使教育理论能更有效地指导教学实践。

4.教科研行动研究具有自然性、持续性和循环性等特点。教科研行动研究在解决一些问题的同时,也发现了新的问题,在这样一个不断解决问题的过程中,教师的专业能力得到发展。

5.教科研行动研究更强调质的研究方法。如运用访谈、观察、实物分析等方法,在自然情境下获得原始研究资料,充分发挥教师身处教学一线的优势。

（二）主阵地在课堂

培养好教师的主阵地不在师范院校,而在教师从教的学校里,在教师自己的工作岗位上,在一个个45分钟的课堂中。课堂是学生成长的摇篮,也是教师专业发展的基地。所以,教科研行动研究必须植根于课堂教学这一深厚的土壤,对课堂上出现的问题进行分析,并结合学生情况和自身实际进行解决,从而改进实际教学工作,促进自身专业发展。在此过程中,会产生最富有实用性的教科研成果,同时这些成果又可以通过实践得到检验。这一过程就是教师的教科研能力得以发展提高的过程。没有教师的发展，就没有学生的发展。只有切实提高一线教师的教科研素质，才能真正让教科研植根于课堂，促进课堂教学的研究与改进，才能真正实施以课堂为现场，以教学为重点，以学生为关注中心的教科研行动研究，才能真正提升课堂教学内涵，进而全面提高素质教育质量。

（三）要建立教科研行动研究机制，大面积提高教师教科研素质

教师教科研成果的应用要坚持在课堂教学上着力。"实践是检验真理的唯一标准。"检验教师的教科研成果及其应用价值，主要还在于课堂教学实践。目前，教师的教科研存在两个明显弊端：一是实效性差，一些教师缺乏正确思想的指导，把参与教科研活动作为一种时尚，或仅仅为了评职称、评优等，这样的"教科研"，往往只有形式没有实效；二是教科研成果形式单一，许多教师在课题研究中，一谈到成果就是写论文，把论文等同于成果，导致教科研缺乏与教学实际相结合的实质性研究过程。这样的研究对教学工作的改进没有多少益处，"研究成果"的价值与意义也大打折扣。

笔者总结多年课堂教学、听课评课、校本教研的经验，认为教科研机制的建立还是要从"行动"切入，以课堂为抓手，分科推广成功有效的做法，力求步步见效。如，在数理化教学中推广"复习式教学法"，即坚持"数理化没有新授课，只有复习课"的理念，以复习课为铺垫，为学生创设探求新知的环境，做到"温故而知新"；在政史地生教学中推广"学案教学法"，使学生在教师设计的学案的引导下，用自己的方法理解课文、获取新知；在作文教学中推广"生生互批互赏法"，然后教师给予高屋建瓴的总批、点拨，这既提高了学生作文的自主性和赏文水平，又大大减轻了教师"低级批改"的负担，使教师的作文指导能够"使在刀刃上"，提高了作文教学的实效。以上这些方法只是许多基层教师探索出来的有效教学方法中很小的一部分，只要我们用心行动、潜心研究、坦诚交流，一定会探索出更多科学有效的好方法。

总之,教科研是教育活动的第一生命力,是教师体验职业幸福的源头活水。随着教科研工作的逐步推进,教师对教育规律的认识也逐步深入,减少了教师因缺乏有效的教育手段而产生的烦恼,使教师的职业自主意识得以提升。在课改的关键期,这一点一定会成为学校管理者和广大教师的共识,让我们以科研促课改,以科研促教研,做到教学工作课改化,课题工作科研化,在研究中行动,在行动中研究,从中体验教科研行动研究带给我们的源源不断的职业幸福感吧!

校本行动研究要坚持问题导向

　　一提起校本研训工作，许多教师都以"虚的""花架子""无实效"等词冠之，他们对校本研训工作的不欢迎、不主动甚至抗拒的情绪自然就流露出来了，这种现象与当前课改的需求格格不入。而没有教师积极主动参与的校本研训工作当然不会有好的效果，如此，课改便只能举步维艰。那么，如何使校本研训工作有实效、受欢迎呢？笔者认为，开展行动研究是使其焕发生机的有效途径。

　　校本研训行动研究要坚持问题导向，一些现实问题不容回避。在班级里，班主任按考试分数将学生分成三六九等，依此安排座位。在课堂上，老师只关注前几排的学生，学生学习状态明显不同：前几排的学生专心听讲、积极答问，而坐在后排或两侧的学生则无心听讲。在校园里，除体育课外，看不见做游戏、踢毽子、跳绳的学生；在家里，孩子放下书本就吃饭，放下碗筷就做作业，没有周日，不做家务，生活中不是课本就是作业本，单调乏味的生活与孩子天真烂漫的"童心"相去甚远。

　　中国式现代化教育需要我们蹲下来平视下一代，站在孩子的角度审视学校教育和家庭教育。青少年的健康成长是社会的一道亮丽风景线，关系着国民素质的提高，关系着民族的兴旺发达。只要是一个有责任心的人，只要他认识到这一点，就会对以上所述现实深感揪心，也都会立即行动起来去改变现状。

　　在班级中，我们要培养团结向上、积极进取、互帮互助、平等和谐的班风。如座位问题,班主任要给全班同学讲清安排座位的原则:一要考虑个子高矮,二要考虑视力好坏,三要考虑同学互助的搭配问题,四要明确调换座位的思路。然后可委托班委会进行安排。班主任把处理这一问题的主动权放给学生,学生会体会到平等与尊重、信任与关爱,会感受到自己的主人翁地位,更会感受到老师虑事周全和希望每个同学都进步的良苦用心。这样安排的结果是:每个同学都会为班集体的事操心,因为他们是班级的主人。

在课堂教学中,我们要最大限度地实现师生的优化组合,最大限度地开发生成性的教育教学资源,最大限度地提高课堂教学效率。笔者反对"主讲教师""授课教师"之类的说法。面对新课程的全新理念,面对见多识广、思路灵活的学生,课堂教学已不是教师的演播室,更不是教师一人主宰的"独角戏台",而是师生平等对话、交流沟通、情感交融、思维碰撞的乐园。在这个教育教学资源不断生成、师生不断碰撞出思维火花、师生共同探究出成果的过程中,师生都会享受到成功带来的幸福感和满足感。教师要在平等对话、交流沟通、民主和谐的氛围中去理解学生的生活世界和精神世界。只有在这种氛围中,才能真正实现"以人为本"。

那么,教师应从哪些方面去认识新型师生关系并付诸行动呢?

首先,要认识到师生平等是新型师生关系构建的基础。教师与学生作为具有完整人格且经历不同的个体,其关联绝不只是知识的传授与接受,还包含情感、思想、价值等的相互影响、相互作用,从这个角度来说,师生之间是平等的关系。

其次,要认识到开诚布公的沟通是新型师生关系的发展导向。在坦诚沟通中,师生双方分享相互信任和理解的喜悦,沟通情感,增进智慧,丰富了生命的体验。

再次,要认识到课堂对话是新型师生关系的基调。可以说课堂教学是完全对话性的。在平等对话的交互关系中,教师起引领作用,学生起拓展作用,师生共同成长,不断创生课堂教学资源,促使思维碰撞,从而推动教师探索研究的激情,使学生在知识、能力、思想和精神等方面都得到成长、发展和提高。

最后,要认识到互相理解是新型师生关系的催化剂。理解是沟通的前提,理解的任务是使一方的"现实世界"与另一方的"现实世界"相互交融,实现融合。因此,我们应认识到教育教学活动的任务不仅仅是知识的传授,还应是人与人之间交流沟通的过程,是使师生双方都受到精神的教育且共同成长的过程。试想,如果教师端正了对教育教学活动的目的的认识,学生观改变了,学生的教师观能不改变吗?到那时候,教师会以优雅的教态,关注每一个学生,学生也会因为教师的鼓励而更加奋进,这样的课堂教学是多么生动活泼,多么和谐自然啊!

重视开展丰富多彩的课外活动,课外活动中良好的师生关系是课堂教学中师生关系的必要补充。学校要注重开展符合各个学龄段学生心理特点和生理特点的活动项目,要让学生在课间动起来、唱起来、快乐起来!教师要主动深入学生中间,指导游戏、参与活动,这样师生就可以进行多个层面的沟通,从而丰富彼此在对方心目中的形象,进一步加深师生双方对彼此的理解。校园课外活动是必要的,虽然其目的不是很具体,计划性、组织性不是十分周密,但这种淡化了教育痕迹的活动却蕴藏着丰富的教育内涵。很多时候,课外活动是改善不良师生关系、强化良好师生关系的手段。由此可见,创设轻松和谐的校园文化氛围对构建新型师生关系、增强教育的效果有着不可或缺的作用。

学生的一只手搭着学校,另一只手搭着家庭,学校有责任去纠正家庭教育的偏颇。实践证明,成立家长学校,加强家校沟通,是促进家庭教育改善的必要手段。学校通过开展讲座、组织座谈等多种培训方式,逐步转变家长的教育理念,进而逐步改善不良的家庭教育方式。我们要让家长认识到:成绩好并不是一个人在社会上立足的唯一基石,不能要求每一个孩子都成为科学家。因此,使家长明确优秀的标准显得尤为重要。再者,学校应教给家长一些与孩子沟通的方法,如换位思考法、幽默教育法、积极暗示法、激励评价法等,鼓励家长在生活中培养孩子自主学习、自主生活的能力。

对教师反思工作的反思

教师坚持每周撰写一篇教育教学反思周记,这是县教育局的统一要求,学校也把这项工作纳入对教师常规工作的检查和评价。我看过很多教师的反思周记,其中对成绩和问题的反思促使我对"反思助力教师专业成长"这个话题进行了深层次思考。

美国心理学家波斯纳提出了一个教师成长的简洁公式:成长=经验+反思。叶澜教授指出:"一个教师写一辈子教案不一定能成为名师,写三年教学反思则有可能成为名师。"可见,教师的专业成长离不开反思,教学反思可以促进教师专业成长。

一、什么是反思

人们往往将"反思"等同于"反省",从这个角度讲,反思就是回想自己的思想、行动,检查其中的错误。最先把"反思"引进教学中的是美国哲学家、教育家杜威,他在著作《我们怎样思维》中说,反思是"对任何信念或假定的知识形式,根据支持它的基础和它趋于达到的进一步结论而进行积极的、坚持不懈的和仔细的考虑"。

二、反思性教学与教学反思

反思性教学这一术语的正式出现,主要源于美国学者舍恩的著作《反映的实践者:专业作者如何在行动中思考》一书。我国学者熊川武教授认为,反思性教学是教学主体借助行动研究,不断探究与解决自身和教学目的以及教学工具等方面的问题,将"学会教学"与"学会学习"结合起来,努力提升教学实践的合理性,使自己成为学者型教师的过程。

教学反思就是教师自觉地把自己的课堂教学实践作为认识对象,进行全面且深入的冷静思考和总结,从而进入更优化的教学状态,使学生得到更充分发展的有益的思维活动和再学习活动。

反思是教师专业发展的一种思路,即教师以自己的教学活动过程为思考对象,来对自己的行为、决策以及由此产生的结果进行审视和分析。反思是通过提高参与者的自我决策水平来促进能力发展的一种思路。

反思是教师专业发展的"自我裁剪"。教师通过对自己(或别人)的教学活动进行理性观察,汲取有益经验,从而改进自己的实践活动,提高自己的教学能力。这种"自我裁剪"式的经常性的教学反思可促进教师从"经验型"走向"研究型"。

反思是教师专业发展的一种能力。教学反思是教师对教学活动的深入思考,这种深思使得教师能够有意识地、谨慎地、经常地将研究结果和教育理论应用于实践,并取得良好教学效果,从而使教师的教学参与更为主动,专业发展更为积极。

反思是教师专业发展的一种学习方式。教学反思的目的是对各种教学观进行深入思考,并通过实践来验证。这是一种用来提高自身业务,改进教学实践的学习方式。这是对理论和实践都产生作用的积极探索,非常有助于解决教育实践中的一系列问题,从而使教师进一步充实自己,优化教学。

反思是教师专业发展的一种智慧合作方式。教学反思不是一个人的漫想,而是需要教师共同合作(或者说永远存在合作,在合作的基础之上进行反思)。反思是一个需要大家认真思索,乃至付出极大努力的过程;反思不单单是教学经验的总结,还是伴随整个教学过程的发现、分析和解决问题的活动,以大家思维的碰撞为资源。

反思性教学必然以教学反思为基础,所以,教学反思应该成为教师工作的常态。

三、教学反思的意义

开展教学反思,加强教师自我评估和自律学习对教师主体的发展特别重要。现代教育所面临的最大挑战不是技术,不是资源,而是教育者的理念。教育理念正确与否是教师是否成熟的重要标志。如果一个教师仅仅满足于获得经验,而不对经验进行深入思考,那么,即使他有 20 年的教学经验,也只是一年工作重复 20 次,除非他善于从反思经验中汲取教益,否则不可能有什么改进,他也只会停留在一个新手型教师的水准上。实践证明,凡善于反思,并在此基础上不断努力,提升教学效果的教师,其自身成长和发展的步伐也会加快。在教学中,一旦教师熟悉教材,特别容易陷入机械重复的教学实践中,陷入经验型思维定式、书本定式、权威定式和惰性教学的泥潭。因此,教师只有把自我发展看成是必需的和必要的,才会对自己的发展形成整体性看法,从而不断促进自己提升教学质量,教会学生学习。

开展教学反思,可以进一步促进教师树立终身学习的理念。"教然后知困",只有不断发现一个个陌生的"我",才能促使自己拜师求教、书海寻宝,激活教学智慧,探索展现教材内容的新的表达方式,构建良性的师生互动机制。反思后则奋进,发现问题就深思,存在问题就整改,总结经验后升华,教师只有在反思自己中超越自己,才能不断地向更高层次迈进。

四、教学反思的类型、方法和方向

教学反思没有标准的模式,因为反思本身具有不确定性,具体问题、具体情境、具体条件等都有可能引发教师的反思,但反思的类型和方法可做如下概括:

反思的类型有纵向反思、横向反思，即时反思、阶段反思，个体反思、集体反思，主题反思、发散反思，等等。反思的方法有总结法、比较法、追述法、行动研究法、讨论法、档案袋法等。以下把反思类型和反思方法结合在一起作简要介绍。

纵向反思和行动研究法，即把自己的教学实践作为一个认识对象，放在历史过程中进行思考和梳理，同时不断获取学生的反馈意见，并把这些意见作为另一个认识对象进行分析，最后把两个具体的认识对象揉在一块儿整合思考。教学反思贯穿教学生涯，而不是某一阶段的特殊任务。

横向反思和比较法。教学反思需要跳出自我、反思自我。所谓跳出自我，就是经常性参加听课交流活动，研究别人的教学长处，通过学习比较，找出差距，汲取有益经验，从而提升自己。当然，无论是运用行动研究法还是比较法，我们都需要学习先进的教育教学理论，提高自己的理论水平。

个体反思和总结法。"课后思"：一场课下来就总结思考，写好"课后一得"或教学日记，这对新手教师非常重要。"周后思"或"单元思"：讲完一周课或一个单元的课进行反思，发现问题及时纠正。"月后思"：对自己一个月的教学活动进行梳理。"期中思"：期中质量分析，这是比较完整的阶段性分析，通过召开学生座谈会，听取意见，从而进行完整的整合思考；也可以对一个学期或一年的教学情况进行宏观反思。

集体反思和对话法。集体反思指与同事一起观察自己的或同事的教学实践，与他们就实践中产生的问题进行讨论。这是一种互动式的活动，注重教师间的分享、合作学习和共同提高，有助于建立合作学习共同体。俗话说："当局者迷，旁观者清。"以旁人的眼光来审视自己的教学实践，能使自己对问题有更明确的认识，并获得多种解决问题的方法。教师互相观摩教学实践，详细记录所看到的情景，还可以用摄像机将教学活动拍摄下来，组织回看。每个观摩的教师都写教学反思，分析自己的教学实践，各自思考，然后共同研讨；针对教学中普遍存在的困惑进行团队反思,每个教师都发表自己的见解,提出解决问题的思路。即使出现不同的认识,那也是智慧碰撞和切磋学习。

注重教师间的合作与对话是反思性教学的一个重要特征,反思不仅仅是"闭门思过",与外界的沟通交流也是进行教学反思的重要途径,这是由教与学的社会本质所决定的。除了集体反思,还可请教育学者介入,提出有针对性的建议,促使教师不断反思,从而获得更新、更全面的认识。

综观教师的教学反思,能够针对自身的教学实践和教学行为进行真正意义上的反思并开展反思性教学者并不多,很多教师还是凭着自己有限的经验进行简单重复的教学实践,大家的教学重点多是放在教学内容和应试教学上,反思亦是如此。我认为,教师的教学重点和反思应当转移到培养学生的性格、兴趣、能力、价值观等核心素养方面,因为这是现代教育思想、教育理念的发展方向。

五、重新构建教学反思

教师要把反思当成一种态度、一种方法、一种习惯、一种工作思路。反思不是"报流水账",而是重在发现问题;反思不是"错误检讨",而是重在有效调整;反思不是"一劳永逸",而是重在归纳提升;反思不是"完成差事",而是重在专业发展……种种被动、应付的做法不仅是在耗费时间,更是在浪费生命,这与教师追求幸福教育的人生理想是相悖的,是一种自我折磨的生活方式。反思需要学习与思考,需要交流与合作,需要不断实践与创新,更需要我们树立对一代代学生健康成长负责任的信念,对教育事业负责任的信念,对国家的人才战略负责任的信念!

真诚反思会成为我们专业成长的阶梯,我衷心地希望我们的教师在今后的工作中能够多学习、多观察、多反思、多实践,在教师专业发展的道路上走得更实,走得更远!

让小学生对国防意识入脑入心

平定县实验小学校高度重视国防教育工作,把国防教育真正纳入学校教育管理体系,以"3+X"模式为载体,努力培养爱国情感浓、国防意识强的合格少年。

"3+X"模式的主要内容有:"3"即一个浸润人心的育人环境、一节严肃活泼的国防教育课、一个蓬勃向上的国旗护卫班;"X"即不同层面、不同渠道、不同形式的教育活动。

一、优化软、硬环境,建立国防常态教育的主阵地

我校的党政领导班子坚持"一岗双责",将国防教育作为德育教育的重要内容之一,自上而下,健全领导组织机构,形成国防教育软环境。校长统筹协调,德育处规划部署,少先队大队部牵头落实,各中队主体实施,其他各处室积极配合,促使国防教育常态化运行。

校园中开辟了国防教育专栏,定期更新内容,同时举办国防教育主题活动,例如"百米长卷绘祖国"、"携手重走长征路"、"星火燎原"读书教育活动等。学生通过专栏可以获取国防知识、了解时事动态,多维、立体、动态的校园国防教育空间是实施国防教育的重要环境。

二、落实特色课程,创立国防教育的主阵地

国防教育活动课是我校少先队活动课的特色教育课程之一,每月一节。各中队通过演讲活动,让听众在感人至深的故事中感受国防的重要性;组织国防教育读书活动,通过撰写读书笔记或读后感,开展读书交流会、故事分享会,使学生增长国防知识,强化爱国情感;通过国防教育"实战演练"游戏,使学生在"保卫阵地""实战对抗"中,增强团队意识,提高克服困难的能力。学校每年还聘请县人民武装部的官兵进行专题讲座,突出了国防教育在学校工作中的特殊地位。

三、成立国旗护卫班,为国防教育增光添彩

平定县实验小学校具有 30 多年历史的国旗护卫班,由 43 名品学兼优的学生组成,聘请现役官兵做教官,规范升、降国旗仪式。无论是在升旗仪式上,还是在大型活动中,国旗护卫班飒爽的军姿、矫健的步伐、铿锵的口号,都给全校师生以精神上的感染。

学校利用重大传统节日和纪念日对学生进行国防教育,国旗班相伴而行。如,清明节举行"缅怀先烈,星火燎原"经典诵读比赛;建军节开展"百人绘长城"活动;"九一八"纪念日,拉响防空警报,参观县烈士纪念馆并为烈士敬献花篮;国庆节观看电影《开国大典》;长征纪念日,组织绘画、分享故事、演讲活动;等等。

我校一如既往、坚持不懈地将国防教育融入德育活动,与时俱进,创新形式,让爱国主义情感、保家卫国的思想牢牢植根于学生内心,让国防教育成为学生成长中必不可少的主旋律。

素质教育背景下,如何落实养成教育

在小学阶段,只有全面落实养成教育,才能全面实施素质教育,良好的养成教育是实施素质教育的重要途径。

素质教育中的"素质"主要是指人在后天通过环境影响和教育训练所获得的稳定的、长期发挥作用的基本品质结构,包括人的思想、知识、身体素质、心理品质等。小学教育的主要任务是为学生的健康成长和终身发展奠定全面的良好基础,要真正打好这个基础,就要真正使素质教育落实在学校的各项工作中,这一"落实"的有效切入点就是必须重视小学生的养成教育。

一、家校联手培养孩子良好的生活习惯

当今时代,学校教育不能独舞! 和学校教育密切关联的是家庭教育。我常常和班主任老师讲:"我们班主任是这个社会最大的主任,因为我们不仅管理着几十个孩子,还管理着孩子背后的一家老小,我们很自豪,但肩上的责任也很重啊!"单就培养孩子良好的生活习惯这一点,没有家长的密切配合是绝对不行的。我们在向家长明确应该如何培养孩子良好的生活习惯并要求家长监督孩子的同时,这些要求是不是也在潜移默化地鞭策着家长改变不良习惯呢? 表面上看,按时起居、晨洗晚漱、衣帽整洁、来去有应、迎来送往、尊老护小、所用东西有序摆放、自觉自主安

排学习、自己的事情自己做等习惯很不起眼,但这恰恰反映出一个人严谨的思维、坚持的毅力、彬彬有礼的风范、自立自强的意识,这些品质和精神对学生的健康成长将起到多么重要的作用啊!所以,从孩子跨进校门的第一天起,老师就应主动和家长联起手来,培养孩子良好的生活习惯。

二、学校常规培养孩子良好的行为习惯

行为习惯是养成教育的重点内容,学校是培养孩子们良好行为习惯的主要场所,这是由基础教育所担负的任务决定的。中小学教育的根本任务是全面提高学生的思想道德素质、科学文化素质、劳动技术素质和身体心理素质。我们近几年着重强调学生“学会做人、学会求知、学会办事、学会健体”,这几个“学会”和养成教育是紧密相连的,需要我们从学生的实际出发加以落实,如此才能使学生的“习惯”内化为“素质”,才能使养成教育在素质教育中起到应有的基础性作用。

紧密结合“学校一日生活常规”制订“班级一日生活常规”,可以有效地落实学生在校期间的行为习惯,如整洁仪表入校门、放下书包先打扫、晨读午写课前歌、整齐规范做“两操”、课前准备好用具、课间活动讲友爱等,都是在学校生活中培养孩子良好行为习惯的重要内容。在养成教育过程中,孩子们的时间观念、集体观念、竞争观念、友好交际观念和遵纪守法观念都会在潜移默化中得到逐步强化,良好的行为习惯在渐渐养成,这是学校教育留给孩子的使其终身受用的本领。

三、课堂教学培养孩子良好的学习习惯

课堂是学校教育的主阵地,是培养孩子良好学习习惯的主战场,而良好的学习习惯对一个人科学文化素质的提高有着深远影响。良好的学习习惯主要有:自主学习的习惯;善于观察、乐于动手的习惯;专心听讲的习惯;能利用多种方法进行阅读的习惯;乐于思考、善于思考、进行总结的习惯;合作交流、互帮互学的习惯;梳理

归纳、学以致用的习惯;等等。这些良好学习习惯的养成,奠定了孩子人生发展的基础。所以,培养令孩子一生受用的良好学习习惯是我们教育者的使命!

四、主题教育活动培养孩子良好的做人处世习惯

小学的主题教育活动是培养孩子们做人处世习惯的主要手段之一,孩子们在活动中不仅会受到良好的行为养成训练,受到各种类型的情感教育,更重要的是会受到以集体主义精神为核心的世界观、人生观、价值观的教育,进而逐步升华为受到理想教育。如,"文明礼仪伴我行"活动、"安全自律我能行"活动、"廉洁自律好少年"活动、"争做'五好少年'"活动、小记者下乡活动、小记者跑"两会"活动等,以及重大节日时举办的主题活动,都在潜移默化地浸润着孩子的心灵,令孩子终生难忘,教育效果非常好。

"思而后行,随行辨思,以思促行,思行互成。"只有组建一支爱思且爱行的积极投身于小学教育改革的师资队伍,小学素质教育才有可能全面、有效地实施。

编绘手抄小报,培养、发展小学生综合素质

　　小学生六年的成长和发展对其一生有着深远影响,人一生的许多道德品质、行为习惯、知识技能都在小学阶段打下基础,所以说小学阶段是人生的奠基阶段,小学教育是人生的奠基工程。因此,我愈发地感受到小学教育的重要性。将"六年影响一生"作为至高理念追求,将"六年引领一生"作为不渝践行指南,应该成为我们小学教育工作者的共识。但是,小学生处于直观形象思维占主导地位、无意注意起主要作用、机械记忆占主要地位、有意想象力逐步增强且想象的创造成分逐步增多的认知阶段,要有效地"影响"和"引领"孩子多元发展、全面发展和健康成长,在一张张"白纸"上绘出"五彩缤纷的世界",就需要一些有效的载体。在工作实践中,我们都切身感受到手抄小报是培养和发展小学生综合素质的有效载体。

　　孩子们从一年级开始写、画、说、算,到六年级已经形成一定的技能,具有了一定的概括能力、抽象思维,这个变化和成长是巨大的。而我们的小学教育能否最大限度地发展每个孩子的多元能力是衡量我们的教育理念是否科学的重要标尺。手抄小报乃一张"白纸",孩子们可以在上面写写、画画、勾勾、描描,可以在上面写楷书、写隶书、画插图、画色块,还可以进行创意版面设计等。总之,手抄小报是一种内容丰富、形式灵活,集书法、绘画、版面设计、知识积累和各种潜在教育功能于一体的综合性、动态性、创造性教育资源。

我校学生的手抄小报独具特色，突出了普及性、教育性、发展性和艺术性。普及性表现在全体学生参与，不同年级的学生都要"享受这一艺术大餐"，制作符合他们年龄特点的手抄小报并在艺术长廊展示，这成为我们培养学生综合素质的具体而有力的措施。教育性体现在每期小报的主题都与主题教育结合起来，如：《安全自护我能行》小报，让学生掌握安全知识，提高安全意识，培养自护能力；《遵纪守法我能行》小报，让学生学习《未成年人保护法》《预防未成年人犯罪法》《小学生守则》和《小学生日常行为规范》，使学生遵纪守规、学法知法、懂法守法、用法护法；《卫生健康我能行》小报，让学生主动学习健康知识，培养良好的行为习惯；《红色平定大搜索》小报，让学生通过社会实践活动，了解家乡光荣的革命历史和英雄人物，培养学生崇敬英雄、热爱家乡、报效家乡的思想感情；《"写规范字，说普通话"我能行》小报，成为孩子们展示好字，正音普通话的竞技平台。手抄小报的教育功能如"春风入夜，润物无声"。发展性指每个年级的学生各有侧重且动态发展，数量、质量呈螺旋式提升状态。以小报的书法为例：一、二年级是铅笔书法，三年级是铅笔书法和钢笔书法，四、五、六年级是钢笔书法和软笔书法，所有年级都有彩笔美术字。小报的主要表现形式如下：一、二年级是简笔画，三年级是版面设计，四、五、六年级是手抄小报，每个年级都有训练的侧重点，以使每个学生在系统的学习中形成办手抄小报的综合能力。艺术性指手抄小报是集文字表达、标题设计、书法、绘画、版面设计等为一体的综合艺术。办手抄小报在促使学生广泛阅读，培养提炼信息、谋篇布局能力的同时，还锻炼学生动笔写画、美术设计的能力，使学生在潜移默化中受到教育，同时培养了他们感受美、欣赏美、创造美的能力。

孩子们绘制的手抄小报是我校艺术长廊、文化氛围的重要组成部分，我们坚持人人参与、个个展示、定期更新，使学生的办报水平在比较中不断提高。小小手抄报成为孩子们发展志趣的芳草地、自我教育的醒悟园，成为学生不断提高综合素质的有效载体。

全方位推进书法教育,立体化营造墨香校园

书法教育一直是平定县实验小学校提高学生素质的重要教育内容。我校以教育部出台的《中小学书法教育指导纲要》为指导,积极开展书法教育活动,本着"让每一个学生在书法方面受益"的教育目标,全方位推进书法教育,立体化营造墨香校园,取得了良好的效果,被授予"山西省语言文字规范化学校""国家级书法教育示范校"称号。

一、强化管理,健全机制

我校坚持贯彻"立字立人,练字练心"教育理念,为学生打好写字基础,使他们具备书法技能和一定的书法审美能力。

1.优化组织,责任到人

学校成立了由校长任组长,分管校长任副组长,教务处负责人、政教处负责人和年级主任、美术组长为成员的书法特色教育领导小组,全面领导开展书法教育教学工作,教务处下设有书法教研组,奠定了书法教育教学工作的师资基础。

2.确立目标,健全制度

《中小学书法教育指导纲要》提出要求:"面向全体,让每一个学生写好汉字;硬笔与毛笔兼修,实用与审美相辅;遵循书写规范,关注个性体验;加强技能训练,

提高文化素养。"我们对小学低段、中段、高段的书法教育"总体目标与内容"进行科学细致的分解,切实落实在平时的课堂教学中。具体制度为:一是制定书法进课表制度,全校48个班级均开设书法课,每周一课时;二是制定午写练习制度,每天中午课前20分钟是全体学生练字时间,坚持不懈;三是制定书法教学专项考核评价制度。

3.立足教学,形成常态

一、二年级进行铅笔硬笔书法教学,要求学生掌握汉字的基本笔画、常用偏旁部首和基本的笔顺规则,借助习字格把握字的笔画和间架结构,书写力求规范、端正、整洁。三、四年级练习钢笔字和毛笔字,要求学生掌握毛笔的执笔要领和正确姿势,了解笔、墨、纸、砚等常用书写用具,学习用毛笔临摹楷书字帖,掌握临摹的基本方法。五、六年级重点练习毛笔字,要求学生熟练掌握毛笔用笔方法,能体会书写中毛笔的提按、力度、节奏等变化。书法教学的方法是分步训练、分层推进、因材施教,力求"定位中间,兼顾两头",使不同水平的学生能在教师的指点与鼓励下,得到充分的发展。

4.全程量化,评价驱动

第一,每学期进行学生书法专项测评。教务处统一命题,统一组织测试、评卷、评价,评价结果向全校公布。学校把这项工作纳入班级和书法教师工作考核。考核内容和方式是:一、二年级测评铅笔硬笔书法,三至六年级测评软、硬笔书法,学生全员参与,抽签确定项目。硬笔书法检测内容为本学期语文教材中要求背诵的段落,软笔书法检测内容是语文教材中的"四会"生字。第二,每个学期期末检查书法教师对学生作业的批阅情况,并给以量化评价。第三,每年"六一",学校都要表彰一批"小小书法家"。自2006年开始,县教育局就把写字教学作为重点工作对各所学校进行抽查和考核,我校学生的书写质量每年在全县都名列前茅。

二、培训师资,优化队伍

培养一支书写水平高、书写指导能力强、责任心强的书法教师队伍是实施书法教学的保证。

1."走出去",培训教学骨干

2011年,我校派出书法教师董慧兰参加全国书法教师培训,培训结束后,她取得了书法教师合格证;山西省教育学会书法专业委员会的会议、县教师进修学校的中小学书法教师培训等,只要有学习机会,我校书法教师都会全员参加。同时,书法教师、美术教师还积极参加县、市书协、美协的活动,主动拜访郑恩田、郭九麟、要守文、刘文成等专家,建立长期联系,不断向名家请教。教师参加各级书法比赛,学校报销费用,支持他们与书法同行学习、切磋,所以,教师的书法水平、执教能力不断提高。2014年,我校的潘文焕、董慧兰、冯琳被评为省级书法名师。

2."内挖潜",狠抓"三字"过关

书法教师的书写质量深刻地影响着学生的书写水平。我校对教师的钢笔字、粉笔字、毛笔字的要求"严"字当头,常抓不懈。学校为全体教师发放齐全的软、硬笔书写工具,同时对教师的软、硬笔书法练习提出具体要求:坚持每天练习"一硬一软",每周上交一份优秀习作,学校装订成册进行展览。学校对教师的板书、教案反思、作业批语等进行评价考核,凡书写不过关者,一律不予评"优质课",不予评"教学能力考核一等"。

3.做课题,探索书法教育规律

我校书法教研组承担的阳泉市"十一五"规划课题《低年级识字教学研究》已经顺利结题。现在承担着山西省教育学会"十二五"书法教育科学研究课题《探索小学书法教育有效策略的实践研究》,潘文焕、翟秀全、董慧兰等教师还在进行《矫正小学生"双姿"方法的研究》的小课题研究。课题组以上级精神为指导,在学校

"四学"自主课堂模式引领下,构建了"教师为主导,学生为主体,练写为主线"的书法教学模式,其基本流程为"导入—示范—摹写—互评—修正"。课题研究引领着我校书法教育教学的科学发展、长足进步,使我校不断推出书法优质课。

三、营造氛围,陶冶情操

在我校,凡是有文字呈现的地方,如文化长廊,必定注重汉字书写的规范、美感,尽最大努力营造吸引学生眼球的书写氛围,让学生在富有美感的氛围中受到感染,得到熏陶。

1.书写经典,儒雅人生

师生的书法练习与经典诵读相结合,师生共读经典、同书经典,在墨香中,优秀传统文化之"真、善、美"在每个人心间流淌。

2.比学赶超,积淀素养

教室、楼道、办公室等地悬挂着师生的书法、绘画作品。有的是初学者的稚嫩习作,有的是各级赛事的获奖作品,有的是离校多年师生的作品,有的是古代书法名家名帖,更多的是在校师生的作品——虽然篇幅大小不同,纸张新旧不一,但我校书法教育的历史厚重感却蕴含其中。我校学生赴宣传部、武装部和立壁村等地参加书画主题展演活动,赢得高度好评。我校《希望》校报第八版是师生书画专版,投稿作品量多质优……师生置身于书法、绘画艺术的"百花园"中,耳濡目染,日有所进。

在多年的书法教育实践中,全校师生的书写意识普遍增强,书法练习成为每个人生活的一部分,书法水平及审美能力始终在提升。我校取得的成绩是突出的,每年有近百名学生在县级以上书法竞赛中获奖,有几十名学生荣获市级以上一等奖。我们将一如既往地勤奋工作,努力探索,使我校的书法教育焕发出更多光芒,也为中华国粹的传承做出我们应有的贡献!

把推广应用网络技术作为
学校信息化建设的核心工作

近年来,学校牢固树立"教育信息化即教育现代化"的先进教育理念,有计划地逐年增加现代教育技术硬件投入,不断加强教师队伍建设,努力"使硬件满足师生的需求,使师生能够充分地运用硬件开展工作和学习",信息技术建设走过了"从无到有,从少到多,充分应用"的道路,远教资源的注入使学校的信息技术装备力量显著增强,但教师的网络技术水平还跟不上信息技术装备水平,所以推广应用成为当前信息化建设的核心工作。

一、以学习培训为先导

学校组织教师学习网络技术走过了四个阶段:

基础知识培训阶段(2000 年至 2004 年):组织全员进行基础知识培训,使大家掌握计算机的基础知识、基本操作技巧和互联网知识。平定县将教师初、中级计算机培训纳入继续教育必考科目,学校也将两项培训纳入教师考核,并作为教师晋职的硬性条件。通过培训,教师计算机初、中级合格率均达 100%,优秀率达 44.6%。

实用技能培训阶段(2005 年至 2007 年):组织教师学习幻灯片制作、互联网基础知识及应用、阳泉教育城域网和山西省基础教育网的应用等内容,以提高教师的课件制作水平和网络应用能力。培训后,大家初步掌握了运用计算机服务教学的技能,如网上下载文件、制作课件、收发邮件等。其间最有实效的工作是分科组织教师观看阳泉教育网上的公开课、示范课,使教师明白多媒体课堂的基本模式,大部分教师由"无人用多媒体上课"转入"开始尝试用多媒体上公开课、示范课",并积极研究和探索多媒体课堂教学的实用性、有效性策略。

信息技术与学科教学整合培训阶段(2008年至2015年):着重进行信息技术与学科教学整合技能的培训,特别是将"英特尔未来教育"课程与远程教育资源应用两项培训结合起来,使大家能够灵活地应用网上资源、远教资源充实和丰富自己的学科教学,能够用"英特尔未来教育"理念组织教学,大大增强了课堂教学的直观性和学生的学习兴趣,这对提高课堂教学效率起到了前所未有的积极作用。除了进行必要的思路培训和技术培训,对教师的培训更加注重以"互帮互教、互摩互竞"为主要特征的整合课实况培训。推行"备课组集体备课制度",要求从制订教学计划开始,到备课、制作课件、设计单元检测试题等,均实行组内成员分工合作,每人负责一个单元或一课,做到精心备课、合作共享。

信息技术与学科教学融合培训阶段(2016年以来):着重进行信息技术与学科教学的融合应用培训。先是借助阳泉市教育资源公共服务平台,倡导教师通过网络创课途径,将网络课程投放在平台上,实现课堂教学的"翻转",提高学生学习的自主性、独立性和合作性,促进教学方式的深度变革,这一倡导取得了一定效果。随着市、省、国家基础教育平台的开通,国家中小学智慧教育平台的升级,教师制作网络课程的资源更加丰富,"微课""一师一优课"走进教师生活,走进课堂教学,"信息技术为课堂教学插上翅膀"不再是一句空话。特别是线上教学期间,教师的信息化应用水平得到了实质性、普遍性提高。

二、以校长引领为关键

在网络技术推广应用初期,面对很多教师学习计算机的畏难情绪,我一方面晓之以理,提高教师认识,一方面以行动带动,在有限条件下,将学校一楼、三楼的两间教室整刷一新,为大家尽快利用资源创造条件,同时我通过改变自己的办公方式带动全体教师运用网络技术。如,我率先运用邮箱传递文章,运用 QQ 空间与大家沟通思想、交流工作,促使大家注册邮箱或 QQ 空间,因此一位位老师成为"我的好友",进入我的邮箱。同时,我开通了自己的博客,也倡导老师们开通博客,扩大交流范围……接下来,要着重进行强制性的、检验性的应用考核:要求教师将自己开发、应用过的教学资源以自己的姓名命名,上传到学校资源库;各项工作全校竞赛,纳入评估,选出"远教应用能手""信息化教学能手""创课能手"等。

三、以典型引领为途径

充分发挥积极分子的带动作用,鼓励他们将多媒体教学引入课堂,为他们应用资源创造条件。"师徒结对"是典型引领的重要手段,分组、分班落实"师徒结对"的培训指导计划,达到"一个教师带动一部分教师,一部分教师带动全体教师,全体教师带动一所学校"的目的。网管员教师、一批骨干教师都为学校的信息化培训指导工作发挥了充分的典型引领作用。

四、以推广应用为重点

为使教师都能利用信息化资源进行教学教研,我校将"实际应用"作为教学能力考核的重点。从要求每人每学期上好两节"应用公开课",到要求每人每周上好两节"应用课",这印证着老师们计算机应用水平的普遍提高。利用县教育局搭建的"网上教研大讲堂"平台开展校本教研和校际教研,使教研工作省时且高效。备课组分工合作,制作较为系统的单元课件或教学设计、学案,使大家在合作中共享资源。每人每学期必须撰写一篇电子论文。开展"整合—融合"公开课比赛,使教师在观摩多媒体教学中交流学习、总结提升。这些工作对教师的成长产生了深刻影响,多媒体教室常常出现"争用、等用、调用"的情况,有好多教师为了方便使用,自己买了电脑,"有路缺车"的窘况得到缓解,这进一步提高了教师应用计算机的能力。在正常开设信息技术课的同时,学校还利用每周的班团课、综合实践课、地方与校本课,运用远教资源等网络资源对学生进行养成教育、安全教育、环保教育、爱国主义教育等。

五、以科学管理为保障

我们从制度管理和日常管理两大方面进行管理,以促进教师学习应用计算机和设备的正常使用。在学习应用计算机的不同阶段,我们针对实际,制定必要的制度来促进工作,如将教师的参与情况纳入业务能力考核指标,作为评优、评模、晋职的硬性条件,对教师上多媒体"整合课"、"融合课"的最低量作出契合实际的明确规定,等等。为保证信息技术设备的正常运行,网管员要保证做好多媒体教室的卫生工作、计算机的保护维修工作,使所有设备每天都能以最佳状态备用。

六、以总结成果为动力

在实践应用计算机的过程中,学校倡导教师要善于运用、总结、推广信息化工作的理论成果,我校网管员、骨干教师的专项论文均荣获省教育学会一、二等奖,有的教师被评为县级、市级"信息技术与学科教学整合能手""电教能手""远教应用能手",还被推荐参加省级"远教应用能手"示范课活动。我被评为县级、市级"十佳应用校长",我的博客被评为"优秀教育博客"。我校被评为省级"远教应用优秀项目学校""优秀项目学校"等。

总之,丰富多彩、形象生动的信息化资源已成为教师开展工作的必要材料,信息化刷新了学校教育教学工作的历史纪录,使学校步入了新时代的新境界。

学校的"总司令":课程表与铃声

现实回放

我到某学校参加某个主题的现场会,该主题不涉及文化课课堂教学,但我还是从各方面抓住时机学习,其班级的课程表引起了我的注意:一年级的语文课有 13 节(省定 9 节),数学课有 8 节(省定 4 节)。我愕然。

我与曾经的同事偶遇坐聊,惊闻某中学的课程安排,学科教师可以将一周的课时调整在两三个半天上完,其余时间自由安排,甚至可以不到校,学生的课程表就变成了一天上两门课,甚至半天上两门课。后来了解到像这样的中学不止一所,我惊愕。

某老师向我反映,刚转来的学生很奇怪,没有课堂观念,在课堂上随进随出,不受约束与管教。后来详问才知道孩子原来的班级属于包班制,学生上下课不受铃声约束,进出都是自由的,老师上下课也是自由的,属于放养式课堂。当然,孩子刚转来我校,不知道铃声的作用,还保持着往日的行为习惯。那么,孩子原来所在学校的铃声是形同虚设,还是不设?

还有,关于课程表"安排"的议论总是不绝于耳:上级要来检查,赶紧更换课程表,调整铃声设置;有的学校有两套或三套课表和铃声,分别适用于不同的情况;教师可以随意、自行调课;等等。

静心思考

校长可以一日甚至一段时间不在校,但学校不可一日无课程表和铃声的指挥啊! 课程表和铃声是学校的"总司令"。课程表体现着学校规范办学、办学特色、办学理念、课程设置、教师管理、教学管理等办学思想,指导着师生一天的教学活动,体现着学生在校生活是否丰富。铃声是在课程表的基础上设定,对全体师生的行动进行着有效指挥。所以,内行的教育工作者通过一张课程表就可以对一所学校的办学情况作出全面分析和评判,通过师生对铃声的执行度就可以看出这所学校的管理程度和水平。

在此,我重点谈谈课程表。我在中小学做教师、班主任时执行课程表,做教务主任时编排课程表,做校长时监督课程表的编排,也曾因为不满意下属编排的课程表而亲自编排课程表至凌晨三点。我认为,课程表是学校重要的管理者,虽无声但科学有序;课程表是学校重要的指挥官,虽无形但时刻发挥着作用;课程表是教育教学重要的组织者,虽无言但及时高效。

编排课程表,无论"手动"(我编排课程表均亲自动笔,算为"手动"),还是机排(运用计算机软件编排),都需要遵循科学的原则:文化课与活动课间排,文科与理科间排,主科与副科间排;学科难度与学生精力配合排,每个班级的每门课不能扎堆,要科学分散排;正课和早、晚自习呼应排、规律排;同一备课组教师的课程表要趋同;还要考虑全校课程的协调,如体育课场地的协调,信息技术课专用教室的协调;等等。当把这些原则都细致地落实在一张课程表之中时,我会感到自己的管理责任尽到了一大半——一张课程表会帮我把日常的教育教学工作安排好,我顿时觉得满脑子轻松、周身清爽。老师们拿到自己的课程表后也会欣然接受,很快进入良性的工作循环中。

接下来,由教务处出台请销假调课制度,严格规定凡因病、因事请假者,由教务处下发调课单,不准私自调课。这样就保证了课程表的严格执行,维护了课程表的严肃性和科学性。

　　课程表和铃声是手心手背,谁也离不开谁。对课程表和铃声的执行度决定着一所学校日常教育教学工作的效果。合格的校长注重学校的内部管理,而对课程表和铃声的管理是学校内部管理的重要支点,理应精心筹划、科学设置、落实到位。

提升教育认知，担当育人使命

习近平总书记在教师节、全国教育大会等重要讲话中，多次号召广大教师不忘立德树人初心，牢记为党育人、为国育才使命，积极探索新时代教育教学方法，不断提升教书育人本领，为培养德智体美劳全面发展的社会主义建设者和接班人作出新的更大贡献。全体教育工作者要提高政治站位，深刻领悟总书记的讲话精神，在教育教学实践中，做到切实提升教育认知，勇于担当育人使命。

培养什么人，是教育的首要问题。习近平总书记指出："我国是中国共产党领导的社会主义国家，这就决定了我们的教育必须把培养社会主义建设者和接班人作为根本任务。"总书记的这句话，明确了教育工作的根本任务，也为新时代的教育工作指明了方向。

教育工作，立德树人是根本，也是教育事业发展必须坚持的底线。立德树人不能只是喊话，而要深入理解、提高站位、付诸行动、担当使命。

一、全面理解"立德树人"

古往今来，任何一个国家都是按照自己的政治要求来培养人，从而维护政治统治、维系社会稳定的。对于我们党和国家来说，教育要培养的建设者和接班人，定语只能是"社会主义"。我们培养的人，要立什么"德"？要立社会主义核心价值观之"德",就是要将社会主义核心价值观,即"富强、民主、文明、和谐,自由、平等、公正、法治,爱国、敬业、诚信、友善"的种子种在学生心田,让其伴随着学生的成长而发芽、壮大;我们培养的人,必须树立共产主义远大理想和中国特色社会主义共同理想,这就是中国教育要立的"德"。中国教育要树什么"人"呢? 树"德智体美劳全面发展的社会主义建设者和接班人",树"能够担当民族复兴大任的时代新人"。我们教师要从党和国家全面建设、持续发展的角度理解人才问题。国家建设需要千千万万各行各业的基层普通劳动者和建设者,还需要千千万万各行各业的具有中国情怀和国际视野的、具有人类命运共同体意识的高精尖人才和领军人物。所以,我们的教育培养的人才,必须坚持为人民服务,为巩固和发展中国特色社会主义制度服务,为改革开放和社会主义现代化建设服务,这是我国教育使命的根本所在。

我们党历来重视以德育人、以德治教,始终把德育摆在突出位置。新中国成立后,我们党确立了教育方针,强调要使受教育者在德育、智育、体育诸方面都得到发展,成为有社会主义觉悟的有文化的劳动者。改革开放后,我们党提出要培育有理想、有道德、有文化、有纪律的社会主义"四有"新人。党的十八大把"立德树人"明确为教育的根本任务,党的十九大进一步提出要"落实立德树人根本任务",党的二十大明确提出,要坚定不移贯彻党的教育方针,始终坚持为党育人、为国育才,全面提高人才自主培养质量,着力造就拔尖创新人才,聚天下英才而用之。党的教育方针始终坚持德育为先,把坚定正确的政治方向放在第一位,培养了一代又一代听党话、跟党走、扎根人民、奉献祖国的社会主义建设者和接班人。立德树人,关系党的事业后继有人,关系国家前途命运,不管什么时候,我们为党育人的初心不能改,为国育才的立场不能改。

二、全面理解"全面育人"

育哪些人? 一要育校长,二要育教师,三要育学生。习近平总书记对教师的

"四有好老师""四个引路人""四个相统一"要求,对思政课教师的"八个相统一"要求是我们"育师"的准绳,《全面深化新时代教师队伍建设改革的意见》是我们"育师"的纲领。一位好校长就是一所好学校,一位好老师会影响人的一生。只有先立好"校长之德",才能树好"教师之人";只有先立好"教师之德",才能树好"学生之人"。中国教育要培育有中国灵魂的教师,要培养有中国灵魂的学生,让其从内心树立"四个意识",坚定"四个自信",落实"两个维护",信仰马克思主义理论,信仰习近平新时代中国特色社会主义思想,高度认同全国人民的共同理想和全人类的远大理想。

从哪些方面育人?要坚持育人和育才相统一。"才者,德之资也;德者,才之帅也。"人才培养,育人是本。"人无德不立。"育人的根本在于立德,这个"德",既有个人品德,也有社会公德,更有报效祖国和服务人民的大德。只有"德"立住了,人才能"树"起来,才能真正成为对国家、对民族、对社会有用的人才。青少年处于知识体系不健全、价值观塑造未定型、情感心理未成熟的人生阶段,他们生活在和平富足的环境中,没有体验过民族生死存亡的苦难,没有经历过血与火的考验,人生阅历非常浅。所以,我们必须把立德树人作为根本任务,对青少年进行正确引导和长期教育,帮助他们树立马克思主义信仰,坚定中国特色社会主义信念以及实现中华民族伟大复兴中国梦的信心,使其更好地肩负起民族复兴的时代重任。在这个问题上绝不能走偏。

习近平总书记强调:"我们的教育绝不能培养社会主义破坏者和掘墓人,绝不能培养出一些'长着中国脸,不是中国心,没有中国情,缺少中国味'的人!"并特别要求思政课教师队伍要把"政治要强、情怀要深、思维要新、视野要广、自律要严、人格要正"六点核心素养自觉融入专业发展和教育教学实践的全过程。作为教师,我们要深刻认识到自己的教育观点、行为举止的影响力。因此,我们要十分注意自己在课堂上、生活中的立场、观点,要时刻树立"大思政观",实践"大思政课",做到讲政治、立意高,讲正气、品位高,积极传递正能量。我们的工作关系着国家的未来、民族的希望,我们责任重大、使命光荣。

三、全面理解"育全面发展而完整的人"

联合国《儿童权利公约》将儿童的年龄界定为0—18岁。2006年发布的《素质教育调研:加强素质教育政策思考与建议》指出"人的素质"的概念是人所具有的维持生存、促进发展的基本要素。它是以人的先天禀赋为基础,在后天环境和教育影响下形成并发展起来的内在的、相对稳定的身心组织结构及其质量水平,主要包括身体素质、心理素质和社会文化素质等。据此,人的全面素质应包括健康的体魄、高尚的思想品德、强烈的学习愿望、较高的文化科学素养、较高的审美能力、高尚的情操。

党的二十大报告对全面建成社会主义现代化强国做出"分两步走"总的战略安排,明确了"从2035年到本世纪中叶,把我国建成富强、民主、文明、和谐、美丽的社会主义现代化强国"的时间表、路线图,将不断实现人民对美好生活的向往。人的全面发展不仅指人的劳动能力的全面发展,即人的智力和体力的充分、统一的发展,同时也包括人的才能、志趣和道德品质的多方面发展。教育教学要落脚到培养"德智体美劳全面发展的人"上,培养具有浓厚的家国情怀和强烈的社会责任感,能够自觉践行社会主义核心价值观,坚持国家至上、民族至上、人民至上,始终胸怀大局、心有大我,在实现中华民族伟大复兴的中国梦的道路上具有精神追求和责任担当的人。

习近平总书记指出:要深化办学体制和教育管理改革,充分激发教育事业发展的生机活力;要深化教育体制改革,健全立德树人落实机制。校长及各学科教师要把立德树人贯穿到教育教学工作的各领域、各环节,"三全育人""五育并举",用具体举措培养德智体美劳全面发展的社会主义建设者和接班人,培养"完整而全面的人"。只有人的全面发展，才有社会的全面进步。

激发教育事业的生机活力首先靠教师，教师是落实立德树人的关键力量。教育者要首先受教育，要将师德师风建设作为评价教师队伍素质的第一标准。广大教师要做有理想信念、有道德情操、有扎实学识、有仁爱之心的好老师，更好地担当起学生健康成长的指导者和引路人的责任。要深化教育改革，加强和改进思想政治教育，把立德树人成效作为检验一切工作的根本标准，建立全员、全过程、全方位育人的体制机制，坚持为党育人、为国育才，引导青少年把爱国情、强国志、报国行融入坚持和发展中国特色社会主义事业的奋斗之中，在实现中华民族伟大复兴中国梦的生动实践中放飞青春梦想，书写人生华章。

"你是中国人吗？你爱中国吗？你愿意中国好吗？"这三问是时任南开大学校长的张伯苓在1935年秋季学校开学典礼上向全体师生的发问。当时，中华民族正处于危急存亡之际。习近平总书记于2018年的全国教育大会上谈到这个故事，并强调"这三个问题是历史之问，更是时代之问、未来之问，我们要一代一代问下去、答下去"！这著名的"爱国三问"，实质上就是在追问"教育要培养什么样的人"这一首要问题。作为新时代的教师，我们要进一步明确育人目标，从思想上提高对教育的认识。浇花浇根，育人育心，我们要落实立德树人根本任务，扎实深入履行好为党育人、为国育才的国家责任、政治责任、社会责任和教育责任，在实现中华民族伟大复兴中国梦的道路上不负韶华，奋力前进！

小课题研究芬芳四溢,教师专业成长幸福相伴

作为全国教育科学"十二五"规划课题《小课题在中小学教师专业发展中的实践研究》实验学校,从 2014 年开始,我校连续三年参与小课题研究,共立项 73 项,参与 210 余人次。学科范围从开始的语、数、英三科,逐步扩展到音、体、美、书法、信息技术,后又扩展到班级管理、少先队活动、学校教育联盟等。前两年结题 54项,结题率 100%,晋升市级课题 17 项,晋升率 31%。有 201 人次获得市级以上小课题成果和荣誉,学校先后荣获"阳泉市教师小课题研究实践活动先进集体""阳泉市教育科研示范学校"等称号。三年的教师小课题实践研究,有力推动了我校的教育教学改革,促进了教师专业成长与发展。在校长岗位一路走来,我的感悟是:校长什么时候都不能丢掉"老本行"。《义务教育学校校长专业标准(试行)》明确指出:"校长是履行学校领导与管理工作职责的专业人员。"我理解:校长应该是比教师的专业素养、综合素质更为优秀的教育专业人员。校长最核心的素质是教育科研,而教育科研的主要抓手就是课题研究,主要任务是提高质量,根本任务是立德树人,关键力量是教师队伍。课题研究对提高质量、立德树人和教师队伍建设起着支撑作用。

一、小课题研究是校本教研的抓手

有了这个抓手,校本教研就有了活动主题,就有了方向和目标,就有了研究的

对象和内容,教师能够学到教研工作中积累的方法和智慧,体会到教研的成功和乐趣。

二、小课题研究是教学管理的手段

因为小课题研究,领导把教师集中在一起,团结在一起,关键是把大家的"心"凝聚在一起,为大家搭建了一个专业的、有意义的交流平台。教师自主做课题,人人发挥自身潜力,向着研究目标迈进,这难道不是一种"无为"的管理境界吗?

三、小课题研究是素质提升的核心

小课题研究的方向在于促进教师成为有思想、善创新的教师,切入点是教育教学中司空见惯的"小问题""小困惑""小现象",着力点在于这些"小问题""小困惑""小现象"的解决,生命力在于其实践性,吸引力在于成果的可操作性和普惠性,价值在于促进教师的专业成长。如,在《直观模型辅助低年级运算教学的策略研究》的小课题研究中,我和戎芳芳、赵世芳对人教版一至三年级数学教材的运算内容进行了系统整理,并和苏教版、北师大版的数学教材进行对比分析,选取典型样本,以批注的形式阐述直观模型的选择和使用方法,坚持一周一课例、一例一研讨,在学习中思考,在思考中实践,在实践中总结,研究出了直观模型辅助低年级运算教学的"3+3"教学策略。开发区实验小学的宁静老师在音乐学科《咏鹅》课堂教学中呈现出两个亮点:一是把微课植入课堂,有效地突破了"反复跳跃记号的认识和应用"这个难点,例证本校小课题成果的推广应用;二是她的教学不只停留在教唱歌曲的层次,而且上升到情绪感染力、表现力的层次,说明教师在小课题研究中学科素养的提升。这些案例见证了教师专业素养的提高是全面的、显著的。经过选题、申报、开题、实践研究、中期总结、实践课展示、研究成果展示、现场答辩,参与教师在理论学习、实践研究中有了较大收获。特别是在小课题研究过程中,我们得到了各级专家的针对性指导,这些都使我们备受鼓舞,教师的教科研自主意识明显提升,进而促进了教学素养、教学质量双提升。

四、小课题研究是上下沟通的载体

小课题为领导和教师的深入交流提供了契机。要想做好做实一项课题研究工作,校长必须让自己"参与进去",从选方向、确定题目、撰写申请书到阶段总结、把关发言材料,我会和每个课题组交流,亲自修改或提出建议,这种交流是基于课题、服务于课题的思想交流、心灵互动和智慧生成,能够充分展示领导、教师的才情和真诚关系。

五、小课题研究是校长管理的智慧

开展小课题研究,可以团结教师、发掘教师潜力、提升教师素养,可以促进自主研究、自主管理,可以充分发挥副职、中层的智慧和作用,上下级形成工作默契。我校小课题研究工作成绩的取得,与领导的辛勤工作和一大批骨干教师的积极参与和引领是分不开的。通过小课题研究工作的正常开展,全校形成了"不推自转"的教研氛围,教科研成果层出不穷,这是多么壮观的教育景象啊!所以,坚持扎实做好小课题研究工作,是校长管理的大智慧!

六、小课题研究是可贵的教育精神

聪明的资质、内在的干劲、勤奋的工作态度和坚韧不拔的精神,这些都是科学研究成功所需要的条件。小课题研究同样需要这些精神,在这条道路上坚持不懈走下来的人都具有这种科学精神。小课题研究工作需要校长、教师的担当精神和工匠精神,需要有引领者,更需要有跟随者,之后才升华为教育精神,融进"育人"的血液里。

七、小课题研究是教师成果的实惠

三年中,我校领导、教师共有 195 人次获得市级成果,6 人次荣获先进个人,学校获 2 项集体荣誉。从业务角度来讲,这些荣誉都是很有含金量的啊! 教师边工作边获得这么好的成果、荣誉,专业成长,见证着成长收获,何乐而不为呢?

总之,教科研是一项难度大且见效慢,但又必须坚持不懈的工作,想做、坚持做是一种应有的担当。研究点滴展示、同类迁移、潜移默化、以点带面的功效,对学校可持续发展有不可或缺的重要作用,集中体现着学校的软实力。"青山座座皆巍峨,壮心上下勇求索。"让我们把小课题研究牢牢抓在手上,不急,不丢,耐着性子抓实抓好,如此,一定能够不断地促进教师的专业成长,不断地促进教育教学改革,在课题研究的芬芳中体验到成长的幸福。

扎实做好小课题研究，

享受教科研成果的幸福

一、基本情况

平定县实验小学校是山西省首批示范小学,曾荣获山西省"基础教育课程改革实验基地学校"、"三晋课改名校"、山西省"教育科学'十一五'规划重点课题研究先进集体"、阳泉市"基础教育课程改革先进集体"、阳泉市"'十一五'教科研先进集体"、"国家级书法教育示范学校"等称号。

2014 年至 2017 年,我校开展小课题研究以来,本着"先培训后研究"的原则,全体教师参加了阳泉市教育科学研究所领导的深入学校的小课题培训;本着"先顶层设计,后有序实施"的原则,学校先制定《小课题研究实施方案》,组建了领导机构和专家团队;本着"先申报,后审核"的原则,教师自发组队,申报了 36 项小课题,经学校评审组初审、复审,共有 34 项准予立项,其中语文类 15 项,数学类 9 项,其他学科和班级管理类 10 项,参与教师 93 人,占在岗教师总数的 85%。

二、主要做法

1.顶层设计,制度保障

教科研行动研究是教师体验职业幸福的源头活水,我欣然担任学校小课题研究领导、专家团队的大组长，除了是"一把手"的原因，还因为我喜欢这项工作。我们制定了《平定县实验小学校小课题研究手册》，诸如申报须知、组长及组员工作制度、立项制度、资料保管制度、研究推广制度等均包含其中，小课题组成员人手一本。领导、专家团队亲力亲为，加之有制度先行作保障，确保了我校小课题研究工作的顺利开展。

2.强化学习，提高能力

多年来，我校不断参与各级各类课题研究，但大都是几位领导和骨干教师在做，这次小课题研究开创了教师大面积参与课题研究的先河。为了保证研究质量，我校诚邀市教科所领导为全体教师做专题讲座，又把课件进一步整理为文稿，印发给大家。我校派出业务领导和骨干教师参加市教科所的课题培训，领取了课题研究应用能力合格证，同时让大家参加县、市、省的教科研培训和学习，仅这一项支出就占总经费的7%—10%。我校请市教科所、市教研室和县教研室的专家对研究的过程进行实地指导，使大家对小课题研究的方法、重点有了更清晰的认识和理解。

3.过程跟进，重视评价

在小课题研究过程中，我校特别重视过程管理，注意筛选、收集资料，每一位课题组成员用统一发放的资料夹，及时收集、保存课题研究的有关资料。2014年12月17日，学校组织召开小课题中期报告会，各个小课题组围绕小课题研究中的做法和经验先进行了实践成果总结，学校专家组一一进行点评。学校聘请县教研室专家组为我校小课题研究的过程性文本进行指导、评比，评选出一等奖14个、二等奖14个、三等奖6个，受奖人数102人。

4.课题引领，课堂实践

我校课堂教学活动以小课题研究为抓手，坚持开展以"问题导学'四学'课堂教学模式"为主题的课堂教学竞赛活动，引领大家将课题研究扎实落实在课堂主阵地。我校每个学期都要组织全员参加的分期分类公开课比赛，有学期初的新教师汇报课、名师能手示范课、教师公开课、课题实践展示课等。大家在课堂上不断总结小课题研究的成果,不断将小课题研究引向深入。

5.开展活动,收获成果

2015年1月14日,我校举行了小课题研究实践课展示活动,分实践展示、成果汇报、专家点评三个阶段。荣获一等奖的5个课题组参加了活动,由岳建英等5位教师作实践展示课,由郭翠红等5位教师作阶段性成果汇报交流。会上,市、县教科研专家站在实践与理论高度上有针对性地对研究课和课题工作进行了精准点评;县教育局时任副局长耿晋林高度肯定了我校的研究工作,希望小课题研究要抓住小课题的特点,在"小、实、易、贴"四个字上做文章;市教科所时任所长任瑞庆就全体教师提高思想认识、做实小课题研究、加强自身专业发展、享受教育幸福作了提纲挈领的讲话。这样的活动在此后的每个学期都列入计划,激发了大家坚持参与、深度研究的积极性。

我校多次参与市、县组织的各种教学研究展示活动,以带动小课题研究。在平定县城乡校际联合体活动中,我校与冠山联校、张庄联校、锁簧联校等多所学校开展"一帮一"教研活动。近两年来,有24名骨干教师、名师下乡作示范课达60余节次。郜艳妍等教师的公开课受到与会领导、教师的广泛好评,原因就是他们带着课题的理念研究教学策略,把小课题研究的成果成功应用在了课堂上。

各类教科研活动的开展使小课题研究成果得以展示和推广,教师的教科研意识、课题研究水平在活动中获得稳步提升。

6.网络互动,信息共享

在小课题研究开展之初,市教科所、我校就建立了小课题专用QQ群,将小课题工作的各类信息及时公告于研究组成员,大家在群里进行研究心得的交流,互通有无;假期里,小课题研究依然继续,大家下载表格,完善信息,撰写课题研究中期报告。此外,我校的校园网络依托"网上邻居"平台实现资源共享、信息共享,为小课题研究推波助澜,快捷、高效的网络为小课题研究工作提供了极大便利。

三、反思

小课题研究的目的在于促进教师成为有思想、善创新的教师,切入点是教育教学中司空见惯的"小问题",着力点在于"小问题"的解决,生命力在于其实践性,吸引力在于成果的可操作性和普惠性,价值在于促进教师专业成长。我校的小课题研究虽然做了一些工作,取得了一些成效,但这些都只是起步,研究中发现的许多问题还需要我们在今后的工作中逐步解决,如有的课题过大、过宽、过空,有的课题与教师当前的执教学段不符,有的课题组还没有很好地深入实践和研究总结,有的课题组的合力没有发挥出来,缺少研究过程资料和经验的总结整理,等等。我们的感悟是:只要有诚信的品格、积极的状态、探索的勇气、不懈的努力,一定能做实做好小课题研究,收获更多的研究成果,从而使更多的教师享受到教科研成果的幸福,让更多的学生受益。

"研训一体化"教师培训刍议

教师培训工作被国家高度重视并直接实施到"国培计划"中,由过去浅表性、碎片化的培训发展到以系统性培训为特征的"研训一体化"培训。近年来,平定县教育发展研究中心积极探索遵循教育规律、遵循成人专业成长规律的"研训一体化"中小学教师培训模式,对革除教师培训弊端、提升教师培训效果起到了正向推动作用,具有积极的实践示范价值。

一、"研训一体化"培训的概念与特征

(一)"研训一体化"培训的概念

研,即研究,指教师在教育教学实践中发现问题、分析问题、解决问题的过程;训,即培训,指管理主体针对教师专业素质中存在的共性问题或类型化问题等实施指导,帮助其不断实现专业成长的过程。"研训一体化"培训就是将研究与培训这两个过程高度融合,在一定区域内使科研、教改、校本研修、教师培训统一起来,形成省时高效、"多元一体"的教师培训新模式。

(二)"研训一体化"培训的特征

1.合一性

合一性即将实践、研究、研修、培训等功能合为一体。"研训一体化"培训以课

堂实践、主题活动展示、现场教研活动为基础,使一线同行与县域、市域专家等共同参与讨论、点评、总结,既有针对实践的理论分析、行为矫正,也有成员的各抒己见、思维碰撞。如此,基于教育教学实践的理论分析会贯穿始终,可以为具有丰富实践经验的一线教师提供所缺乏的理论知识,也可以为理论水平较高而缺乏实践经验的专家提供实践案例,从而使不同层面的、具有不同需求的参与者都能各取所需、各有收获。

2.主体性

参与者分为受训者和施训者,研训主体为一线教师。高学历的新教师、实践经验丰富的中老年教师之间有学识和经验的互补。教育教学的实际操控者和理论研究者之间有理论和实践的互补。从关注教师的教育教学行为到关注学生的个性差异,从关注教材教法到引导因材施教的学生学法,从进行课堂教学、教育活动到领悟教材编写者的意图、课标精神,这些都融会在教师展示、同伴议评、骨干创新、专家指导的互动交流中。以个体实践为基点,以同伴互助为主导,以专家指导为引领,受训者与施训者都是以学习者的角色在教师专业发展的道路上逐步走向成熟。

3.实践性

实践性即基于实践性原则的教育教学行为,以"问题引领+课堂实践+同行议评+专家指导"为基本培训方式。课堂教学展示、教师教育教学技能微格展示、"主题式同课异构"教学等"现场直播式实践"是"研训一体化"的起点,也是之后各环节议评的基础。展示者、观摩者、议评者等都是基于"教育教学实践"反观"自我教育教学实践",对比分析同行的"教育教学实践",同时也在提升自己的"教育教学实践",然后又围绕"教育教学实践"这个圆心向外拓展,画出一个个同心圆。如此,围绕课堂教学,切入课标、教材,分析教学行为,靶向学生学习,对照同行行为,反思自我实践,提升教育认知,教师的专业成长在不知不觉中得到提升。

4.研究性

"研训一体化"教师培训与以往的教师培训最大的区别就是研究性的强化,即将课题研究主题确立为研训活动的方向,通过课题将教师的"问题"进行汇集、提炼、拓展,提升到理论的高度进行分析、修正、指导,再应用于教育教学实践,使"实践—理论—实践"循环往复。"课题—教学—研训一体化"的师训模式,在"发现问题—分析问题—解决问题"的过程中进行,其针对性、实效性更强。苏霍姆林斯基说:"教师的工作就其本身的逻辑、哲学基础和创造性质来说,本来就不可能不带有研究因素。这首先是因为,我们与之交往的每一个个体,在一定程度上说都是一个具有自己的思想、情感和兴趣的独一无二的世界。"所以说,没有研究性的教师培训是单调的、无效的。

5.建构性

建构主义认为,学习者以自己的经验、方式并以一定的知识、文化背景建构对事物的理解。研训活动中的个体都是教育专业人员,都有着相似的研究对象和阅历,但在专业实践经验、专业认知水平、专业研究能力等方面存在着较大个性差异。个体的差异性越大,研训活动的建构性就越强,参与者的研训自主意识就越能被激发出来,阻碍教师专业成长"厌培厌训"的"高原现象"才能得到有效化解。

6.区域性

外铄论认为,人的身心发展取决于外在力量。受所处区域环境影响,教师的素质素养不仅存在个体差异,还存在区域差异,教育发达地区和欠发达地区、城市教育和乡村教育,存在着很大差别。"研训一体化"教师培训坚持的原则是扎实训前调研,实行"一案多本",基于区域性问题,基于一线教师需求,以该区域教育教学实际为起点,着眼于问题的分析和解决、教师理念的更新和提升、教学方法的矫正和优化,"一案多本式"、行动研训式的"研训一体化"教师培训,使培训内容更加契合不同区域、不同层次参训者的需求。

二、"研训一体化"教师培训的理论依据和意义、价值

"研训一体化"教师培训以桑代克的成人学习理论和人本主义心理学理论为

基础,遵循成人心理发展、成人培训规律,考虑成人教育的特殊性、教师工作实践经验的丰富性和区域性等因素,积极构建成人学习模式。培训立足当地中小幼教师队伍现状,着眼于提升各学段、各层次教师的专业素养,坚持整体性、本土性培训原则,本着省时高效的培训标准,加强规划统领。以区域合理化整合管理为基础,开展集学科研究、教学改革、校本研修、教师培训为一体的"研训一体化"师资培训,为进一步推进区域性教研组、学校、联盟开展整合研训,促进教师专业发展提供经验参考,对唤起管理者和教师的自主成长意识具有重要的研究价值和积极的现实意义。

三、"研训一体化"培训的类型及内容

（一）区域性"研训一体化"师训模式的组织管理

1.顶层设计,提纲挈领式

县教育发展研究中心对活动进行整体规划、设计和安排,从方案制定、流程设计、人员选聘,到环节要求、资料收集、活动总结等均作出具体细致安排,基层学校、有关专家、工作人员"照章行事",落实好职责要求的环节工作即可。这种组织管理方式站位高、统筹力强、组织有序,能调动各类资源,活动效果好。如,2019 年 4 月到 5 月县教育发展研究中心组织的"2018 年新教师在岗实践研修考核"活动、2019 年暑期培训,全县采用一个标准,立足课堂教学、教研活动,开展"讲说议评思",对青年教师进一步提高职业认识、课堂改革认识产生了深刻影响。

2.平行组合,"1+1"合作式

县教育发展研究中心牵头,盟主校根据通知要求出方案、组织活动,县教育发展研究中心选聘有关专家参加各联盟的活动,起到专家引领、具体指导的作用。这种组织管理方式突出了基层校的主体作用,加强了基层校的工作主动性,便于展示基层校的优势和活力,增强校际交流互动,上级单位的指导和专家的专业引领对活

动起到规范、拔高的作用,对校长和参与教师具有积极的影响。如,2020 年 11 月,县教育发展研究中心组织的山西省学科带头人、骨干教师续聘暨"送教下乡"活动,2020 年 6 月组织的山西省规划课题《运用"四学"教学策略培养学生核心素养的研究》"课题送教"活动,均采用了县教育发展研究中心和联盟校"1+1"的组织方式,活动效果显著。

3.学校主办,帮扶参与式

基层校根据本校实际确定活动主题并主办,同时就自身薄弱点或短板向县教育发展研究中心提出帮扶请求,县教育发展研究中心主动回应基层校关切和诉求,积极采取帮扶措施,如出资聘请专家,组织专家到校指导,或者协调组织同类学校有关人员参加活动,共研共进。这种组织方式是基于"草根"实践的组织方式,更适合中等规模以下的学校。如,"小学青年教师专业成长"主题活动,各校根据本校青年教师实际情况进行活动设计,县教育发展研究中心给予针对性帮助。

(二)区域性"研训一体化"师训模式的内容设置

师训工作的效果在很大程度上取决于课程设置。该模式的内容设置分为理论性课程和实践性课程两大类,涉及中小学、幼儿园学科类课程、活动类课程,还有中小学、幼儿园的通识类课程,如师德教育、心理健康教育、书法教育、课题研究、家校共育等课程。课程内容的设置尽量做到专业理论与课堂实践相结合,学科与活动相结合,课堂教学与课外研训相结合,教师实践与专家培训相结合,专业课程与通识课程相结合。只有课程设置得灵活丰富,才能更好地满足不同层次、不同类型教师的需求。

(三)区域性"研训一体化"师训模式的方式方法

1.同课异构

同课异构指两位以上的教师上"同题课",或者是两个以上的教师(单位)搞"同主题活动",但"题同而法异"。要求具体到"课时"的教学(活动)主题必须相同,但积极倡导施教者将自己的"异思异构"充分体现在教育教学(活动组织)中,达到殊途同归之效。"独学而无友,则孤陋而寡闻。""同课异构"方式为教师提供了横向交流、同台亮相的平台,将"同伴"的文化底蕴、基础功底、学科素养、最新理念、教育教学技能技巧、组织学习的方法策略等全面展示出来。

案例:2018年4月,县教育发展研究中心组织"中小学(幼儿园)教师信息技术应用能力提升工程成果应用'同课异构'"教研活动,整个活动设14个活动点学校,有76人次教师做课,从全市聘请了76人次"实力型"专家跟踪指导活动,参与教师达到900余人。

每场活动的每一学科都由两名教师进行"同课异构"、两名专家跟踪指导,主要活动流程是课堂教学"同课异构"、教研活动、专家点评和专家讲座。这次活动紧紧围绕"教师信息技术应用能力提升工程成果应用'同课异构'"的活动主题,依次按照"同课异构"教学展示,做课教师说课展示、参与教师研讨交流,专家点评、专家讲座培训等三个大环节有序进行。本次教研活动,突出了"教师信息技术应用能力提升""成果应用",创设了"同课异构"的展示平台。语文、数学、英语等学科借助教育联盟平台开展活动,扩大了教师的参与面和受益面。音乐、美术、物理、化学、思品等学科集中全县同学科教师参加活动,发挥了全县师资互补、互为观摩学习的优势,深受一线教师的喜爱和好评。

2.送教下乡

送教下乡,即在充分调研区域性教育教学问题的基础上,确立明确的活动主题,组织教育教学骨干教师、教学能手、学科带头人等到农村学校、师资力量薄弱学校进行现场教学示范;组织名师、专家莅临教学现场,这些人既是观摩者,又是指导者,以"双重角色"参与活动。名师将教学方法、教学技能技巧"送给"当地教师,专家将教育教学理念、理论"送给"当地教师,切实解决了农村学校、师资力量薄弱学校教师由于兼课任务重导致的外出学习机会少的问题。

案例:2018 年 11 月 28 日,县教育发展研究中心组织山西省学科带头人、骨干教师共 7 名到精准扶贫帮扶点——平定县柏井镇柏井中学、柏井小学开展"送教下乡"活动,送教教师作示范课 7 节,有 70 余名教师参加了活动。

通过骨干教师、学科带头人示范做课、规范说课,使参与教师对课堂教学活动的组织、导向,对如何规范说课、有效说课等有了明确的认知。通过组织课堂教学研讨、同学科教师互动和专家点评指导,提炼出了做课教师在课堂教学中的两大亮点:一是对教材的大胆补白,二是准确确定教学难点并有效突破难点。活动紧密结合农村学生的生活环境和实际情况进行,教育针对性非常强。因此,参与教师又对科学处理教材、合理把握教材、结合实际取材来服务于教育教学目标有了新的理解。

3.课题实践

课题实践,即在课题思想、课题精神的引领下,围绕研究主题、研究目标、研究成果(或阶段性研究成果)、研究的操作要素,以课题实践课(活动)为载体而开展的研训活动。其形式或以课题实践课(活动)单项展示,或以课题实践课与非课题实践课"同课异构",再与"送教下乡"研训活动结合进行。此方式对于真正唤醒一线教师、领导的课题意识、教科研意识,引导大家走上科学的专业发展道路,具有非常积极的推动作用。

案例:2019 年 5 月 23 日,县教育发展研究中心深入锁簧联校锁簧示范小学进行教研活动。本次活动围绕山西省"十三五"教育科学规划课题《运用"四学"教学策略培养学生核心素养的研究》展开,市教科所、县教研室、县教育发展研究中心的有关专家,县实验小学、锁簧联校、张庄联校的领导、教师共 60 余名参加了活动。

活动分为课堂教学展示和主题研讨两个阶段。课堂教学展示以课题实践课和非课题实践课进行"同课异构"。主题研讨中,先由课题组的两位教师结合课堂教学进行课题研究阶段性成果交流汇报。之后,教师、专家基于"有课题指导和无课题指导"分别表现出的课堂特征、学生特征、教育教学效果,以及该课题阶段成果的运用情况进行分析、诊脉、提炼。通过活动,大家在真实的教育教学情境中看到了"同样的学生因不同的教师授课而表现出的相差甚远的课堂活力和智慧生成,相同的教学主题因不同教师开展教学而传达出风格迥异的教学风采"的鲜明对比效果。

4.主题对接

主题对接,即在两个以上的研训主题中找到契合点,以此作为一个新的主题,然后分点明确研训目标,从而实现分主题的问题解决。如我们将"'国培计划(2017)'中小学(幼儿园)教师信息技术应用能力提升工程线下研修活动"、"微课程设计与制作专家讲座"活动与教育联盟教研活动三个主题进行提炼,确立了"信息技术应用能力提升经验展示交流"的活动主题,然后以活动将三个主题的内容、目标进行串联,同样收到了一箭双雕的研训效果。

案例:2017年11月至12月,县教育发展研究中心项目组组织了全县范围内的"信息技术应用能力提升经验交流展示"活动,在各联校、各中学推荐人选的基础上,项目组进一步遴选,确定了由中小学各5名教师进行经验展示交流,来自全县的360余名教师参加了活动。

从经验展示交流活动现场可以看出,广大教师的信息技术应用能力得到提升,借助网络资源和阳泉教育资源公共服务平台进行创课等深度融合应用的教育教学已经走在路上。如,阳泉师专附校的数学教师安瑶宇,在课堂上多次植入微课,呈现问题,解释"鸽巢问题"的概念;将APAD终端分发给学生,利用"作业盒子"进行课堂练习,针对平台的统计情况解决学生的疑难问题、课堂生成问题,既扩大了课堂练习容量,又做到了因材施教,使教学效率大大提高。以她为代表的一批教师,都通过本项目的培训提升了自己的信息技术应用能力,他们在全县教师中发挥着"领头雁"作用。

四、"研训一体化"培训的管理与评价

县教育发展研究中心在推进"区域性'研训一体化'师训模式研究"中,结合县教育局对学校的考核方案,将日常活动纳入考核范围,涉及参训人员标准执行情况、出勤率、组织安全性、任务完成质量等。在此基础上,县教育发展研究中心开始试行教师培训"学分制"管理,校本研修、网络研修、集中研修等全部纳入教师研修学分评价范畴,这必将对"研训一体化"教师培训向纵深发展起到积极推动作用。

如何有效实施教师心理健康教育培训

按照教育部印发的《中小学心理健康教育指导纲要(2012 年修订)》(以下简称《纲要》)"全面推进、突出重点、分类指导、协调发展"的指导方针,为落实"不同地区应根据本地实际情况,积极做好心理健康教育工作"的要求,根据我县中小学专职心理教师少、兼职心理教师专业知识不足的现状,平定县教育发展研究中心坚持组织不同类型、不同形式的专、兼职教师心理教育培训,取得了积极成效。2018年以来,平定县教育发展研究中心每年组织教师心理健康教育培训,聘请专家 40余人次,讲座 90 余场次,培训教师 7200 余人次,投入 8 万余元。

一、领导重视,教师心理健康教育培训纳入年度工作计划

其一,阳泉市心理教育学会的年度工作计划每年都明确平定县教育发展研究中心的心理教育培训项目任务,对开展工作起到了领航、鞭策的作用。其二,我县一贯重视心理健康教育工作,在其他师训项目中,我们把心理健康教育课程作为暑期的学科培训、每年的新教师岗前培训等必修课程来安排,从而使全县心理健康教育工作保持良好的发展势头。同时,县教育发展研究中心的领导高度重视心理健康教育培训,坚持每年都把教师心理健康教育师资专项培训纳入年度计划,并列为师训重点工作。每年暑期都要针对专、兼职心理健康教育教师进行专项提升培训。

二、突出重点,提高心理健康教育专、兼职教师的职责认知

1.突出专职队伍建设与培训

针对中小学校长、教师对心理健康教育普遍重视不够的现状,我们首先通过培训促使各校确定心理健康教育专职教师,并要求他们报名参训。培训明确了这些教师的"心理健康教育教师"身份,强化了他们的职责认知,提高了其思想认识。

2.突出兼职队伍的心理专业培训

一个学校只有一两名专职心理教育教师是远远不能满足实际需求的,所以,培养一批兼职心理教育教师队伍十分迫切。谁来兼职? 首选班主任。班主任要科学管理班级,有艺术性地教育和引领学生,必须掌握足够的教育学、心理学知识。2021 年,我们组织全县中小学班主任进行分学段的心理健康教育培训,培训内容包括理论认知、实操指导、听课、参与活动、实操展示。这次培训使班主任认识到心理学、教育学知识在班主任工作中的重要作用,也使他们从育人高度认识到心理健康教育的重要性。

三、全面推进,满足全员教师对心理健康教育指导的需求

1.专题培训,提高心理健康教育培训的覆盖面

在实际工作中,因为大部分教师缺乏心理健康教育方面的知识,特别是从非师范类学校毕业但从事教师职业的教师,他们面对各种类型学生的不同表现及各种教育教学事件束手无策,十分苦恼,有的甚至采取简单粗暴的处理方式,导致各种极端事故发生。所以,基层教师十分渴求心理健康教育、教育心理学知识,为此,我们实施专题培训,在提高培训的覆盖面上着力。

2020 年,县教育发展研究中心利用"钉钉群"向学生、家长和教师开放线上培训平台,参训人数骤然突破2000 人。同年 8 月 2 日至 3 日,县教育发展研究中心

组织全县中小幼教师进行心理健康教育培训,3500 余人参加。在同年 10 月至 11 月的新教师入职培训中,县教育发展研究中心为 220 余名中小幼新教师设置了心理健康教育课程,取得良好的培训效果。

2.问题导向,提高心理健康教育培训的针对性

近年来,学生的心理问题已经跃升为全社会关注的话题。"以自我为中心"、孤僻任性、自卑封闭等心理问题日益突出。班主任是管理学生的主干力量,他们掌握学生心理健康教育专业知识非常必要,为此,县教育发展研究中心每年组织全县中小学班主任进行心理健康教育培训。培训以不同主题展开,如"班主任对中小学生进行心理健康的团辅和个辅"。一是通过集中培训,帮助中小学班主任初步了解中小学生心理,如他们的思维、情绪、社会性、个性等;帮助班主任了解其所面对的中小学生在成长过程中可能会遇到哪些困扰,作为班主任,他们又该如何提供有效的帮助。二是通过案例和现场答疑,帮助班主任学习个辅技术和团辅技术,使他们初步了解学生的心理问题,如情绪失控、不适应环境、行为习惯不良等,以及如何进行分析、干预和处理。培训采取"集中大讲座,分学段、分班小讲座,专家现场答疑"三个环节:集中大讲座的主要内容是中小学生心理健康教育的理论知识,从理论上对参训班主任进行引领;分学段、分班小讲座以案例解读和任务驱动为主要培训内容,给予班主任有关学生心理健康教育的技术指导;专家现场答疑是就班主任在平时教育学生中遇到的疑难问题和困惑给予针对性的现场指导。培训结束后,班主任们边走边高兴地说:"这次培训真好,像这样的培训,希望今后多搞几次。"

四、精选专家,发挥培训课程的核心领导力

精心设计培训课程是培训项目高质量实施的前提,精挑细选授课专家是保障培训项目高质量实施的关键。"选好了专家,培训就成功了一半"是我们对师训工作的基本认识。每一项培训,我们都要对受训群体作训前调研,分析其构成、基本

特点,了解他们的培训需求;在此基础上,结合教育部关于教师培训的标准指南等进行课程预设置;然后进行"预设课程—授课专家"双向选择,在选择中再结合专家的意见进行个别课程的调整,进而达到"三确定":确定课程主题、确定专家、确定具体授课的要求和时间。

近年来,县教育发展研究中心聘请的授课专家有罗丹阳(清华大学总裁班官方网站特邀讲师,国家心理咨询师,清华大学承接的教育部"国培计划"心理健康教育项目主讲教师,北京大学历史与文化资源研究所助理研究员)、刘丽红(山西大学教育科学学院副教授,硕士研究生导师)、梁晓燕(博士,山西大学教育科学学院心理学系主任,教授,硕士生导师)、王宋芳(山西大学附属中学心理学科组长,国家二级心理咨询师,ACDF 青少年生涯发展辅导师,山西大学硕士研究生校外导师),以及我市的知名心理教育专家,他们的精彩讲座为我县教师的专业成长领航助力,发挥了重要作用。阳泉市心理教育学会各位领导大力支持和充分肯定,授予教育发展研究中心"心理健康教育先进集体"称号;学会的老领导刘成福老师不辞辛苦,多次莅临县教育发展研究中心指导工作,为我们推荐市内外专家,陪伴我们辗转于一个个培训现场,为我县教师心理健康教育培训项目倾注了大量心血。

五、注重落实,使心理健康教育始终贯穿教育教学全过程

《纲要》在"心理健康教育的途径和方法"部分指出:"学校应将心理健康教育始终贯穿于教育教学全过程。全体教师都应自觉地在各学科教学中遵循心理健康教育的规律,将适合学生特点的心理健康教育内容有机渗透到日常教育教学活动中。"

我们要求各学校将心理健康教育作为学科教育教学责任真正落实在育人工作中:一是要求各学校的工作计划中要有明确的关于学生心理健康教育的计划和要求;二是要求学科教师结合教学主题进行心理健康教育渗透;三是要求教师关注特

殊学生群体的心理问题并进行及时干预和疏导；四是组织各类活动,助力心理健康教育；五是明确提出关注教师群体心理健康问题；六是通过家长会、告家长书等形式与家长沟通学生的心理状况。实践证明,实施心理健康教育工作,领导重视是前提,特殊关注是重点,学科渗透是途径,活动开展是载体,心理健康教育的积极作用不可替代,扎实做好心理健康教育工作是我们教育者的共同责任!

总之,平定县教育发展研究中心在面向全县教师的心理健康教育培训中探索出了一些有效做法,也取得了一定成效,但是美玉亦有微瑕,参训者在褒扬之余的期盼会鞭策我们以后的工作。我们会在上级主管部门的正确领导下,在市教育心理学会的悉心关怀中,再接再厉,为基层教师送上更贴心的、形式更丰富的心理健康教育培训,为推进全县心理健康教育高质量发展做出应有贡献。

中小学教师培训改革的实践与思考

提起教师培训这个话题,很多教师发出感叹:多、杂、乱。来自不同层级、不同部门,采用不同方式的拼盘式、堆砌式培训项目让中小学教师疲于应付,其培训效果可想而知。教师培训亟需深化改革,走出一条引领教师自主学习的路子。

一、教师培训改革的实践

近年来,平定县教师培训工作秉承"服务基础教育,打造优质师资"的宗旨,坚持"准确定位,超前规划,项目推进,分类提高"的培训要领,实施分层、分类的教师培训,实现了教师培训的精准化、自主化、多元化,促进了全县教师专业水平的提升。

(一)上级高度重视,投入保障是基础

平定县委、县政府高度重视教师队伍教育培训工作。2020年以来,县财政投入专项资金1169万元,是我县教育发展史上教师培训投入最多的时期;同时,各学校落实了将公用经费的5%作为培训经费的措施,使更多的教师通过"走出去""请进来"接受专业培训。2017年以来,全县组织中小学教师"千人培训计划"等55项,参训23809人次。同时,平定县委、县政府每年都要设立教师培训"突出贡献奖",以激励培训队伍。

（二）坚持自主创新，有用有效是核心

平定县教育局明确要求教师培训要适应新时代教育高质量发展要求,在自主创新方面结合教学实际、教研实情、课题研究,走"研训一体化"发展道路。

1.根据一线需求定思路

每个培训项目坚持"以类型定主题,以主题定内容,以项目定模式,以需求聘专家"的思路,回应一线关切,补空白、补短板、补弱项。如,"例讲新课标下的教材理解与处理"主题培训,切中实际教学中存在的处理教材与落实课标衔接不够到位的问题,分学科分学段实施,使2600余名参训教师的学科教学能力显著提升。

2.优化培训课程促成长

针对不同类型的培训,设计有用有效的培训课程。如:新教师入职培训,重在规范引领;青年教师助力培训,重在树标强技;骨干教师提升培训,重在立德铸魂;班主任心理健康教育培训,重在学习理论和实操训练;等等。国家教育行政学院的课程,全国、省内知名专家的课程,市级、省级一线专家的现场教学课程等,均有力地激发了教师的自主成长意识。

3.创新培训方式求实效

培训方式的设计随着实际情况而变化,或是线下实践,或是线上教学,或是线下线上相结合;随着培训内容而变化,或是集中讲授,或是展示观摩,或是主体实践。如,省级课题《运用"四学"教学策略培养学生核心素养的研究》、市级课题《"研训一体化"师训模式的实践研究》,将送教下乡与课题研究相融合,开展"课题送教"研训一体化活动,聘请全市相关学科专家与一线教师"同课异构",让大家在观摩中对比借鉴、感悟交流,这种培训方式深受一线教师欢迎。

4.借力名校资源提质量

为适应新高考改革需求,2020年以来,我县与北京新师者教育科技集团建立合作关系,实施了培育名师、培养优生的"双培计划",聘请专家零距离指导师生破解高考改革过程中的疑难问题,"双培计划"共培训教师 800 人次,开展讲座 60 余场。全县的"千人培训计划"项目和乡村教师"国培计划"项目,使全县 3000 余名中小学骨干教师深入北师大、西南大学等名校学习,基本实现轮训全覆盖。"走出去"的培训,收获的是"入心坎"的理念、方法,名校的滋养、专家的引领对提升教师的教育教学质量起到积极作用。

(三)落实教育方针,立德树人是根本

全面贯彻党的教育方针,要坚持全面育人,育全面发展的人;要坚持立德树人,明确"立什么德、树什么人"的问题,要用教育培训实践明确回答"培养什么人? 怎样培养人? 为谁培养人"之根本问题。

1.坚持全面育人,要育哪些人

一要育校长,二要育教师,三要育学生。一名优秀教师到了校长岗位上,需要在政治思想、学校管理、教学业务、教育教学研究、师生心理教育等方面进行全方位、持续性的学习。全体教师要心中有党和国家,行动有法治规范,履职有科学方法,视野有学生未来,梦想有民族希望。一位好校长就是一所好学校,一位好老师会影响人的一生,学生的一生都带着学校的光芒,带着教师的影响。只有先立正"校长之德",才能树好"教师之人";只有先立正"教师之德",才能树好"学生之人"。

2.坚持育全面发展的人,要育什么人

坚持为党育人、为国育才,是当代教育的重大使命。教师培训要始终坚持政治标准:中国教育要培育具有中国灵魂的校长、教师,要培养具有中国灵魂的学生,使其在内心树立"四个意识",坚定"四个自信",做到"两个维护",信仰马克思主义理论,信仰习近平新时代中国特色社会主义思想,高度认同全国人民共同理想和全人类的远大理想。要促进全体学生德智体美劳全面发展,促进学生智力和体力的充分、和谐发展,使之成为对党、国家、社会有用的人。

二、教师培训改革的思考

《教育部关于大力加强中小学教师培训工作的意见》(以下简称《意见》)指出：要按照"统筹规划、改革创新、按需施训、注重实效"的原则，完善培训制度，统筹城乡教师培训，创新培训模式机制，增强培训针对性和实效性。那么，县级培训如何走出改革的深水区，寻求突破呢？

（一）领会精神，积极推动

深入贯彻落实党的二十大精神，坚持以习近平新时代中国特色社会主义思想为指导，深化教育强国、教师强教思想，以造就党和人民满意的高素质、专业化、创新型教师队伍为宗旨，全面落实教育部《中国教育现代化 2035》《关于实施卓越教师培养计划 2.0 的意见》《关于大力加强中小学教师培训工作的意见》等文件要求，积极推动中小学校长、教师培训改革，在提高校长、教师积极学习、专业成长的自主性、自觉性上做文章。

（二）自主选学，学分管理

《意见》明确指出：推行培训自主选学，实行培训学分管理，建立培训学分银行，搭建教师培训与学历教育衔接的"立交桥"。培训实践中，若能实现教师应需选学、学为所用，必将提高师训的实效性；若能实现线上线下"一体化"研修，必将提高师训的针对性；若能实行学分制管理，实现教师培训与学历教育互联互通，必将提高师训的自主性。浙江省、重庆市"自主选学"师训模式的分层分类培训针对性强、实效性强，为校本培训、指令性培训等注入了活力，解决了教师培训工作多年来想解决而没有解决的诸多问题，深度激发了教师专业成长发展的自主性和积极性，是一项科学而有效的重大教育改革成果，我们应学习借鉴。

（三）科学建模，助力改革

培训模式对推动改革的作用是直接的，"建模—用模—创模—无模"的探索研究过程是师训改革的必经过程。如,姚文珠教授在"科学规划,精准施策,做最专业的培训"讲座中,给我们介绍了"翻转课堂"模式下学科培训的实施策略:任务前置、翻转课堂,任务延展、深度卷入,任务反馈、促进转化。螺旋闭环模式,即围绕"核心任务",采用"具体经验—反思观察—抽象概括—实践检验"的模式,将师训改革与课堂教学改革紧密结合起来,很有借鉴意义。

(四)坚持原则,遵循规律

1.整体规划原则

培训由平定县教育局保障并总体部署,教育发展研究中心具体规划实施,全面设计和开发教师培训自主选学模式、学分制管理改革等一系列项目。

2.梯度设置原则

课程设置由浅入深、循序渐进,理论提升与实践应用相结合,根据培训对象、培训目标、培训方式等来梯度设置课程资源,有一定的区分度。

3.分层分类原则

要针对新教师、青年教师、骨干教师、名师等教师层次和新校长、青年校长、骨干校长、名校长层次,分类设计课程,分层落实要求,开展培训项目。

4.问题导向原则

要做好训前、训中、训后调研,及时收集一线教育教学和一些教师中存在的问题,坚持问题导向,针对性设置、调整培训课程,从而切实解决现实问题。

5.精准施训原则

对教师的申报情况要进行适当的制度约束,避免"为赚分数而选课,为赚分数而受训"的问题,增强培训的针对性和实效性。

以农村教师为重点,有计划地组织实施中小学教师全员培训。全员培训落实基础教育改革发展的要求,遵循教师成长规律,突出"补理论短板、强实践应用、重主体展示",分层、分类、分段实施,着力抓好新任教师岗前培训、在职教师岗位培训和骨干教师研修提高。例如，黄佑生教授的"教师培训设计的理念与实践"讲座，以湖南教师培训培养工程为例，从教师灵魂"四问"（我是谁？我为什么来？我要去哪里？我将怎么去？）切入，设置"明晰价值""明确目标""管理机制""能力发展""学用结合"五部分，深刻阐释了"一事精致，便能动人；从一而终，就是深邃"的道理，启示我们要发扬"做一行、钻一行"的精神，做好师训改革工作。

（五）问题导向，创新方法

有效的教师培训来自充分的训前调研，我们全面、深入了解一线学校管理、教育教学、教师队伍发展、课堂教学、学生发展、教科研等方面的实际情况，了解优势和劣势、成绩和问题，坚持问题导向，确定培训主题，制订方案计划，设置课程内容，聘请实力专家，选择有效方法，只有这样，才能取得预期师训实效。

1.突出自主参与式培训

改进教师培训的教学组织方式，增加"教师自主展示＋专家点评"的参与式培训课程，进行分学段、分学科、分主题的小班教学，采取探究式、参与式、情境式、讨论式等多种方式开展培训。

2.满足教师个性化需求

加强顶层设计，创设供教师自主选学的平台和机会，在培训课程内容、培训时间、培训方式等方面，满足教师个性化、多样化需求，增强培训的吸引力。

3.推进"研训一体化"师训

以教育部《关于加强和改进新时代基础教育教研工作的意见》为指导，因地制宜开展"研训一体化"师训，采用区域教研、网络教研、综合教研、主题教研以及教学展示、现场指导、项目研究等多种方式，提升教研、师训工作的针对性、有效性和吸引力、创造力。加强校本研修的指导和管理，促进校本研修与教研活动、远程教育相结合，理论学习与教学实践相结合，提高校本研修的质量和水平。

总之，培训管理者应该具有促进教师专业发展的专业知识、能力和素养，其功能和价值就在于促进和指导教师专业发展,实现这一目的的关键在于研究、指导和服务。其中,"服务"是一种态度和精神,"研究"并把握教师专业发展的规律是前提、基础,而通过种种努力的"指导"是核心。如此而为,才能真正引领校长、教师专业发展,才能夯实受训者的专业基础。

乡村小规模学校实施有效教育教学的几点思考

城镇化建设给基础教育带来了全面而深刻的影响，特别是对农村教育的冲击，当前，很多农村学校生源锐减，乡村小规模学校大量涌现。《国务院办公厅关于全面加强乡村小规模学校和乡镇寄宿制学校建设的指导意见》（国办发〔2018〕27号）（以下称为《意见》）中，关于乡村小规模学校的定义是指不足100人的村小学和教学点。总体分析区域性统计情况，当前的乡村小规模学校具有以下特点：一是学校布点多，学校数占比高，学生数占比很低；二是"小班级"（自定义为学生数在10人以下的班级）数量大，小学段学生总人数占到一定的比重。这个现实问题不可小觑。

《意见》中明确：地处偏远、生源较少的地方，一般在村设置低年级学段小规模学校。也就是说，这些"小班级"、小规模学校会在一定阶段、一定程度上不可避免地存在，如何切合实际开展有效教学，全面落实立德树人的根本任务，是我们教育者必须思考的问题。

学校教育的首要特点是"集体生活"，让学生在学校的集体生活、群体交往中培养习惯、开阔眼界、锻炼思维、提高能力、成就品格，是学校教育的目标。小学生长期在人数为个位数的"小班级"中学习、成长，极易导致孤僻、压抑、封闭、抑郁、偏激等不健康心理，那么，学生的"全面发展"和身心健康成长将无从谈起。因此，全社会要形成共识:忽视乡村教育的教育不是全面的教育,撇开乡村教育质量的质量不是全面的质量,办好人民满意的教育,乡村教育是更为重要的一部分。为此,我有以下几点思考与同仁分享。

一、树立"一个不能少"的育人理念

"一个不能少",是习近平总书记对脱贫攻坚工作提出的要求,也是习近平总书记对义务教育工作的要求。在全面推进义务教育优质均衡发展的道路上,"一个孩子也不能少",不能因为学校规模小、班级人数少,我们就忽视他、轻视他,工作中敷衍塞责,任其发展。我们要深信,这些孩子是实现中华民族伟大复兴道路上必不可少的生力军,保障广大农村孩子享受公平而有质量的教育是党中央的要求,使每一个孩子成长为德智体美劳全面发展的合格的社会主义劳动者,成长为能够担当民族复兴大任的时代新人,是我们当代教育者的时代责任。

二、实行分学科"复式教学",减少包班教学

"复式教学"指由两个或两个以上年级同在一个班级上课的建班模式。分学科"复式教学"指一名教师代两个以上年级的某一门主要学科和几门小学科。如,甲教师代一、二年级的数学,同时代三、四年级的思品;乙教师代三、四年级的数学,同时代一、二年级的思品。这样做的好处是有利于教师的学科专业化发展提高,促进了小规模学校的规范化教学安排,扩大了学生、教师的交往面,还有利于形成校内教学质量比拼和教研氛围。要减少包班教学,包班教学即一名教师代一个班级的所有学科的教学。因为包班教学大大限制了师生的交往面和见识面,没有教科研氛围和竞争环境,不利于规范办学,不利于学生的全面发展和教师的专业成长。

三、艺术、体育等活动类课程实行教师走教教学与"合段复式教学"或"以校复式教学"相结合的模式

教师走教教学是切合农村艺术、体育教师资源稀少的实际，由一名教师承担两个以上小规模学校艺术、体育教学的模式。"合段复式教学"是指一个小规模学校的两个以上学段的学生合在一起上课的形式，如小学低段的两个年级或三个年级合在一起上课。"以校复式教学"是指小规模学校的所有年级合在一起上课的形式。这两种模式只适合于小规模学校的艺术、体育等活动类课程。

四、开展网络教学要形成制度，纳入计划，全面推开

信息技术与教育的融合发展是时代趋势。通过信息技术手段，通过网络教学，打通这些学校、班级与外界的联系，让这些学生随时随地能够欣赏到"外界"名师的课堂教学，能够看到"外界"同龄人的课堂、生活、学习成果，特别是以外语、艺术、科学课程为重点，涵盖所有学科，引进或开发慕课、微课等课程，提供丰富优质的在线教育资源等，这无疑是一种促进城乡公平教育，实施有效教学的高效策略。

五、培养梯度结构的"一专多能"乡村教师

提高乡村教育教学质量，教师素质是关键。各级党委、政府及教育主管部门，要通过专题培训、送培（教）下乡、研训一体、集中研修等方式，加大对乡村学校校长、教师，特别是小规模学校教师的培训力度，在增强乡村教师培训的针对性和实效性上做文章；"国培计划"要推出远程课程，优先支持艰苦偏远贫困地区乡村教师培训；县级教师发展中心和教研机构要充分发挥作用，着力帮助提升乡村小规模学校教师的专业素养和教育教学质量。要多管齐下，注重培养老中青梯度结构、职业精神牢固、学科知识全面、专业基础扎实的"一专多能"乡村教师，全面提升小规模学校教师教书育人的能力与水平。

六、落实好区县内的教师支教、交流制度

一是推进对口支教。完善城乡学校支教制度,建立城乡学校"手拉手"对口支援关系,努力实现每一所乡村学校都有城区学校对口帮扶,切实做到真帮实扶。二是推进城乡教师交流轮岗,安排城镇学校教师定期轮流到乡村学校任教。三是遴选一批乡村教师到城镇学校跟岗实习培养,提高学科专业素养。四是鼓励师范生到小规模学校开展教育教学实习,丰富青年教师的基层经验,培养乡村教育情感。五是强化小规模学校教研工作的指导,鼓励城乡间学校采取研训一体、同步教研等多种方式开展交流。积极发挥社会组织在帮扶乡村学校中的作用。

七、落实好乡村教师的有关待遇

中共中央、国务院《关于全面深化新时代教师队伍建设改革的意见》中明确指出,要大力提升乡村教师待遇,深入实施乡村教师支持计划,关心乡村教师生活。从乡村补助、周转宿舍建设、培训、职称评聘、表彰奖励、文化设施建设等方面都作出了明确要求,特别是各方面向乡村青年教师倾斜,优化乡村青年教师发展环境。只有落实好乡村教师的有关待遇,才能巩固乡村教师队伍,让乡村教师安心从教。

习近平总书记指出:在坚持问题导向中开创事业发展新局面。我们不仅要看到成绩,还要看到存在的问题;在歌舞升平中,能够感受到危机的存在。立足当下现状,奠基教育未来,需要我们全面调研、全面规划,要把农村小规模学校的教育教学工作抓在手上,开拓创新,做出新时代应有的贡献。

第二部分：教学探讨

教学,教师教、学生学,实为师生互学共进。时代变迁,教学改革从未停歇。信息技术发达,"互联网+教育教学"融入了师生的学习和生活:师生互学互动,生生互教互学,课堂焕发蓬勃生命力;网络教、自主学,成为更多师生的主要学习方式。

新时代的教学,已经不受时空限制,课堂、课外,线上、线下……随时可学,随处可学,人人可学。学习成为人们生活中不可分割的一部分。

"四学"自主课堂教学模式的解读

我主持实施《导学、自学、互学、悟学自主课堂教学模式的研究》课题已 10 多年,"四学"自主课堂教学模式的研究与实践,对于学校深化课程改革、提高课堂教学质量起到了积极的促进作用。下面我对该模式进行详细解读。

一、理论基础及教育教学思想

1.依据人本主义学习理论,实施教学模式,尊重学生的主体地位,充分激发并发挥学生的主观能动性,使其参与学习活动。

2.突出面向全体的教育教学理念,尊重全体学生的自主发展愿望,使每一个学生在课堂上都得到主动的、积极的成长,都能进步。

3.突出全面发展的育人理念,遵循因材施教、学思结合、启发诱导、分层推进、循序渐进的教育教学原则,使课堂呈现学而不厌、诲人不倦、教学相长的状态。

二、模式要义

导学:进行问题探究活动或学案导学。

自学:学生先学,起点尝试。

互学:小组交流,互补学习,生成学习。

悟学:学生练习强化,领悟主旨、关键;教师点拨讲解,处理课堂生成;学生分层悟学,优化提高。

三、模式流程及解读

"四学"自主课堂教学模式的流程可以概括为"四步七环节"。

(一)导学

1.针对导学

教师结合课堂教育教学目标,根据学生的思想状况、知识水平和精神状态,设计导学方案;根据学生展示中存在的疑惑、问题、关键点实施导学策略,进行精要指导,合理处理生成性问题,有目的地突出重点、突破难点。导学重在学科思想和方法的渗透及指导学习。

(二)自学

2.明确目标

教师要让全体学生明确学习任务、学习目标及评价激励方式,唤起所有学生完成学习任务的自信心,激发其积极性。

3.起点展示

教学预设从生活常识、基础知识入手,问题设计要具体,具有递进性。学生先学(做),在"温故"中"知新",然后不同层次的学生在已有知识经验的基础上展示自己的认知起点,或在小组中展示,或在全班自主性展示,或是学生个体完成学案,教师巡查了解展示情况。最后,根据课型、任务情况决定课堂教学的起点与着力点。

(三)互学

4.合作互学

学生开展合作交流学习,互帮互学;教师是合作学习的重要成员,在与每一个小组的合作中起到帮助、指导、引领的作用,引导学生进一步将所学知识融会贯通,使"学困生"在同学帮助下能达到基本的学习目标要求。

（四）悟学

5.分层悟学

通过分层练习,锻炼学生思维能力,提高其分析问题和解决问题的综合能力。分层悟学要使不同层次的学生在既有认知基础上有不同程度的提高和收获。

6.自主小结

留出几分钟时间让学生对本节课的学习过程进行全方位的小结,使学生的语言建构与运用、思维发展与提升、审美鉴赏与创造、文化传承与理解等核心素养得以体现。发言内容不重复,让学生在同学的再次展示中学习感悟、反思自我,使节节课营造出"比学赶帮超"的浓厚氛围。

7.教师总结

学生的活动永远不能代替教师的讲解。在课末,教师一定要对本节课进行总结,或切中要害,或强调重点,或重复难点,或重申方法,还可以对学生的学习状态进行引领性评价,只有教师的总结精当、到位,才能使一节成功的课更具有神采和灵性!

以上七个环节是此模式的主要环节,不能机械套用、僵化使用。在具体运用中,可根据教学内容重点选择使用其中的几个环节;可根据教学目标的达成情况重复使用某一个或某几个环节;可根据学生思维的"愤悱"状态、参与度与课堂生成状况,灵活补充新的教学环节或变通使用某几个教学环节。总之,课堂教学模式主要是用来革除固有课堂教学习惯的弊端,对教师树立新理念、实施新方法起到约束、规范、引领的作用,这是课堂教学模式改革中"有模用模"的过程。随着教师驾驭自主型课堂模式的熟练度、灵活度逐步加强,课堂教学会进入"创模多模"阶段,对于素质优良、业务精湛的教师来讲,他们将会进入"无模"状态,从而形成独有的教学风格。

四、模式目标

1.重点解决学生"怎么学"的问题

在构建学生自主课堂的课题实践中,小学老师困惑多多,认为小学生自控能力差,学习经验少,不可能"自主学习"。而事实上,教师滔滔不绝的讲授,确实压制了学生自主求知、自主探索的欲望,使许多很有发展潜能孩子的"棱角"被磨平,"一刀切"的教育教学方式要求所有学生以"听"为主,使学生的学习兴趣大减,甚至厌学。而"四学"自主课堂教学模式,帮助教师设计课堂环节,更有利于学生构建自主学习方式。

2.根本性解决教师"怎么教"的问题

在此课题模式的实践中,教师需要通盘考虑备课内容:在融会贯通课标、教材要求的基础上,教师应如何导学? 导学的载体是什么? 学生重点自学什么内容? 自学多长时间? 有效载体如何设计? 学生互学中要解决什么问题? 以什么形式来有效组织互学? 互学多长时间? 教师如何检查学生悟学的反馈情况? 如何进行有效的、拔高性的指导、点拨? 如何有机地处理课堂生成,让学生发现和总结明确的"悟点"? 这些问题的思考和准备无形中将教师的"备课"置入理性的、人本的境界,"怎么教"的问题自然迎刃而解。

3.课题带来的教、学情境愿景要人性化、生动化

要解决学生"怎么学"的问题,必须从根本上解决教师"怎么教"的问题,"导学、自学、互学、悟学自主课堂教学模式"带有程序化的操作性特点,可以对教师改革教法起到良好的规范、促进作用。通过课题的实施,激励全体教师在自主学习的基础上,在合作互动的实践中,在反思修正的自省里,充分发挥自身的创造潜能,真正构建起"导学、自学、互学、悟学自主课堂教学模式",探索出小学生自主学习、主

动发展的可行性操作路径。

我校将"四学"自主课堂教学模式与课题的实施紧密结合起来,深入挖掘"四学"自主课堂教学模式和课题研究的契合点,使二者共同为课堂教学改革助力,在推动教育教学改革中发挥合力。模式不仅是课题的外壳,还引领课题研究向纵深发展;课题不仅是模式的内容,还使模式更科学,更具有普适性。各学科共 5 项课题在"导学、自学、互学、悟学自主课堂教学模式"的引领下有效开展——分学期开展"小课题大课堂"同课异构课堂教学展示、竞赛活动,模式实践与课题实践互相影响,相互促进,使教师把课题做在课堂环节,把准课堂教学改革的方向,使我校学生在学习中找到自我,体验到学习的快乐,使课改研究处于实质性的提升状态,师生广泛受益。

三、实践评价

对学生整体的、终结性的评价,以各学科的个体评价、过程性评价为基础;对教师的教学模式与课题实践评价,以过程性研究反思为基础,以个体展示、竞赛表现为范本,学校每学年组织个体奖励、备课组捆绑式评优活动。

培养学生善于质疑、自主探究、自主答疑的自主学习能力,培养学生独立学习、合作探究、和谐竞争、展示自我的学习精神,让学生通过亲身参与、探索实践,获得积极的情感体验,逐步形成想学、能学、会学,进而努力求知的心理倾向,实现真正意义上的可持续发展,这是我校开展这一课题实践的根本原因。

"四学"自主课堂教学模式的应用性探索

课堂作为师生心灵沟通、思想交流和思维碰撞的舞台,时刻都在发生着奇妙的变化,课堂教学研究是教师常做常新、永无止境的课题。平定县实验小学校实施的《导学、自学、互学、悟学自主课堂教学模式的研究》课题实践带来了颠覆性的课堂变化,教师走到学生中间,学生在课堂这个舞台上成为主角,课堂改革取得明显成效。在此,笔者以《伯牙鼓琴》课堂教学为例,对学校的"四学"自主课堂教学模式的七个步骤作应用性解读。

一、导学:进行问题探究活动或学案导学

教师应当为学生进入"乐学"的境界而"导",如运用设计问题、动手探究、创设情境、学案试学等导学方式,以调动不同学生的学习自主性。

第一步　针对导学

教师结合课堂教育教学目标,根据学生的思想状况、知识水平和精神状态,设计导学方案;根据学生展示中存在的疑惑、问题、关键点实施导学策略,进行精要指导,合理处理生成性问题,有目的地突出重点、突破难点。导学重在学科思想和方法的渗透及指导学习。

在《伯牙鼓琴》导学环节,教师以回忆"读、译、悟、背"学习方法导入,引导学生学以致用,进一步掌握文言文的学习方法,以此唤起学生的已有学习经验,降低学

习难度,突出学法指导。

二、自学:学生先学,起点尝试

教师要相信学生有能力在现有认知的基础上开展"新知"学习,培养学生迁移转化、温旧习新的能力。

第二步　明确目标

教师要让全体学生明确学习任务、学习目标及评价激励方式,唤起所有学生完成学习任务的自信心,激发其积极性。"默而识之,学而不厌,诲人不倦"在此环节中得到充分体现。

在《伯牙鼓琴》自学环节,教师首先提出"力争当堂读通、读懂、背诵"的明确目标,然后以"伯牙是一个什么样的人? 他为什么要断绝琴弦?"两个问题提纲挈领,总起设问,调动学生探究学习、自我解疑、努力完成学习任务的积极性。

第三步　起点展示

教学预设从生活常识、基础知识入手,问题设计要具体,具有递进性。学生先学(做),在"温故"中"知新",然后不同层次的学生在已有知识经验的基础上展示自己的认知起点,或在小组中展示,或在全班自主性展示,或是学生个体完成学案,教师巡查了解展示情况。最后,根据课型、任务情况决定课堂教学的起点和着力点。

在《伯牙鼓琴》展示环节,教师预设了生生相互展示,个体、全班展示等方式,如:大声朗读课文给同桌听,互相正音;指名范读,指导朗读节奏和重点字词的读法;领读—齐读—自由读—指名展示读—小组展示读。通过展示,使学生找到自己的学习起点,并在相互学习中接受教师的指导,以期在原有基础上有所提高。

三、互学:小组交流,互补学习,生成学习

学生之间合作学习,互补有无,能够激发每个学生的进取意识,使学生体会到

学习的乐趣。

第四步　合作互学

学生开展合作交流学习,互帮互学;教师是合作学习的重要成员,在与每一个小组的合作中起到帮助、指导和引领的作用,引导学生进一步将所学知识融会贯通,使"学困生"在同学帮助下能达到基本的学习目标要求。

在教学《伯牙鼓琴》时,首先,教师预留充足的时间让学生开展合作互学,如让学生通过参照注释、借助工具书、联系上下文等方式理解句意,疏通课文。学生在合作学习中将理解词语与疏通句意融为一体,贯彻了"字不离词、词不离句、句不离文"的整体感知原则,这也有利于学生借鉴别人的学法,弥补自己的不足。互帮互学在这里体现出来了。其次,教师预设了"指名交流,点拨"的师生互动方式,以解决"善:擅长、善于。善:好。念:想。之:代词,代伯牙。谓:认为。复:再"等重点词语的理解问题,教师成为学生"平等中的首席",成为学生学习的重要合作者。最后,教师预设让学生"对照原文,用自己的话把故事讲给大家听",强化疏通文义,为全文背诵目标奠定基础。如此,分层优化、融会贯通、整体提高,基本学习目标初步达成。

四、悟学:学生练习强化,领悟主旨、关键;教师点拨讲解,处理课堂生成;学生分层悟学,优化提高

教师真正贯彻"不愤不启,不悱不发"的原则,把学生发挥自主性的时空扩展到最大程度。

第五步　分层悟学

通过分层练习,锻炼学生思维能力,提高其分析问题和解决问题的综合能力。分层悟学要使不同层次的学生在既有认知基础上有不同程度的提高和收获。

在教学《伯牙鼓琴》时,教师预设请学生"用文中原句回答问题:①伯牙、子期

有何特长？(伯牙善鼓琴,锺子期善听)②他们特长的具体表现是什么？(伯牙鼓琴,锺子期听之。方鼓琴而志在太山,锺子期曰:"善哉乎鼓琴,巍巍乎若太山!"少选之间而志在流水。锺子期又曰:"善哉乎鼓琴,汤汤乎若流水。")③二人心意相通的总结句是哪一句？④锺子期死后,伯牙是怎么想的、怎么做的？(锺子期死,伯牙破琴绝弦,终身不复鼓琴,以为世无足复为鼓琴者)乘前面讲故事的东风,将对文本的感悟与背诵这一主要目标融合起来,引导学生进行悟读、有感情地朗读,在"读中悟,悟中读",使人物形象屹立于学生心中并产生迁移,学生与文本中的人物自然产生跨越时空的情感共鸣,达成教育教学目标。

第六步　自主小结

留出几分钟时间让学生对本节课的学习过程进行全方位的小结,使学生的语言建构与运用、思维发展与提升、审美鉴赏与创造、文化传承与理解等核心素养得以展现,发言内容不重复,让学生在同学的再次展示中学习感悟、反思自我,使节节课营造出"比学赶帮超"的浓厚氛围。

在教学《伯牙鼓琴》时,教师预设了两个环节:一是阅读明代文学家冯梦龙的短诗《俞伯牙摔琴谢知音》(节选)。在了解古代文人对这一千古佳话的评说的基础上,再全体回读全文,非常有效地将学生的情感推向高潮,多数同学对课本中的人物产生敬意,背诵水到渠成。二是交流学习课文后的心情(惋惜、敬佩、感动等),学生自由发言,人人都是课堂的主人。

第七步　教师总结

学生的活动永远不能代替教师的讲解。课末,教师一定要对本节课进行总结,或切中要害,或强调重点,或重复难点,或重申方法,还可以对学生的学习状态进行引领性评价,只有教师的总结精当、到位,才能使一节成功的课更具有神采和灵性!

在教学《伯牙鼓琴》时,教师作了这样的总结:"伯牙鼓琴"是交朋结友的千古楷模,流传至今并给人启迪。正是这个故事,确立了中华民族"知音"的标准。我们处在文化多元的信息化时代,各类人才层出不穷,我们应开放心态,广交益友,过积极向上的生活。

在此基础上,教师展示一些古今关于交友的名言名句,并建议学生课后搜集背诵。这是对文章主题及文体的双重延伸,也是对情感态度价值观的正面引领。

该教学中,"四学"自主课堂教学模式的运用帮助教师在文言文教学中走入学生中间,激发了学生的自主学习热情,使语文核心素养教学落实于课堂、落实于学生,为构建高效、活泼的文言文教学课堂发挥了积极助力作用。

巧用"四学"，提升课堂教学素养

从题目看，我们首先需要搞清楚两个概念，一是"四学"，二是"素养"。"四学"是指我于 2011 年在平定县实验小学校开展的《导学、自学、互学、悟学自主课堂教学模式的研究》课题中的"导学、自学、互学、悟学"四大教学环节的简称。"素养"是指我们课题组的《运用"四学"教学策略培养学生核心素养的研究》中的"培养学生核心素养"的教育教学目标。随着课题研究的深入推进，我们把前期研究的成果作为本课题研究的策略和方法引擎，将"四学"作为课堂教学策略和培养学生核心素养的有效路径。实践证明，巧用"四学"是提升课堂教学素养的有效策略。

一、巧用"四学"，生发方法

在实践研究中，课题组成员主要在语文、数学、信息技术等学科总结基于"四学"教学策略而生发的培养学生核心素养的有效方法。如：导学策略中的问题引导法、实验操作导思法、评价激趣法、激励导学法、学案导学法、动手实践法等；自学策略中的网络课程前置性学习、课堂新授前的"起点展示"、课后的"小老师开讲啦"、课堂中的"先问后讲"法等；互学策略中的生生互学法、讨论探究法、师生互补法、课堂"补白"法等；悟学策略中的问题拓展法、分层练习法、轮流展示法、"以讲代写"法等。这些方法都在"四学"教学策略的支撑下，由课题组教师有意识地广泛应用于课堂教学中。

二、巧用"四学",增强素养

"四学"教学策略使学生在展示核心素养中学习知识,其主人翁意识、责任感、规划能力、协作能力等均体现在自主学习中,知识和结果不再是唯一目标,成长为一个"全面而完整的人"成为师生的共同追求。如:导学策略中,学生展示预习成果,增强其信息、自律等素养;自学策略中,围绕学习目标的"起点展示",学生的人文素养、探究意识、自我管理意识得到增强;互学策略中,学生提出问题、生生讨论互评等环节体现出学生乐学善思、敢于质疑、学人之长等重要素养;在悟学策略的自主小结中,学生梳理总结、开阔视野、互相借鉴、共学成长。

三、巧用"四学",巧兹在兹

在课题组成员的教育教学实践研究与阶段性成果总结中,很多运用"四学"教学策略组织教学的教学环节和教学案例均取得了良好的教育教学效果,均突出一个"巧"字。

1.巧设情境导学,提升数学素养

数学知识的习得源于生活经验的积累,需要通过"联想与建构"活动将经验与知识进行关联和转化。张海琴老师在《平均数》一课的教学中,利用学生生活经验,创设了"分西瓜"的情境,让学生在生活经验的基础上进行有目的的观察,通过"这样分西瓜是否公平"的问题,引导学生理性思考,初步感受"移多补少"的科学思维,从而引导学生有效学习。张老师在教学中,给出"平均每人收集了多少个矿泉水瓶"的探究任务,促使学生在已有"平均分"经验的基础上,迁移类推出求平均数的方法,建构了求平均数的一般模型,渗透了模型思想。然后,她抛出"平均数13表示什么意思"的问题,引发学生深层次的思考,使学生在对比中感受到平均数是一个虚拟的数,加深了对"平均数意义"的理解。

这堂课"巧"就"巧"在"猪八戒分西瓜"和收集矿泉水瓶的情境与生活中切西瓜、收集瓶子的经验能够进行链接,并与"这样分西瓜是否公平""平均数 13 表示什么意思"的问题契合。真实而自然的情境导学,培养的是学生整理提炼信息、进行空间想象等素养。

2.巧借朗读互学,提升语文素养

白玉芳老师在教《蜘蛛开店》一课时,将朗读互学策略与课堂生成教学紧密结合,取得了意想不到的教学效果。首先,让学生浏览读文,掌握课文的大致情节,弄清故事中动物之间的关系,培养学生整体感知、建构信息框架的素养;其次,让学生自读课文,画出体现故事情节发展变化的关键词语,体会故事的意义,培养学生抓关键词语、由表及里思考问题、批判质疑等素养;再次,让学生分角色朗读课文,引导学生在语境中体会用词的准确性和艺术性,进而加深对《蜘蛛开店》故事寓意的深刻理解,使学生学会学习,进而培养其人文素养;最后,让学生有感情地齐读课文,用自己的话讲故事,达到理解课文、感悟寓意的目的,培养学生的想象能力、人文情怀。朗读策略贯穿教学始终,最终达成教育教学目标。

这堂课"巧"就"巧"在只是运用了朗读互学策略,却远远比精讲、深挖、强练式的教学策略更能培养学生的核心素养,因为这样的教学过程是学生自主进行的,这样形成的核心素养才能够长久沉淀,正可谓"教无定法,贵在得法"。

《教育部关于全面深化课程改革落实立德树人根本任务的意见》中,"核心素养"被置于深化课程改革、落实立德树人目标的基础地位,并提出各学段学生的发展核心素养体系。学科课堂教学无疑是培养学生核心素养的主阵地。今后,本课题研究将针对不同学段学生的特点,继续在运用"四学"教学策略的"巧"字上做文章,切实发挥"四学"教学策略对提升课堂教学素养的积极作用。

着眼课堂抓课改，理性借鉴谋发展

平定县城关中学坐落在平定县城西关、南关交界处，与平定县第一中学校、阳泉师范高等专科学校、平定县高级职业中学等学校毗邻，是一所三年六轨制乡镇初级中学校。多年来，学校秉承"教研兴校、科研兴教"的治校理念，坚持"着眼课堂抓课改，理性借鉴谋发展"的教科研思路，依托课题行动研究，引领教师队伍专业发展，理性借鉴兄弟学校的成功经验，扎实走好"自主调动—课题拉动—人本管理—提高质量"的可持续发展道路，教育教学质量稳步提高，在新课程改革工作中做出了突出成绩。

一、课题引领，理论支撑

城关中学于2001年开始实践"JIP"（提高中学生学习质量联合革新计划，是联合国教科文组织委托的教育研究课题）省级实验课题，于2003年走上"引导学生合作学习"的市级课题实验道路。全校师生将两个课题的理念相融合，不断创新以"主体自主"为特征的课堂教学。学校于2006年和2008年先后参加了省级"搭建学生自主发展平台行动研究"和县级"杜郎口中学课堂教学改革经验应用研究"两项课题研究，就二者的共同点"引导学生自主学习"理论进行深入研究，采取"骨干带动、周六研修"等方式，形成校本理论，更新理念，决战课堂，深化了课题研究。

我校重新定位"一节好课"的基本标准，即看"学生的学习方式"和"教师的教学方式"是否发生转变；重新定位教师的角色，即教师是学生中"平等的首席"，是学生学习活动的组织者、引导者、合作者和服务者；重新定位新的教学模式的主要特点，即以学生"自主、合作、探究"学习方式为特征的教学模式。扎实的理论学习为教师开展课改工作提供了有力支撑，促进了教师对自我实际工作的有效反思，学校领导趁热打铁，邀请有关领导、专家就"如何听课，如何评课，如何写教学反思、教学案例、教育叙事"等进行讲座指导，大家茅塞顿开，感悟良多。在这些强有力的理论指导下，我们通过"听课议课—同伴互助"活动实践，不仅使教师的课堂教学理念发生了很大变化，而且使校本研训活动的质量大大提高。

二、课题深化，模式创新

2003 年 9 月，我校成为阳泉市"校本培训试点校"，全体教师有幸亲沐市级专家的指导。学校坚持"走出去、请进来、内挖潜"的思路，将校外专家高屋建瓴的指导与校内骨干带头人的示范引领紧密结合起来，专家的指导用于实践，推动了课堂教学改革。在理性借鉴众家之长的基础上，学校创制了以"15+30"为结构特征的课堂教学"六环节"教学模式：复习检查—问题导学—所得展示—点拨整合—基础练习—提高拓展。学案教学、多媒体和教室四周黑板辅助教学，为"六环节"教学模式注入了生机和活力，解放了教师，更解放了学生，使课堂教学效率大大提高。

尽管教师的教育教学理念有创新、角色有变化，教师的专业水平有了不同程度的提高，但我们在学生自主发展、教学模式形成、有效整合和充分利用现有教学资源、最大限度地实现各类学生充分发展等方面仍然存有困惑。带着这些问题，我们大胆实践省教育学会"搭建学生自主发展平台行动研究"和"新课改下课堂教学实效性研究"两项课题以及县级"杜郎口中学课堂教学改革经验应用研究"科研课题。三项课题，名称不同，但理念是相同的，都要求进一步突显学生的主体参与作用,让课堂真正成为所有学生展示自我的殿堂。

为了能尽快实现教学模式的根本转变,我们派骨干教学领导先后去翼城五中、清徐二中、杜郎口中学等名校观摩学习,多次聆听省教育学会专家的理论讲座;派教学能手、骨干教师多次参加省级课改培训;派全体教师参加县级、市级课改课题培训,使人人做到持证上岗。在周六校本研修活动中,"能手"主持二级培训讲座,"骨干"扮演课改专家点评,使教师进入"主动课改"的良好状态。值得一提的是,杜郎口中学的考察学习让大家震撼,清徐二中的考察学习使大家产生紧迫感,在这种状态下,我校的实验课题在教师的思想和行动中快速、顺利推进。

教师从经验入手,用理论深化,以实践检验。在实践中,人人以"15+30"模式建构课堂,严格控制集中讲解的时间,坚决杜绝教师独霸课堂的现象,为学生自主学习腾出充分时间。开放所有课堂,实行推门听课,将改革模式初步引进课堂;"骨干""能手"先走一步,使展示方式多样化,将学科课堂教学改革与信息技术手段相结合,力争在原学案教学的基础上有所创新,起好典型引路的作用;调整学生座位,落实"1:2:1"或"1:2:3"小组合作学习,促进生生互帮互学,共同提高,使后者进步、优者更优,人人发挥潜力,个个自信发展。学校改进硬件设施,在教室四周装配黑板,要求教师将课堂练习和强化训练展示出来,成为共享资源,特别要鼓励和敦促"学困生"上板展示。学校通过让教师最大限度地使用硬件设施来促进学生主体性的真正落实。最后,由全员参与推广。通过每学期每组至少一次的"听课议课—同伴互助"活动,教师百家争鸣、推陈出新,课堂教学模式、方法及效果在不知不觉中创新、优化、提升,每位教师都正在形成一套既适合自己学科特点又能推动各类型学生主动学习的模式。

经过一段时间的实践摸索,我们结合本校课堂教学实际,创新了课堂教学"六环节"教学模式:复习检查—问题导学—所得展示—点拨整合—基础练习—提高拓展。

1.复习检查环节

教师对上节课学习的基础知识进行检查复习,再现知识,以利于全体学生巩固知识。在这一环节中,要尽可能让学生"爬黑板"展示,并要坚持,形成习惯。

2.问题导学环节

教师要明确本节课的学习任务,唤起学生的学习动机,提升学习积极性;要出示基于课本知识的基础问题,引导学生进入预习状态;要指导学生养成在书上勾画、圈点、批注等阅读习惯;要引导学生学会运用浏览、速读、精读等各种阅读方式,理解教材基础知识,将教材知识问题化、知识结构系统化。

3.所得展示环节

这一环节是学生展示、交流预习所得的环节,提倡生生纠错互补,将理解掌握情况及时反馈给老师,以便老师随时调整教学方法,进行针对性指导。结合我校学生实际,学生展示中要有老师的问题导引、系统化基础习题导引、知识结构图导引或展示方式的提醒性设计,如此才能收到好的效果。切忌"放羊式"、"群言堂"、无目的地讨论交流,这样会耗时低效,甚至连基本教学任务都完成不了。这一环节组织得成功与否直接决定课堂教学的成败。

4.点拨整合环节

这一环节主要是教师对学生展示中出现的问题进行点拨讲解,并与学生一起构建知识系统网络结构图,以利于学生整体把握知识。

5.基础练习环节

这一环节主要运用"主体参与"策略,教师要根据教学内容和学生个性化需求,选择问答、训练等各种方式,做到让所有学生全部掌握基础知识。

6.提高拓展环节

这一环节主要实施分层优化策略,加大练习量和难度,引入竞争机制,让不同程度的学生"吃好、吃饱",使他们对知识进一步理解、灵活运用。这一环节要让不同层次的学生"爬黑板",以利于学生形成竞争意识和教师发现共性问题。

我校推行"六环节"课堂教学模式,并不是要每位教师每节课都照搬,而是在吃透这种模式的基础上,根据自己的实际和教学内容的需要灵活运用,可以全流程运用,也可以侧重运用某几个环节。关键是要"一节咬紧一节",坚持始终运用,夯实教学过程,提高课堂教学效率。

教师在理性借鉴各校成功经验的基础上,以更为切合学生实际的教学方法不断丰富、发展"六环节"课堂教学模式,他们根据课时目标和教学内容的特点,或者使用"学案教学",或者运用多媒体、教室四周的黑板辅助教学,基本上能够以"15+30"的时间分配方式来建构课堂,"课堂上解放了教师,课下解放了学生"成为我校课题实验、课堂改革的突出特征。我校的课堂正在"因课改而精彩",我校正在"因课改而发展"。

三、管理保证,成果激励

我校实行制度管理和自主管理相结合的办法,实行教研出勤单行考核制度,理顺教研运行机制,保证教师人人参与课改、个个乐于课改,教师主动性充分发挥出来。我校实行成果激励制度,让教师在成功中争取更大成功。课改以来,领导、教师不断有课改论文、案例发表、获省级奖。各级教学能手、学科带头人、骨干教师脱颖而出。2007年,学校被评为阳泉市"基础教育课程改革优秀学校",加入"山西省校际联合体"之列。

"问渠那得清如许?为有源头活水来。"百年大计,教育为本;教育大计,教师为本;教师大计,课堂为本。"着眼课堂抓课改,理性借鉴谋发展"是我们"城中人"永恒的主题,"教科研行动研究是教师体验职业幸福的源头活水"已成为大家的职业追求,我们期盼"校际联合体"能给城关中学这块沃土带来更多的滋养,让更艳美的花儿在这里开放,让更苗壮的苗儿在这里成长,让更优秀的人才在这里成就!

"导练互助,自主悟学"教学模式的实践探索

在"导练互助,自主悟学"教学模式的实施过程中,教师的教学研究意识开始增强,教学思想发生了很大转变,教学水平明显提高;课堂激励性评价机制从单向性向多维度转变,初步构建了有效的课堂评价体系;学生的学习兴趣和参与课堂活动的积极性明显提高,绝大多数学生养成了课前预习、课上合作、课后复习的好习惯,有疑必问,讨论热烈,学习气氛浓厚。

一、理论依据

1.现代教学论

现代教学论认为教学过程既是一个特殊的认识过程,也是一个促进学生身心发展的过程。教学应由追求思维成果(知识)转到追求思维过程(方法)上来,这一转变使学生不仅能获得方法,同时能获得情感和意志等心理体验,使教学成为培养学生创新精神和实践能力、有效促进学生自主发展的活动。"导学互助,自主悟学"模式通过给予每一个学生一份如何预习知识、参与课堂活动、进行师生合作学习、进行生生合作学习、课后复习的导学案,使他们养成一个良好的学习习惯。导学案充分考虑每一个学生的成长过程及发展的可能性,尊重学生的个性差异,尊重学生的已有知识经验,使每一个学生都能在各自的能力、起点上获得发展。

2.建构主义学习理论

建构主义学习理论强调人的主观能动性。它要求学习者积极主动地参与教学,在与客观教育环境相互作用的过程中,学习者自己积极地建构知识框架。学生利用学案进行自主学习的过程,其实就是他们主动建构知识框架的过程;教师利用学案进行引导的过程,其实就是鼓励、帮助学生建立学习动机的过程。建构主义的评价观主张多元化原则,强调学习过程应有反映学习者建构知识的动态评价。"导练互助,自主悟学"的实质就是学习者主动参与、自我反思、自我教育、自我发展的过程。

3.合作学习理论

合作学习有利于培养学习者的社会交往技能,有助于降低学习者的焦虑程度,小组合作学习可以增强个人的责任感,为引入竞争机制、开展小组竞赛学习奠定基础。"导练互助,自主悟学"教学模式充分反映新课标理念,关注学生自主学习、合作学习,让学生在学习的过程中增强各方面的能力。通过"学案导学"引导学生学习,充分肯定学生在这个过程中取得的进步,调动学生的主观能动性,提高学生的学习兴趣,培养学生良好的学习习惯。

二、操作原则

1.十个"先于学生"

教师在教学中要做到先于学生阅读,先于学生观察,先于学生思考,先于学生表达,先于学生讨论,先于学生交流,先于学生说"法",先于学生练习,先于学生展示,先于学生评价。其间,教师要对教学的每一个环节进行充分预设。

2.五个"精于教师"

精于教师的指导,精于教师的点拨,精于教师的示范,精于教师的讲解,精于教师的评价。精乃"精彩",精乃"精致",精乃"精确",精乃"精准",精乃"精巧",精乃"精心"。只有做到这些,教师的关键作用才会体现出来,学生的知识与方法才会得到整合,其学习能力才会得以提高。

3.三个"益于教师"

"导练互助,自主悟学"模式的课堂教学有三个"益于教师":一是益于教师组织课堂,教师有了更多的时间观察课堂,学生获得的学习帮助会更多;二是益于教师调控课堂,教师有效的教学方法会成功地调控课堂,使课堂教学效率得到提高;三是益于教师评价课堂,教师以激励为主的评价方式会促进学生积极主动发展。

4.三个"有效载体"

一是教师扎实的基本功,教师优秀的教学素质是模式成功开展的前提。二是简约实用的学案,科学合理的学案设计是模式有效实施的关键。三是精美而实用的课件,这是该模式实现高效课堂的辅助资源,现代化的教学手段将会给学生的课堂学习插上飞翔的翅膀。

5.科学分组原则

学生分组是该模式实施的基础,要坚持一个标准,一以贯之实施。如以组内异质、组外同质的原则编制学习小组,组长轮换,规定必须人人有头衔,像学习活动主持人、记录员、记分员、协调员等,以此公平地对待每一名学生,激发每一名学生的主人翁责任感。

6.教学相长原则

教学过程力求促进学生学科核心素养、综合素质的全面和谐发展,促进教师的专业化水平提升,提高师生的发展水平。

三、注意事项

1.备好"一案"

一篇高质量的"导学案",是课堂教学资源的重要载体,既有助于教师课前"吃透"教材、"吃透"学生,又有助于学生课堂上分层优化、高效学习,从而使课堂教学目标明确、有"章"可循、高效运作。

2.做到"七有"

课堂上应有学生静心阅读的时间,应有学生细心演算的时间,应有学生静心分析的时间,应有学生倾心讨论的时间,应有学生用心动手的时间,应有学生诚心展示的时间,应有学生专心听讲的时间。

3.重视"七评"

课堂评价要落实评课前表现(如上节课作业完成情况、本节课预习情况、课外实践活动情况等)、评课上学习态度和学习表现、评参与学习的质量、评学习成果、评合作质量、评创新思维、评完成学习任务的情况等。

4.牢记"七忌"

忌教师一讲到底,忌教师包办代替,忌板书随意乱写,忌齐答一贯到底,忌一生展示到底,忌课堂组织无序,忌作业不批先评。

"导练互助,自主悟学"教学模式是推动学校教学改革的可行性模式,该教学模式对摒除传统课堂弊端,对促进教师的教和学生的学向主动、积极方面转变的作用是显而易见的、毋庸置疑的。但是,没有哪一种教学模式是万能的,我们所能做的就是继续强化集体备课,重视与学生的情感交流,注重以帮助、激励和矫正为目的的即时性评价、过程性评价和结果性评价,落实"功在课下、效在课上"的教学理念,并以教师持之以恒的教育教学行动影响和带动学生持之以恒的学习兴趣,全面落实立德树人、培根铸魂的教书育人任务。

对"一堂好课"的再思考

关于"一堂好课"的讨论总是不断地见诸各级各类教育报刊,可以说仁者见仁,智者见智,各有道理。我是一个喜爱课堂、喜欢听课、乐于议课的人,从初中到小学,从理科到文科,从文化课到体艺活动课,每年听课在 160 节以上,感受颇多,但归纳起来,好的课堂终归还是符合教育教学规律的课堂。

"一堂好课"应当成为教师和学生的精神追求

课堂的主体是学生,主导是教师。课堂是师者为师的平台,是师者进行目标引领、授道解惑的平台;是生者为生的场所,是生者学海畅游、解疑得道的场所。课堂是师生交流思想、沟通心灵、碰撞思维、教学相长的殿堂。只有师生的智慧生发互补,师生的生命共同成长,才能建构一堂好课,缺一者而不成。所以,"一堂好课"不在课堂的表象,而在师生内在的精神追求。

"一堂好课"应当由授课者和评课者"反复""认同"

授课者和评课者一般为行内教师、管理者,角色可以互换,授者可评,评者可授,没有严格的定位区分。如此,课堂实践者要观课议课,观课议课者也要进行课堂实践,实践者为研究者,研究者亦为实践者。有时依课的类型不同而进行研究,有时依同课异构而进行切磋,在这种身份反复、角色反复、研课反复中,"一堂好课"会拨开重重迷雾,撩开层层面纱,绽放出"美丽容颜",这就是"反复"磨砺出的"认同"。这种"认同"是反复实践与思考之后的成果,是原生态的,是有规律性的,是经得住考验的。

"一堂好课"应当有基于实践的基本评判标准

当我们用心地把"精神追求"和"反复""认同"相结合后,对"一堂好课"的理性认识就成为一个宝贵的阶段性成果,这个成果可以被更多的同仁共享,把我们教育人探索教育规律的起点再上层楼,使之更接近教育的本真境界。以下是我总结的"一堂好课"的基本评判标准。

(一)看教学思想是否正确

1.面向全体,发展学生,关注个性。

2.渗透思想政治教育和世界观、人生观、价值观教育,以德育人。

3.夯实基础,培养能力,开发智力,发展素养。

(二)看教学目标是否明确

1.明确教学内容的核心素养目标,基于学生认知,表述准确、简明。

2.课堂环节的预设目标明确,有机落实核心素养教育教学目标。

(三)看教材处理是否精当

1.对教材知识体系建构完整,基础知识、能力培养、拓展延伸恰到好处。

2.对教学重点、教学难点把握准确,教学方法恰当。

(四)看主体地位是否确立

1.学生的主体地位应通过在课堂上表现出来的学习方式的自主程度衡量。

2.自主性主要表现在学生在课堂上的话语时空、动手机会的时间比率,以及思维参与度。

3.尊重学生的课堂生成,科学合理地处理好课堂生成。

（五）看教学过程是否科学

1.依据教学目标,教学内容,学生的学段特征、认知起点预设教学。

2.教学预设中学生主体意识突出,有明确的关于学生学习方式的设计。

3.教学预设遵循学校"四学"教学模式要求,积极服务于创设生命灵动的课堂。

4.各环节时间分配合理,不多占一分钟时间。

（六）看教学评价是否有效

1.实施学科与班级、个体与小组相结合的整体性评价制度。

2.坚持面向全体、分层优化、及时反馈、激励评价策略,感情要真挚。

（七）看教师素质是否优良

1.教学基本功要过硬:教态自然融洽,普通话准确流利,"三笔字"工整规范,板书设计具有启发性,多媒体应用自如,具备教育机智,课堂驾驭能力强。

2.作业布置难度适中,少而精,量适中,或具有实践性和探索意义。

（八）看教学效果是否良好

1.唤起学生学习动机,调动学生参与学习的积极性,增强学生的学习能力,开发学生的智力,促进学生良好学习习惯的养成。

2.课堂无用功降到最低,学生课堂学习的参与率为100%,知识掌握率达到90%,发展提高率为100%。

听课评课、观课议课是领导检查指导、了解课堂教学的基本方式,也是教师交流经验、互相学习的有效方法。"好课"是教师的职业追求,也是所有教育者的共同追求。"一堂好课"会随着时间、空间、对象、执教人的变化而变化,没有最好,只有更好;没有固定的模式,但有相同的课堂品质和精神追求,其中对学生主体的充分尊重、对学生心灵的有效启迪、对课堂生成的机智处理、对学生价值观的正确树立应成为评判的主要指标。

课改精彩在哪里

课改精彩在哪里？这是诸多教育工作者不懈探索的问题。我是在一线教师里"泡"出来的，即便是在担任教务主任和校长的二十多年里，我每年都在本校听课160节以上，实践告诉我：教育改革，路在基层——在我们教师日常的教育教学实践中。我们所遇到的不好过的"坎儿"，才是课改研究最具实效、也最有意义的着力点，才是课改的精彩所在。如果我们一起研究，巧妙地、顺利地过好这些"坎儿"，那才真可谓"峰回路转，柳暗花明"，校本研训的成效自然不言自明！

案例一

在赵老师的《勾股定理》新授课上，他用多媒体课件辅助教学，并请学生上台主讲，自己坐在学生位置上当"学生"。当主讲学生李倩按照课件引导，与同学们完成5个探究问题和课堂练习后，离下课还有10分钟。李倩当机立断，将自己曾见过的一道题"搬"出来：

某楼房三楼失火，消防队员赶来救火，了解到每层楼高3m，消防队员取来6.5m长的云梯，如果梯子的底部离墙基的距离是2.5m，请问消防队员是否能进入三楼灭火？

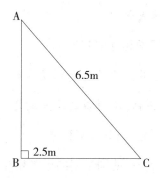

正确的解答步骤应为:先据题意作图,然后按步骤解答。

已知,如图:$AC = 6.5m$,$BC = 2.5m$

求:AB 的长。

解:$AB = \sqrt{AC^2 - BC^2} = \sqrt{6.5^2 - 2.5^2} = 6m$

答:因为每层楼高 3m,上完两层楼即可进入三楼,即 3m×2=6m,所以消防队员用 6.5m 长的云梯可以进入三楼灭火。

而李倩同学却在解出 $AB = 6m$ 后,得出了以下结论:

因为三层楼高为 3m×3=9m,6m<9m,所以消防队员不能进入三楼灭火。

很快就要下课了,李倩同学说得很快,几乎是她一个人叙述下来的。也许全体同学都在为她是否能"完成"任务而捏着一把汗,教室里鸦雀无声。

一道"坎儿"横在赵老师面前,一座"山峰"立在赵老师面前!

我认为,课堂高潮在此,课堂精彩在此,课堂成败在此!

只见赵老师立即从座位上站起来,面向大家,眼睛里闪烁着机智的光芒,说:"同学们,我们学校这座教学主楼就是每层 3 米,要上到三楼的话,需要我们上几层?"顿时,几个同学争相站起来发言:

"上两层,因为上两层楼就到三楼了!"

"错了,李倩错了!"

"黑板上那道题的结论应该是'可以进入'!"

"消防队员可以进入三楼灭火!"

"啊? 怎么回事?"一些同学相互问起来……

"谁上台明确地说说自己的思路?"赵老师发话了。

有两个同学飞快地跨上讲台,讲得既简练又清楚。一旁的李倩同学红着脸笑着说:"谢谢你! 同学们,对不起,谢谢大家!"

赵老师联系实际的简要启发,使同学们的思维相互碰撞,将同学们抽象的思维具体化,使这个问题迎刃而解,同时还促进了同学间的合作与交流,实乃课堂精彩之笔!

案例二

岳老师在二次函数复习课上用多媒体课件出示了这样一道题:

某商人如果将进货单价为 8 元的商品按每件 10 元出售,每天可销售 100 件,现在他采用提高出售价格、减少进货量的办法增加利润,已知这种商品每涨价一元,其销售量将减少 10 件。(1)他将出售价定为多少元时,才能使每天所获利润最大? 求出最大利润。(2)求出售价 X 的取值范围。

当学生解答第(2)问时,她在课件上出示了答案:X 的取值范围为 $8<X \leqslant 20$。她请王丽君同学做解释:"销售量 $100-10(X-10) \geqslant 0$,解这个不等式得 $X \leqslant 20$,$X>8$。她认为这个问题很简单,想略过这一问题不再细究,直接进入下一问题的解答环节。

这时,半路上杀出个"程咬金"。该班"数学大王"晋斌同学站起来说:"老师,不是大于 8,而是大于 10。"学生们顿时讨论起来。岳老师脸上露出诧异神情的同时又习惯地看了看表。这堂课已经过了一多半,但岳老师镇定地对同学们说"大家想一想晋斌同学说得有没有道理"。她让学生边讨论边发言,并板书出了六种答案:

(1)$8<X \leqslant 20$ (2)$8<X<20$ (3)$10 \leqslant X<20$

(4) $10 < X \leqslant 20$　　　　(5) $10 \leqslant X \leqslant 20$　　　　(6) $10 < X < 20$

岳老师又继续鼓励同学们深入探讨："其他同学同意哪种观点，请解释给大家听听，好吗？"

杨志鹏：我的答案是第二种，X 只要比进货价 8 元大，比 20 元小，就能有利润。

郭旺：第三种错误。应该在 10 元的基础上提高出售价格，所以 X 不能等于 10。

郄越辉：我认为第四种正确，现在提高出售价格是在每件 10 元的基础上提高，而不是在进价的基础上提高，所以 X 只能大于 10，而 $X \leqslant 20$ 是 $100 - 10(X - 10) \geqslant 0$ 所得出的结果。

杜敏：我认为把以上三个同学的结论归纳一下，取值范围应为 $10 < X < 20$。因为根据题意，"涨价"是在 10 元的基础上提价的，X 应大于 10，不能等于 10；但 X 也不能等于 20，因为这是一个实际问题，不是纯粹的数学问题，销售数量不能等于 0，所以解得 $X < 20$。

…………

经过以上同学的讲解，学生们基本理解了答案的意思，岳老师又水到渠成地总结了两种情况："我们有两种选择，第一种是选择数字 8、10、20，第二种是选择符号 < 或 ≤。现在大家要注意这几点，第一，认为 X 只要比 8 元（进价）高就能有利润，这是错误的，如果超出 20 元时，销售量为 $100 - 10(X - 10)$，小于 0，就不卖了。第二，看清基础价，分析题的意思是在每件 10 元的基础上提高价格，所以出售价格应大于 10。第三，这是实际问题，不能只认为 $100 - 10(X - 10) \geqslant 0$ 就行了，等于 0 时，数量为 0，利润也为 0，无利润，则不契合实际。"

紧接着，她又联系实际，给学生普及知识，如薄利多销、打折销售等。继而她把此问题放在函数图象中，通过作图进一步解释：图象只能是在第一象限，不包括 8 和 20。$8 < X < 14$ 时为增函数，当 $X = 14$ 时实现最大利润；$14 < X < 20$ 时是减函数，当

X＝20时无利润。所以，X的取值范围应为10<X<20。

这时，岳老师幽默地问同学们："假如你是一名个体户，你将如何经营你的店才能赢得最大利润？让我们一起感谢晋斌同学！（此处有热烈掌声）这一问题使大家彻底明白了'数学来源于现实生活'的道理，使课本知识和实际生活实现了完美结合！"

岳老师面对这个当着这么多听课老师的面给自己打岔的学生，没有心慌，没有埋怨，而是给了学生应有的尊重和充裕的探究时空，甚至连听课老师也加入了同学们的热烈讨论，使这个疑难问题被完美解决！虽然这节课没有完成老师精心准备的任务，但我们在校本研训中却对岳老师"精解一个问题比多解一个问题更重要"的观点给予很高的评价，原因在于岳老师非常自然地处理好了课堂生成。我们认为这节课的教学效果要比顺利完成老师备下的课好得多，也精彩得多！

案例三

黄老师在引导学生探究"多边形内角和公式"时，引导大家"温故"而"知新"，即把一个多边形分成几个三角形，用三角形的内角和求多边形的内角和。他引导学生在多边形的顶点、边上、内部各找一点，将这一点与多边形的各个顶点相连接。就在将多边形分成若干个三角形的任务要完成时（如图1、图2、图3，这也是教材上呈现的三种基本方法），一个学生忽然站起来说："假如是六边形以上的图形，就可以采用从不同顶点出发引对角线，将多边形分成若干个三角形的方法。"（图4）

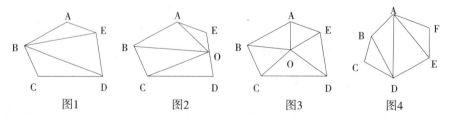

图1　　　　图2　　　　图3　　　　图4

黄老师很认真地听了这个同学的思路，又请其他同学讨论"图4"思路的正确性，继而非常谦虚且诚恳地赞赏这位同学："在今天之前，我所教过的学生中，没有任何一个学生能想出这个思路来,连教材上都没有。我教了这么多年数学,也从没想过,你真行!"同时向这位同学竖起了大拇指。

黄老师没有阻止有创新思维的学生突然发言,做到了认真倾听;没有草率武断,做到了民主讨论;没有高高在上,做到了蹲下来诚恳地赞赏。因此,他的课堂自始至终洋溢着民主气氛。

假如赵老师发现学生出错后,就上台主讲;假如岳老师发现自己备课出错,就惊慌失措,或者一带而过,甚至将问题留在课下;假如黄老师面对学生的"突然打断",在乎的是教师的权威,把学生的求异思维当堂扼杀,那么课堂上又将是什么氛围,这样的教学又会取得什么效果呢? 正因为他们注重课堂生成,随机有序地处理好了课堂中的"坎儿",才获得了"峰回路转,柳暗花明"、令听课师生赏心悦目的教育教学效果!

值此,我所遇的几"峰"、所探的几"路"是否引起了同仁的一些共鸣? 课改的精彩在课堂,课堂的精彩在学生,学生的精彩在行动! 行动研究最能使校本研训富有实效、盎然生机!

浅谈小课题研究在教师专业成长中的实践

做新时代的"四有""四引"好教师,做"培养担当民族复兴大任的时代新人"的教师,做"落实立德树人根本任务,培养德智体美劳全面发展的社会主义建设者和接班人"的教师,做"党和人民满意的高素质、专业化、创新型"的教师,需要教师强化国家责任、政治责任、社会责任和教育责任。教育教学中司空见惯的问题、现象,需要教师的专业研究行动、专业研究思想和专业研究成果来解决。因此,小课题研究是促进教师专业成长的有效载体和有效途径。

小课题研究能使学校形成科研、教改、培训"多元一体"的校本研修新模式,使教师养成"用科研的眼光看问题、用科研的思维想问题、用科研的方法解决问题"的良好习惯,使教师坚定教育信念,树立教育理想,感受教科研的巨大力量,不断增强教科研信心,形成个性化教育教学风格。

苏霍姆林斯基说:"如果你想让教师的劳动能够给教师带来乐趣,使天天上课不至于变成一种单调乏味的义务,那你就应当引导每一位教师走上从事研究这条幸福的道路上来。"2014 年开始,笔者和同志们一直在进行小课题研究的实践和探索,3 年立项、结题共 73 项,参与人数 210 余人,学科范围从语文、数学、英语,逐步扩展到音乐、体育、美术、书法、信息技术、班级管理、少先队活动、学校教育联盟等。教师小课题实践研究,有效促进了教师专业成长与发展。

教师在"做"中学习并熟悉小课题研究的基本程序和方法,逐步学会通过规范地做小课题来解决教育教学实际问题。教师专业成长过程需要经历如下四个阶段。

一、理论学习,理性反思

跳蚤效应告诉我们,很多教师不是不敢去追求教育梦想,也不是追不到,而是因为心里默认了一个"高度"——上了职称就万事大吉了。这个"高度"使很多教师失去了目标和方向,产生了职业倦怠,把自己带入了职业发展的"瓶颈"。对此,有效的策略是组织教师学习教育学、心理学理论,引导教师在学习中理性反思教育教学中的问题及成因。例如:在学习布鲁纳的发现学习理论时,教师会反思"给予"学生太多,忽视了学生的主观能动性,剥夺了学生"主动发现"的时间、空间和机会,之后会开始注重创设问题情境,培养学生的兴趣;在学习人本主义理论、建构主义理论时,教师会反思自己是否把学生作为学习主体,是否从学生的实际出发做到"以学定教",是否帮助学生主动地建构新的认知结构。如此,教师理解了"好的教师不是在教学,而是能激发学生自主学习"的含意,进而对叶圣陶的"教师之为教,不在全盘授予,而在相机诱导"等教育名言有了更深刻的感悟。

用唯物辩证法来思考,任何事物的发展都是内因和外因共同作用的结果,外因必须通过内因才能起作用。组织教师学习理论,学校组织是外因,教师自己的学习反思是内因,教师只有在学习、领会理论中认识到自己教育教学行为的问题所在,才能明确未来的努力方向,做小课题的自主性和潜力才能发挥出来。

二、建章立制,机制保障

做课题研究,首先,校长要有全面育"人"的思想,既要"育生",更要"育师"。校长要站在学校可持续发展的高度,把教科研工作作为全校工作的一条红线贯穿始终,把提高教师队伍素质作为抓手。其次,组建学校的课题研究领导小组,制订方案和专项管理制度,将小课题研究纳入学校考评考核管理制度中。再次,为教师提供书面学习材料,如课题研究手册,将相关文件、工作制度、实施方案、阶段评价等全部编在手册中,让教师对课题研究工作的流程有完整了解,而且随时可以拿来学习、参考、查阅,这是推进教科研课题研究工作的基本保障。最后,要在教师中形成正向机制,激发全员的积极性。具体有效的策略是发挥骨干教师的引领作用。每一项新举措的落实都离不开骨干教师的先行先试,他们在同行中的示范、带头、引领作用不可小觑。通过组织骨干教师进行专题学习,帮助他们掌握开展课题研究的理论知识和操作方法等,同时帮助他们提高认识,使他们主动承担课题,带动同伴做课题,不断推广凝聚着一线教师智慧的新理念、新方法。大家互促共进,正能量机制自然形成。

三、专家指导,专业操作

基层学校的领导、教师毕竟不是教科研专家,其理论素养、课题研究水平等都需要提高,这就需要聘请专家进行专业指导,学校的领导、教师要扮演好学习者的角色。

1.聘请专家指导

请市教育科学规划办、市教研室等单位的教科研专家深入学校,作讲座、点评,帮助大家补足教科研、小课题研究等方面的基本理论知识;解读上级文件,如申报小课题的通知、办法、课题指南等;解读小课题研究所用的系列表格、文本;等等。

2.分阶段有序推进

按照"表格引路,夯实过程,充实资料"的办法,推进教师小课题研究工作有序进行,使各个阶段的课题研究都有章可循。首先是申请立项阶段,文件包括学校申请书、教师立项申请书、评审表、立项备案表、立项通知书等;其次是研究实施阶段,文件包括实施方案、开题报告、中期报告、活动记录表和变更申请表等；再次是成果鉴定与结题验收阶段，文件包括成果鉴定与结题验收书、评审表、备案表与结题证书等；最后是复评阶段，文件包括复评申请书、复评程序指标及细则、复评意见表等。每个环节都要规范科学、留下资料。

3.过程资料的收集与整理

课题做得是否认真，主要看过程资料。一看组织研究是否科学严谨，是否下实功，二看课题研究是否有成果。过程资料一律收集在"成果附件"中，主要包括与课题研究相关的研讨记录、课堂实录、调查问卷、汇编资料、论文、案例、视频、光盘等，也包括相关的证明材料，如领导批示、获奖情况、媒体报道、被采纳的证明文件、重要变更的申请及获准的批复等。

4.研究成果的提炼与总结

小课题研究成果是针对教育教学中的"小问题""小困惑"和"小现象"，依托教育理论指导，进行调查、矫正、实验实践论证后得出的新观点、新思想、新方法、新理论、新规律等。小课题研究成果植根于同行的已有实践，形成于团队的实践研究，具有很强的实践价值，能被同行及时使用推广。小课题研究成果主要以"研究报告"呈现，是"成果主件"。

5.在规范操作中提升专业素养

小课题研究每一项文本资料的表述要规范，要随着研究进度的推进，逐项进行详细辅导和把关。从确定课题方向、拟定课题名称、界定核心概念、规划研究思路、选择研究方法，到提炼研究成果，再到规范填写各种表格、撰写研究报告等，都要步步跟进，指导到位，将学术研究的严谨态度和科学精神贯穿在整个研究过程。

其间，教师的专业成长是自主的：阅读专业书籍、涉猎专业知识、观察学生状态、反思教育方式……都处于不断"研究"和"调整"中。在实践中，一个个研究课题因教师的学习探索而生，如《关于优化小学低段识字教学方法的研究》《关于培养二年级学生写话能力的方法研究》《关于小学中年级学生起步作文兴趣培养的方法研究》《即时性评价在高段语文阅读教学中的实效性研究》《直观模型辅助低年级运算教学的策略研究》《小学英语课堂情景创设的策略研究》《律动在小学低段音乐教学中的策略研究》《小学大课间活动形式与内容的研究》《小学书法课堂教学策略研究》《少先队活动课常态化开展的策略研究》《城乡教育联盟环境下农村小学教师专业化成长的策略研究》等,教师的自主研究能力和教科研专业水平就在这一项项小课题研究中不断提高。

四、及时总结,激励评价

由美国行为学家劳勒和波特提出的综合激励理论强调,人们对某一工作的努力程度,是由完成该工作时所获得的激励价值和个人感到做出努力后可能获得奖励的期望概率决定的。在调动教师参与小课题研究方面,要善于运用心理学理论,如马太效应、鲇鱼效应、蝴蝶效应等,在期待中运作,争取获得较好的管理效果。

小课题研究结题后,从课题组到学校,都不能止步于"课题结题证书",而是要广泛地实践、推广研究成果,还要及时进行专题性的工作总结,将小课题研究成绩纳入对教师的绩效考核、评优评模晋职等管理中,使之起到承前启后的杠杆调节作用。实践表明,制度具有导向性、凝聚力,好的制度会促进学校的长足发展,及时总结、激励评价,会使更多的教师体会到课题研究苦中有乐,体会到教育职业的幸福感。

小课题研究使教师处于专业成长状态。小课题研究的方向在于促进教师成为有思想、善创新的教师,切入点是教育教学中司空见惯的"小问题""小困惑""小现象",着力点在于这些问题的解决,生命力在于其实践性,吸引力在于成果的可操作性和普惠性,价值在于促进教师的专业成长。经过选题、申报、开题、实践、中期总结、实践课展示、答辩、课题结题,经过各级专家深入学校、深入课堂的针对性指导,教师在理论、实践方面不断成长,不再只是教书匠,而是成为教育教学的自主研究者,教育过程中充满了智慧。

当代教育家于漪说:"我一辈子做教师,一辈子学做教师。"小课题研究正是教师"学做教师"的途径、方法,引导教师做目标明确、科学理性、富有艺术的教师,这正是小课题研究在教师专业成长中的实践价值所在。

实践是小课题研究的生命和灵魂

古人云:"心中醒,口中说,纸上作,不从身上习过,皆无用也。"近年来,我校做了大量的大课题研究,但多数情况是只有极少数领导和骨干教师了解课题的精神,大多数教师并不知道课题究竟该怎么做,感觉到课题研究"假大空远",除了配合写篇论文上职称用,其他的一概不了解。小课题研究的广泛开展使我校更多的教师真正参与到课题实践中,大家真实地感受到了小课题研究对自己教育生活的影响,真切地感受到了做小课题研究的快乐。究其原因,小课题研究"入题小、目标明、过程实、周期短"的特点使其"出成果快、应用及时、见效快"。小课题研究引领教师直达教育教学"反思与实践"的层面,其实践性特征激活了教师自主实验研究、自主发展提升的专业发展思维。在此,我通过两个案例谈谈小课题研究的实践性特征。

案例一

针对六年级学生数学作业出错多的问题,我们开展了《培养六年级学生利用错误作业提高数学分析能力的研究》课题。研究中,我们从"反思总结"和"实践实验"两个层面直接展开。

首先,我们反思总结学生作业出错多的原因:一是作业量大,学生疲于应付,认真思考的时间不够;二是重复性作业多,作业设计没有新意,学生不感兴趣;三是学生没有"温故"的习惯,对学过的知识常常遗忘;四是学生没有全面掌握新知识,不会应用新知识解决问题;五是学生的学习习惯不好,数学思维不严谨,粗心大意。

其次,我们根据以上原因找对策,展开实践性实验:一是作业布置"控量提质",不布置重复性作业,不布置书上的现成题目,所布置的作业都要经过适当的变式设计、难易搭配,让学生感受到"新意"和"挑战"。二是以课堂为引领,"授之以渔"。每节课的课前5分钟,教师会专门进行旧知识的复习,引领学生养成课下复习的好习惯。三是改革课堂教和学的方式,大量缩减教师的集中讲授时间,留出更多时间让学生进行数学思维的表达训练,进行数学计算的展示训练,把更多的练习放在课堂上完成。如此,学生出错的作业作为一种生成性教学资源,更多地展示在"同学"面前。生生评价纠错、教师适当点拨,都会引发学生思考,使其引以为戒。四是教师、学生人人建立错题集,教师要对学生的错误作业进行归类、分析,学生要对自己的学习进行持续性行为诊断,提高数学分析能力,养成良好的数学学习习惯。

实践是小课题研究的生命所在,"没有错误就没有真正意义上的学习"。心理学家盖耶认为:"谁不考虑尝试错误,不允许学生犯错误,就将错过最富有成效的学习时刻。"错误是正确的先导,错误是通向成功的阶梯。我们通过此课题的实践性实验研究,让学生亲自参与找错、辨错、议错、改错的学习过程,充分有效地利用这一重要的生成性资源,有效地拓展了师生教学相长、共同成长的空间,有力地促进了学生的自主学习,取得了学生的出错率大幅下降、数学能力大幅提高的显著成效。

案例二

针对小学三、四年级学生写起步作文的实际困难,我们开展了《关于小学中年级学生起步作文兴趣培养的方法研究》课题,在全面分析原因的基础上,直接投入作文兴趣培养的实践研究中。

1.换位阅读,赏评课文

课文是我们进行作文教学的最好范例,重要的是我们教学生"站在作者的角度赏评课文",从"换位阅读"中寻找写作的灵感。

2.以段落练笔入手

教师以范写引领,先进行分主题的段落练笔,让学生掌握基本的写作模式和方法。如,学习连话成段,表达一个中心意思;学习写文章的开头、正文、结尾;学习写事情的开端、过程、结局;学习基本的描写方法、记叙方法、抒情方法、议论方法等。

3.积极创造体验机会

生活经历单纯、情感体验单调、劳动实践空白是造成学生谈"文"色变、望"题"生畏的主要原因。因此,我们积极为学生创造体验生活的时机:让学生在假日走进自然,观察和体验不同季节的不同色彩,书写自己的感悟;让学生回家参加一项劳动,写写自己的做法和感受;对班上发生的事情,让学生及时地谈谈自己的看法并写出来……我们会专门制造一些"事端"、创设一些氛围,增加学生们的体验机会,由此引导学生把自己所见、所想、所感、所悟写出来。

4.仿写作文评析

教师提供一篇典型的仿写范文,提出明确的仿写要求,让学生进行有侧重的小作文仿写练笔,掌握基本的写作方法。

5.开展读书活动,建立积累本,养成积累好词好句好段的习惯

对于学生的积累情况,教师要进行阶段性的检查评比和交流互阅,在本班营造"爱读书、勤积累、比赶超"的浓厚氛围。此做法可以促进学生养成积累习作素材的良好习惯,对提高学生写作水平大有裨益。

实践是小课题研究的灵魂。在此项小课题研究中,我们以行动研究为主,以实践实验落实作文兴趣的培养方法,以方法提升学生对写作的兴趣,真正使三、四年级学生的写作水平大大提高,收效明显。

陶行知先生曾经说:"对于教育问题,用分析的客观的方法研究。将大问题分析为数十数百个小问题,每一个小问题至少有一人继续研究办理,如是,大问题也不难解决了。"小课题研究正是"基于教育案例、基于教学环节、基于实际问题"开展的"小问题"的行动研究,行动研究本身就是以实践为基础的。所以,实践性是小课题研究的灵魂。只要在实践中研究,在研究中实践,我们所做的小课题就会焕发生机,我们教师的专业素质就会明显提升。如此,全员实践,循环往复,积少成多,必将迎来教育教学改革的又一个春天。

例谈思想政治教学的教育针对性

在国际国内形势的深刻变化中成长起来的青少年一代,其思想道德品质也呈现出一系列新特点、新动向。一些消极因素,如行为失范、盲目拜金等,直接影响了少数未成年人的思想道德品质,引起了社会各界的广泛关注。从国家前途和民族发展的高度出发,切实加强未成年人的思想道德建设工作迫在眉睫。

思想政治课是学校进行德育的主渠道,政治教师要注重改善课堂教学,避免纯理论说教导致的知识和思想行为"两张皮"现象;要针对不同的教学内容,联系学生思想实际和生活实际,引导学生运用知识,反思自我,付诸行动,真正达到学思结合、知行统一的教育教学目的。

在此,我以《交友要讲原则》的课堂教学为例谈谈这一问题。

为了使学生掌握交友的原则并真正践行,我设计了如下录音材料和问题:

七年级的小红、小华、小军是同班同学,又是形影不离的好朋友。小军的邻居——青年小亮,初中毕业后闲散在家,每天课余时间都找他们三人玩耍,四个人成了好朋友。小红学习成绩优秀,经常帮助学习基础较差的小华补习功课;小华在学习上不断取得进步,心里很感激小红。

一天,小亮叫上小华等三人到了一个僻静处,掏出一盒"国宾",抽出四支,递给他们每人一支,说:"放松放松吧,感觉挺美的。从今往后,我带你们多找一些生活的乐趣。喝喝酒,体会体会醉的感觉;晚上到网吧上上网、聊聊天,玩上一夜;在夜市上'顺手牵羊'一次就够好几天花啦,每天学习有什么意思?"

小华马上接话:"好哇,是该放松放松了,每天学习真是活受罪!"他说着点着了烟。

小红的脸顿时憋得通红,想拒绝小亮,却又不知道怎么说才好。

小军把小华和小亮拉到一旁,对小亮说:"你不该这么做,你这样也不够朋友!"又对小华说:"小华,你不该学小亮,这样会毁了你自己,也辜负了小红对你的帮助呀!"小亮听后,突然给了小军一拳头……

1.以上事例中哪些人是益友,哪些人是诤友,哪些人是损友? 为什么?

2.诤友是不是益友? 为什么?

3.小华和小亮都是损友吗? 为什么?

4.你愿意与什么样的人交朋友? 你认为哪几种人不能与之交往? 为什么?

5.谁是你的诤友? 你是谁的诤友?

6.课下作业:编一个5分钟的短剧,使他们四人成为真正的好朋友。

我把这些问题放在课堂"体验领悟、合作交流"这一重点环节中。这个设计的创新点在于:(1)以"诤友是不是益友"引出了益友的实质;(2)针对"小华和小亮都是损友吗? 为什么?"这个问题,我用小军的言行启发学生,促进学生反思的同时,锻炼他们的逆向思维,引导他们全面看问题,为开辩论会做铺垫,并进行了有效的德育渗透。(3)布置的课下作业,符合未成年人可塑性强等特点,对存在恶习的同学也是一次无形且有力的精神激励,可起到促进其深入反思、知行统一的作用。(4)在小辩论会上,通过正反方的粗浅辩论,同学们认识到损友虽然有缺点,但我们要努力做他们的益友、诤友,像材料中的小军那样,用良好的行为去影响他们、感化他们,或者借助老师、家长的力量来帮助他们,逐步使其变好。要避免不讲原则是非、盲目从众、与损友同流合污。

在以上这些问题的教学中，我采用了材料分析法、讨论交流法、实践操作法等方法，组织合作学习活动，拉近了课本知识与学生实际生活的距离，自然地引导学生从课本走向生活，又从生活走向课本，使学生进一步认识到：品行败坏、不求上进、不思悔改的人要视之为损友，不可与之交往；但对于同学、朋友生活上的坏习惯、坏毛病，一定要想办法帮助他们改正，勇于做他们的净友、益友，而不与之同流合污。这样的教育方法既贴合学生交友实际，又起到举一反三、导思践行的作用，具有很强的教育针对性。

在《交友要讲原则》的部分教学环节，我除了引导学生结合实际认识到课文中的三个误区外，还让学生畅谈其他方面的误区，如：永恒的朋友是利益至上；形影不离的是朋友；帮助自己的是朋友；不讲是非、缄口保密的是朋友；谈得来的是朋友。通过畅谈，学生既加深了对课文中三个误区的理解，又拓展和补充了教材内容。这一节课贴合学生实际，具有现实教育意义。这样的思想政治课堂教学将"知识和生活实际"糅合在一起，针对性的教育效果自然而然就达成了。

我在政治课堂教学中引进"小辩论会"，让学生辩论"近墨者黑"的观点是否正确。在辩论中，学生加深了对知识的理解，提高了思想认识。学生认识到：青少年中的"损友"虽然有缺点，但要让他们"近朱而赤"，我们要主动做他们的净友、益友，用良好行为去影响他们、感化他们，使他们逐步变好。这节课同时也锻炼了学生的思辨能力和合作能力。课下作业是编一个5分钟的短剧，意在使学生巩固所学知识，反思自我。这也是增强本节课教学思想和教育针对性浓墨重彩的一笔。

总之，政治教师在教课本知识的过程中，一定要做到源于教材、高于教材，灵活处理教材，结合学生生活、心理实际，大胆拓展教材，使政治教学"从生活中来，到实践中去"，以增强教材知识的生命力，增强思想政治课教学的针对性和实效性，真正促进学生身心健康成长。

例谈初中道德与法治课堂教学与党史教育有效融合的教学方法

　　我们在思政课教学教研中一贯倡导"政史不分家"的教育理念和教学原则，即思政课教学中，教师要引导学生用政治原理、政治观点分析和说明史实，用史实证明政治原理、政治观点。党史是初中道德与法治课程的主要资源，是实现该课程教育教学目标必不可少的史实。在大中小学思政课中开展党史学习教育，是引导青少年学习党史，增强中国特色社会主义"四个自信"，厚植爱党、爱国、爱社会主义情感的重要途径，是落实思政课立德树人根本任务的重要环节，更是建党百余年在全社会开展党史学习教育、坚定信仰信念的内在要求。

　　但是，今天的初中生与党史的距离很远，如何在课堂上引导学生回顾历史、把握现在、展望未来，如何站在世界百年未有之大变局、党和国家事业发展全局，站在坚持和发展中国特色社会主义、建设社会主义现代化强国、实现中华民族伟大复兴的高度，依托初中道德与法治教材，有机、灵活、深入、有效地融合党史进行教学，是摆在我们当代思政课教师面前的重大课题。我们要积极探究初中道德与法治课堂教学与党史学习教育有效融合的教学方法，帮助初中学生学史明理、学史增信、学史崇德、学史力行，使其在思想上、行动上践行社会主义核心价值观，真正树立共产主义远大理想，努力成长为德智体美劳全面发展的社会主义建设者和接班人，成长为能够担当民族复兴大任的时代新人,成长为建设中华伟业的主力军。可以说,当代思政课教师的履职效果直接决定着实现"两个一百年"奋斗目标的伟大征程中的人才质量问题。在此,我将教学实践中初中道德与法治课堂教学与党史教育有效融合的部分教学方法与同行分享。

一、领会习近平总书记的讲话精神,探索教学方法

2019 年 3 月 18 日,习近平总书记在学校思想政治理论课教师座谈会上强调,推动思想政治理论课改革创新,要不断增强思政课的思想性、理论性和亲和力、针对性,并明确提出"八个相统一"的要求,这是思政教师开展教学的基本遵循。

1.集中讲述法

对于党史中的重大事件、马克思主义理论与中国国情相结合的创生理论等,必须经过教师的集中讲授、系统讲解,让学生将零散的知识点串接起来,形成系统性、整体性、规律性认识,进一步认识到社会主义核心价值观与西方国家价值观截然不同的根本原因,并感受到马克思主义真理的强大力量。寓史实于理论教学之中,寓价值观引导于知识传授之中,这就做到了坚持政治性和学理性相统一,坚持价值性和知识性相统一。

2.小组讨论法

对于与学生生活紧密相关的问题、社会热点话题等,要为学生提供实践调查的时间、表达观点的空间、进行讨论的平台,让学生直面各种错误观点和思潮,使他们养成常观察、善分析的习惯,从而站稳立场。把思政小课堂同社会大课堂结合起来,教师要充分参与学生讨论,帮助学生辨明是非曲直,向学生传达主流意识形态,引导学生立鸿鹄志、做奋斗者。这就做到了坚持主导性和主体性相统一,坚持建设性和批判性相统一,坚持理论性和实践性相统一。

3.问题启发法

对于教材内容和搜集的党史素材,要坚持"为目标所用,为育人所用",最忌

"为用素材而用素材",让素材牵着鼻子走。所以,围绕教学目标和育人目标,根据教学实况和学生特点,进行有针对性的、明确的问题设计,以启发学生思考并水到渠成地得出结论。这也是思政教学中最为常用的教学方法,不仅用在课堂上,还用在生活中、实践中。这就做到了坚持统一性和多样性相统一,坚持灌输性和启发性相统一,坚持显性教育和隐性教育相统一。

教学案例

九年级第一单元的教学主题是《富强与创新》,分为两课四部分内容。第一课时的教育教学目标有两点:了解改革开放提出的背景、发挥的重要作用、取得的重大经济成就等;了解改革开放的相关情况,全民共享改革开放的成果。教师在整体把握单元内容、课时目标、学情特征的基础上,明确第一课时《踏上强国之路》的讲述内容、需要讨论的问题和启发性内容。

第一课时的内容政策性强,与学生距离较远,需要教师加强对改革开放、共同富裕政策出台前后的时代背景的讲解。在"教师引导,师生互学"环节,引导学生提出"我国实施改革开放的原因是什么"的问题。教师就此问题进行必要讲述:一是 1978 年 12 月 18 日—12 月 22 日,党的十一届三中全会胜利召开(图片),从党和国家工作重心的转移(以阶级斗争为纲转向以经济建设为中心)、改革开放基本国策的确定等方面讲述,帮助学生理解当时我国发展进入新时期,改革开放是我党在国际国内和平与发展成为主题的时代背景下的正确判断和科学决策。实施改革开放,学人之长,补己之短,使我国经济飞跃发展,人民温饱问题得到解决,走向幸福,迈入小康(对比图片)。二是联系当前我国发展进入新时代、社会主要矛盾发生变化、人类命运共同体等内容进行讲解,帮助学生进一步理解"中国开放的大门将越开越大"。

接下来,在小组讨论环节,生生交流,师生互动,教师进行逆向提问:假如我国不实行改革开放基本国策,我们的生活现在可能是一种什么状况? 由此启发学生纵向思考,系统、动态地理解知识,进而总结出以下观点:40多年来,中国坚持改革开放国策,极大解放和发展了社会生产力;中国人民通过改革开放过上了幸福生活;改革开放不仅深刻改变了中国,也深刻影响着世界;中国的腾飞证明,改革开放是改变中国命运的关键抉择。

在本课时的教学中,教师主要采用的是集中讲述法、小组讨论法、问题启发法,很好地贯彻了习近平总书记提出的思政教学"八个相统一"的要求。

二、落实《义务教育道德与法治课程标准(2022年版)》,探索教学方法

初中道德与法治课程是一门以初中学生生活为基础,以引导和促进初中学生思想品德发展为根本目的的综合性课程,突出了思想性、人文性、实践性和综合性,思政教师要准确把握课程性质,全面落实课程目标,在教学方法的选择上,要秉持课程理念,理清课程设计思路,围绕课程目标,吃透课程内容,落实实施建议,努力达成课堂教学目标。

1.资源提炼法

《义务教育道德与法治课程标准(2022年版)》(以下简称《课程标准》)中"课程资源开发与利用"明确指出:"课程资源的选择要立足学生实际,重视资源的典型性和适切性,注重知识性与价值性有机统一,发挥课程资源促进学生发展的育人价值。"教师要善于发现和利用校内教育资源,如校园文化资源;也要善于搜集和利用校外社会资源、时事政治资源,如社会现象、国家政策等;还要善于展示和利用学生搜集整理的资源,如图片、视频、故事等,围绕教学目标进行资源整合,提炼有用资源服务于教学。

2.情境体验法

《课程标准》在"课程实施"的"教学建议"中明确指出,要"丰富学生实践体验,促进知行合一"。没有亲身体验,就没有深刻感悟。组织学生参与各方面的实践,

填补他们"经历""历练"的空白；或者创设情境,让学生置身其中,模拟角色、体验过程、生发情感。这些方法对学生理解党史和政治理论具有直接的帮助作用。

3.主题教学法

《课程标准》在"实施建议"中明确指出,要"积极探索议题式、体验式、项目式等多种教学方法,引导学生参与体验,促进感悟与建构"。我们在教学中可以采用主题教学法,实施单元教学或专题教学,即根据教材的同主题内容或时事专题,由易到难、由简到繁、由基础到提升,重组教学内容,特别要联系学生思想实际和生活实际预设开放性学习活动,鼓励学生积极探索相关领域的各方面知识,培养学生自主涉猎、自主梳理、自主提炼能力,形成团结合作、主动交流、深度思考等学习习惯。

教学案例

在教学统编版九年级上册第四单元第七课《中华一家亲》时,教师将教材内容与时事热点结合起来,重新编排教学内容,注重学生的自主探究与情境体验。如:为加深学生对"促进民族团结"的理解,安排了"课堂小舞台"环节,让学生举办"民族风俗习惯课堂 Party",学生有的用多媒体辅助,展示民族服饰、歌谣、舞蹈,有的制作道具,展示饮食、民居、特产,有的分角色扮演,绘声绘色地讲述革命故事……利用课堂生成,教师顺势引导,引入中国共产党与少数民族和谐相处的故事,长征路上少数民族对红军战士的无私帮助,毛泽东、周恩来等国家领导人情系少数民族,等等,再播放微视频《"一"往情深》,让"习景再现":一支饱含祝福的鼓棒——"让幸福的佤族村更加幸福";一直以来的心愿——"让各族群众都过上好日子";一封热情洋溢的回信——"我很高兴地看到了乌兰牧骑的成长与进步";一句深入人心的话语——"促进各民族像石榴籽一样紧紧抱在一起"。习近平总书记亲切的脸庞、熟悉的声音、掷地有声的话语直击学生心扉,好像在和学生直接对话。学生在此情此景中,进一步理解了中华文明植根于"和而不同"的多民族文化沃土,理解了"促进民族团结、走向共同繁荣是社会主义民族关系的必由之路"的含义。

本单元的教学,教师采用了主题教学法,实施单元整体教学和专题教学,辅之以资源提炼法和情境体验法,鼓励学生自主涉猎学习资源、自主整理探究成果,教师重视并及时合理处理课堂生成,顺利实现了教育教学目标。

三、基于道德与法治教材,探索教学方法

叶圣陶先生说:"教材无非是个例子。"这个观点在初中道德与法治教学中同样适用。把党史融入思政课堂,就是在坚定学生对马克思主义的信仰、对中国特色社会主义的信念、对实现中华民族伟大复兴的中国梦的信心,就是在培养学生的社会主义核心价值观核心素养,在培养学生的爱国情、强国志、报国行。道德是人内心的一种体验,必须靠"养"来形成。单纯的道德说教可能会导致道德观念与道德行为的相互背离。统编版道德与法治教材坚持问题导向、价值引领、育人为本,更有利于教师将党史学习教育深度融于教学中,这也是思政教师运用合理的教学方法、运用教材、用好教材、优化思政课堂,回答好"培养什么人,怎样培养人,为谁培养人"时代课题的基本落脚点。

1.论坛教学法

教材编写的逻辑思路很清晰:创设情境,以经验引入—直面矛盾和困惑—进行道德判断和价值选择—体验道德成长—展示相关行为和行为能力及指导方法。小栏目的设置为教学预设和组织课堂提供了思路。《运用你的经验》栏目均放在每一课的开头,对于教师养成联系生活实际开展教学的习惯具有积极引导作用。《探究与分享》《阅读感悟》《相关链接》《方法与技能》等小栏目设计,都贯穿着一条"生活经验引领学习"的线索,为不同层次的学生表达、交流生活经验提供了话语空间,也拓展了学生的认知视野,同时为教师进行针对性指导、教育做好铺垫。最后的《拓展空间》栏目,将师生的眼光和思维从课内引向课外,让大家去关注更为丰富的生活和更加广阔的社会。

为了将这一思路很好地贯彻实施,教师应认真落实每一单元的综合性学习课型,让学生通过论坛、辩论会等形式,"七嘴八舌吐露心声""面红耳赤舌战群儒"——交流思想,阐明观点,展示资料,书写收获。此设计对于提高学生的思辨能力、价值认识不无裨益。

2.案例教学法

这里主要指"一课一例"的案例教学,意即"一例"要贯穿教育和教学,贯穿整节课;要将这个案例融入教学重点,融入教学环节;对于这个案例的问题设计,要紧密结合教育教学目标,紧密结合教学重点,紧密结合教学难点,要做到问题举一反三,能从多个侧面设问、多个侧面理解,把这个案例用透。与之相对的是"他例"。"他例"是教师在备课中采用的其他辅助性案例,也可以是课堂上生成的案例资源,为教学的某一个环节服务,或为同一内容的不同观点做支撑。

3.评价激励法

建构主义、人本主义、多元智能理论等教育教学理论,都把评价激励置于教学的突出位置。道德与法治教材本身具有鲜明的思想性、教育性和实践性,教师在运用教材组织课堂教学中,要充分发挥评价激励的教育作用,将党史学习教育素材作为道德与法治教材的补充内容、支撑内容,对学生搜集、整理、运用党史材料的情况进行多元评价,同时为学生总结概括党史内容提供充足时间。

教学案例

在教学统编版道德与法治九年级上册第三单元第五课《守望精神家园》时,教师在认真研究教材《探究与分享》的基础上,确定以毛泽东同志的相关情况为主题案例。学生在预习教材的基础上,从毛泽东同志的家庭成员、家风家教、以身作则、团结少数民族、结交国际友人、对待革命英雄和干部同志、领导中国革命、缔造新中国等不同的方面收集、整理学习材料,用以说明教材中关于"弘扬中华美德""弘扬民族精神""培育和践行社会主义核心价值观"中的一个或几个观点。这样,既加深了学生对以毛泽东同志为代表的领导人、革命者的认识和了解,也打开了学生对党史知识与教材理论观点互为补充、互为支撑的思维空间。

接下来,学生以小组展示比拼的方式,分为两大阵营,展开辩论。

正方观点:社会主义核心价值观是具体的,体现在生活的方方面面。

反方观点:社会主义核心价值观太宏大了,生活中没法照着做。

最后,由五名学生组成的仲裁组进行归纳总结,教师进行正向引领:社会主义核心价值观与日常生活紧密联系,我们青少年要从细处、从小处落实,大家处于人生价值观形成的关键时期,人生的扣子从一开始就要扣好。我们要自觉做到勤于学习、敏于思考,注重修养、勇于实践,明辨是非、善于选择,认真做事、踏实做人,心怀祖国、心怀人民、忠于中国共产党,这就是在践行社会主义核心价值观。

最后,课堂在师生齐诵《少年中国说》中结束,"少年强则国强,少年有志则国振兴,构筑中国价值,中国少年当争先"信念的种子植在了学生心田。

道德与法治教材文本内容有限,但影响深远,一旦与历史的、现实的内容相结合,一旦与师生的思想和灵魂相碰撞,就变成了强大的"活"的力量,对初中生塑造马克思主义的世界观、人生观、价值观,具有积极影响。

初中生正处于人生的"拔节孕穗期",思政教师要深入探索道德与法治课堂教学与党史学习教育有效融合的教学方法,把道理讲深、讲透、讲活,这是我们的历史责任,更是我们的光荣使命。

云平台环境下微课开发与应用策略的探索

互联网在各行各业的应用,不仅改变了生产方式,而且改变了人们的生活方式。相比之下,教育行业的信息应用程度就显得滞后,特别是在欠发达地区。阳泉教育资源公共服务平台为我们开展网络教学提供了资源支撑,微课是网络环境下互动教学的必要形式,微课的开发和应用是教学改革的重点。所以,我们积极探索云平台环境下微课开发与应用的策略。

一、"云平台+微课"教学模式

课前在云平台上发布学习任务,引导学生进行前置性学习,用微视频展示学习成果,用平台功能自动统计学习效果;课中用统计数据展示学情起点,以学生展示讲解为主要形式,采用"互教"的策略开展深度学习,用微视频记录学生的课堂表现;课后在作业盒子上布置一些巩固性练习,用微视频分享学习经验。无论是课前的前置性学习,还是课中的深度学习,乃至课后的巩固性学习,都离不开微视频。因此,微课的开发与应用促进了"云平台+微课"教学模式的实践与推广。

(一)微课类型例析

微课,就是要让教师在较短的时间内运用最恰当的教学方法和策略讲清讲透一个知识点,让学生在最短的时间内按自己的学习方式掌握和理解一个有价值的知识点。

1.知识生成型微课

戎芳芳老师在认真分析教材后,设计制作了《24时计时法》微课,并设置了一条线索——小明的一天。在讲授中,她突出重点内容,着重进行主干知识——24时计时法的讲解与剖析。语言抑扬顿挫,富有感染力,在5分钟内圆满完成本知识点的教授及应用任务,并注重小结,用简短的语言对一节课的知识和学习方法进行了精要的归纳。整堂微课结构完整、讲解到位。

2.解题研究型微课

戎芳芳老师就"植树问题"做了一节微课,先是讲解这一题型的特点(如"两端都栽""两端都不栽""一端栽一端不栽")及解题方法。之后通过三个典型例题,灵活运用方法,借助规律、公式进行巩固。她将整堂微课内容化繁为简、化难为易,给学生留下了深刻的印象。

3.课堂设计型微课

侯帅宇老师将自己的尝试聚焦于六年级上册的《数与形》。本节内容对于培养学生的数学素养有积极作用。本节微课将课堂上20分钟的讲解过程,浓缩在5分钟的视频中,方便学生最大限度地利用剩余时间交流、学习,即所谓的"5分钟完成一次学习,300秒经历一次思考"。

(二)微课开发与应用的理念

1.面向全体学生

学生对基于网络的云平台教学方式天生就有一种亲切感,云平台教学激发了学生的学习兴趣。与之相适应的微课开发务必面向全体学生,从学生角度出发,站在学生的立场,尊重学生的天性,遵循学生的成长规律,从而进一步提升学生的学习兴趣,以达到教学目的。

2.体现分层教学

由于各种因素,学生层次差异较大。针对这种情况,我们在开发过程中应着意将微课分为基础部分、拓展部分两个层次，以满足不同层次学生的学习需求。

（三）微课开发与应用的方法

1.微课开发的内容

微课是微型课，是课程内容精华部分的浓缩。那么，哪些是"精华部分"呢？每节课的重点、难点、易错点、易混点、易考点、兴趣点、实践点等都是精华部分。

2.微课开发的方法

制作微课的手段很多：利用手机、摄像机等拍摄制作微课，利用录屏软件、屏幕录制专家等软件制作微课，利用教室白板录制功能制作微课等。制作主体可以是教师、学生或家长。除此之外，还可以采用"拿来+修改"的方式，将教材的配套微课资源、国家教育资源公共服务平台上的资源、山西省基础教育网资源平台上的资源下载、修改，开发成适合自己教学所需的微课资源。

3.微课开发的注意事项

选取的知识点必须是需要教师讲授学生才能学会的内容，微课演示时间把控在6分钟以内，要精心设计好配套的"学习任务单"，并配上相关的微练习，以便巩固学习效果。

（四）"云平台+微课"教学模式的应用

课前、课中、课后，分别将微课投放在阳泉教育资源公共服务平台的"班级学习空间"，固化为教学模式，然后加以灵活应用。

1.将微课嵌入课前，使之成为学生预习的载体

课前预习如何做才能达到好的效果？利用云平台教学，让学生把观看微课学习作为预习的主要内容，学生在微课视频的指导下，通过自主学习、探究学习，逐步完成任务。微课成为学生预习的载体，为教师摸清学情、提高课堂效率奠定了基础。

2.将微课嵌入课堂，使之成为学生自主学习的助手

"教学有法，教无定法。"新课程教学强调学生的主体地位，教师是学生学习的

引导者,微课是他们的学习"支架"。通过云平台教学客户端的应用,将微课嵌入课堂,学生可以及时回看重难点讲解、练习帮助等。让学生倚仗学习"支架",提高获取信息、交流信息、处理信息的能力,这也是现代信息社会公民的必备素养。

3.将微课嵌入课后,使之成为学生自主巩固的帮手

复习巩固是学习当中的一个重要环节。孔子曰"学而时习之""温故而知新"。传统教学模式下,学生课后的复习往往缺少指导,有问题得不到及时解决。基于云平台教学的微课可以把"教师"带回家,学生可以再次聆听"教师"对课程的讲解、重难点指导等。

研究、开发微课的最终目的是培养学生的自主学习习惯和自主学习能力。在实践中,我们基本掌握了制作微课的方法,达到了精细加工、学以致用。

二、云平台环境下微课开发与应用的教学策略

(一)基于文本的自主性学习方式——前置性学习

学生是学习的主体,信息技术支持下,学生学习方式的改变首先体现在前置性学习上。前置性学习源于预习但又高于预习,我们平常的预习对学生自学能力的要求比较高,由于受时空的限制,教师不能及时进行指导,对学生的预习过程缺乏了解,师生在预习中很难产生思维碰撞,导致预习往往浮于表面、流于形式。而云平台环境下的前置性学习是一种全方位、自主化学习方式。学生可以根据自己的需要自主安排学习时间,自主选择学习项目,自主调整学习进度,自主开展对话交流,最终实现由"零起点"到"非零起点"的过渡。

(二)基于单元的协作式学习环境——网络班级

云平台环境下的学习是一种协作式学习。学生在网络班级中,以协作小组为单位开展学习活动,在学习活动中可以丰富感性认识,激发理性思维,获得积极体验,真正实现由"要我学"到"我要学"的转变。网络教学,逐渐成为我们的一种教

学常态；网络学习，逐渐成为学生的一种学习常态。

（三）基于问题的个性化学习途径——问题导向

云平台环境下的学习是一种个性化学习。学生在教师"预设问题"的引领下，在"同伴""生成问题"的启发中，尝试用学科的眼光观察问题、从学科的角度思考问题、用学科的语言表达问题，从"学会"到"会学"，能力不断提升。云平台，在师生之间、生生之间搭建了一座沟通的桥梁，学生的学习不再拘泥于一个结果，也不满足于一点知识，而是更加注重思维的过程、方法的创新和语言的表达，这种个性化的学习方式很好地促进了学生综合素养的发展。

（四）基于话题的交互式学习方法——民主讨论

云平台环境下的学习是一种交互式学习。在交互式学习过程中，充分的民主讨论成为可能，不受任何时空、人为因素的限制，师生交互、生生交互、班内外交互等民主讨论形式不断生成新的资源，不同层次、不同接受能力的学生可以"各取所需"。在组织教学中，我们采取全程监控和个别指导相结合的原则，采取鼓励式教育，增强学生的学习自信；通过点拨式讲解，引导提升学生的思维品质；借助对话式交流，促进观念的转变，实现了由"会学"到"乐学"的跨越。云平台，为教育提供了一个民主和谐的交流氛围，教师可以在即时检测、适时引导、及时点拨的过程中轻松完成教学任务；学生可以在视频展示、对话交流、自我修正中改善学习方法；学生还可以在视频回放、参照比对中寻找差距，转变观念。

三、云平台环境下微课开发与应用的教师成长策略

教师走过了"拒微课—试微课—借微课—做微课—爱微课"的心路历程，其信息化教学素养在逐渐提升。

（一）"微课"助力教师提升信息技术能力

1."微课"阅读，帮助教师了解教育资源公共服务平台的丰富资源。

2."微课"修改,使"微课"为"我"所用,帮助教师克服畏难情绪。

3."微课"应用,提高教师整合资源、开展教学的能力。

4."微课"创制,帮助教师"研标扣本",提炼重点、难点、关键点,从学生学习需要出发,创制新微课,提升自身的信息技术核心素养。

（二）云平台媒介助力课堂教学改革

"微课"在课堂上的科学、合理、有效应用,对于课堂教学改革有着重要的作用。"微课"一旦依托阳泉教育资源公共服务平台,其辐射大、覆盖面广、反复被应用等特点就会充分显示出来。最为鲜明的一点是,"微课"可以实现"慕课""翻转课堂",真正颠覆"填鸭式""满堂灌"的教学方式,真正激发学生的学习自主性,满足不同层次学生的学习需求。

1.云平台和"微课"结合,课堂教学的时空局限变为零。

2.云平台和"微课"结合,网络课程的创建成为师生的共同成果。

3.云平台和"微课"结合,师生开启新的平等和对话之旅。

4.云平台和"微课"结合,学生思维人人"可视",压制与陪读化为乌有。

（三）实践反思

1.教师的信息化素养亟待提升。教师要有意识地把"微课"等信息化教育教学资源运用于课堂教学,有效地将提升学生的现代信息能力素养落实于课堂教学。

2.教师的积累意识亟须增强。教师要建立自己的教育教学资源库,培养积累意识,努力营造有"活水"、有"活力"的课堂,把信息技术真正融入课堂教学。

3.受到教师教学手段单一化的限制,学生的信息素养潜力还未发挥出来。突破现实羁绊,在云平台环境下,实现教师、学生"双主体"的微课开发与应用,是我们努力的方向。

4.对于学生反馈的问题,诸如希望从概念、原理、例题、难点、重点、易错题等方面设计微课,我们要针对性解决,努力满足学生的个性化学习需求。

　　基于云平台教学的微课开发与应用，解决了教授传统学科课程的弊端，更好地培养了学生的自主学习能力，同时满足了学生的个体差异和需求。尤其是当前云平台教学环境下的微课，既可以作为独立的"微课程学习包"，又可以承担"课程补丁"的功效，在我们预习、教学、复习阶段发挥灵活、高效的教学作用。微课并不仅仅是技术开发与应用的过程，更是一个在先进教育理念支持下的、在精细教学设计方法指导下的一项创造性工作，其关键在教师。教师要在服务学生提升学习能力、服务课程精神全面实施、促进自己专业成长等方面多做研究，在坚持不懈地学习、积累和思考中，彰显现代教育之无限魅力。

利用云平台环境实现教学方式
改革的实践与思考

随着信息技术的飞速发展,互联网在深刻地改变着世界,改变着人们的生活,但总的来讲,对农村学校教育教学的影响却不够深刻。如,阳泉市教育资源公共服务平台建起已有数年,翻转课堂教学模式已在国外、国内一线城市盛行,而我们当地的教育还以传统的课堂教学方式为主,现代信息技术含量不高,课程改革不够深入,学生的学习自主性不强,因此,教育教学质量受到影响。基于此,我们课题组在阳泉教育资源公共服务平台和学科教学之间找到契合点,确立了《基于云平台的小学数学微课资源开发与应用的研究》的课题。第一,我们对平定县实验小学校的学生进行了家庭信息化设备普及程度抽样调查,调查结果显示,电脑普及率达75%,智能移动设备(智能手机)普及率达90%以上,并且50%以上的学生经常使用这些设备,可见,移动学习的发展有很大的空间,同时也将使学生在学习上更加自主、轻松和快乐。第二,我们对当前以传统教学方式为主的班级授课制的优势、劣势进行了全面分析,发现近30%的学生在课堂上经常被忽略或忽视,其学习自主性、积极性很低,特别是在大班额班级更是如此。基于以上调查和分析,我们课题组将开发的小学数学微课资源投放在云平台学习空间,便于学生个性化、自主性学习,在一定程度上促进了教育教学方式的改革,取得了一定成果。

一、利用云平台学习空间,优化学生预习形式

"温故而知新,可以为师矣。"大多数教师会给学生布置预习任务,但在调查中发现,对于教师口头布置的预习任务,多达90%的学生"不会当回事儿",因为没有预习载体,更没有预习兴趣,说出来的原因是"作业多,顾不上"。因此,教师的教学总是停留在"没有温故,完全新授"的状态,教学效果大打折扣。

我们在研究实践中,利用云平台学习空间,以"微课+问题"的方式安排预习内容,架起新旧知识之间的桥梁,使学生变换了预习环境,明确了预习载体,聚集了预习同伴,预习真正变成了前置性自学和讨论学习,为新课的学习奠定了基础。如,戎芳芳老师在教学《24时计时法》时,在新授课的前几天就把微视频《小红的一天》放在学习空间,并提出了以下引导性问题:

1.晚上12点到中午12点经过了几个小时? 中午12点到晚上12点经过了几个小时?

2.两个12点一样吗?

3.一天是从什么时候开始的?

从网络统计数据看,这个内容的学习参与率为73.1%,讨论参与率为51%,视频观看率为67.4%,任务完成率为77.6%。从讨论帖中可以看出,一部分孩子是在和同伴的讨论中弄清了问题,完成了任务,有的孩子看视频达到8次! 这样的预习有载体、有自主性、有思考,预习的优化效果不言而喻。

二、利用云平台学习空间,改良学生作业形式

"纸上得来终觉浅,绝知此事要躬行。"教师设计、布置作业和学生完成、上交作业成为硬性任务。但在升学率的催化下,二者的矛盾愈演愈烈,甚至家长、领导都为此伤脑筋。

"学习金字塔"理论中效率最高层是"讲给别人听"（Teach Others）。我们在研究实践中,利用云平台学习空间,以"小老师开讲啦"的视频反馈方式安排展示性作业,架起了家长和老师合力共育学生的桥梁,变换了学生完成作业的形式,把写作业变成讲作业,让孩子成为主讲人、家长成为摄像师。这样,孩子以巩固所学新知为目的讲作业,不仅讲题意、讲思路、讲方法、讲过程、讲结果,讲一题多解,还要板书（很多家长为方便孩子讲课,为孩子买了小黑板、粉笔等）,还有的家庭制作了教具、准备了实物演示实验等,家长把孩子的讲课视频发在学习空间、微信群,师生共赏共学,点击量短时间飙升。虽然孩子只讲了一个问题,但他是真懂了、学透了,而原来"题海战术"式的作业被摒弃了,家庭作业得到真正意义上的改良。而且,每个学生不仅是学习者,还是网络学习资源的创造者,有效培养了学生的独立思考能力、求异思维、创新能力。家长,不仅是学生家庭作业的监督者,更成为帮助者、合作者、第一听众、欣赏者,这极大地增强了家长在孩子学习生活中的责任意识、担当意识、与孩子共成长的意识。

三、利用云平台学习空间,转变教学方式

"有教无类""因材施教""三人行,必有我师""敏而好学,不耻下问"……很多科学的教育原则、教学方法常被教师挂在嘴上;"以生为本""开展讨论式教学""构建民主课堂"等理念也常常见诸教师的教案。但是,反观我们的课堂,主流风格还是停留在"一支粉笔一张嘴,一块黑板讲到底"的教师主讲、学生主听的状态。教师在课堂上80%的时间是关注自己准备的教学内容是否讲完,学生的个性化体验难以引起重视,教师教的方式并没有得到根本性转变。

古人言:凡事预则立,不预则废。今人言:计划的制订比计划本身更为重要。有针对性、有计划的学习有利于问题的解决,学习效果自然会增强。我们在研究实践中,利用云平台学习空间,组织学生开展网络学习,围绕某一个教学内容,课前有

前置性学习课程，课中有针对学生反馈的难点、疑惑点的微课，课后有针对知识点的巩固性作业课程，课程设计注意层次性，不同层次的学生在学习空间里可以根据自身情况，有选择性地学习，既可以选择内容，还可以选择时间。云平台学习空间的以上特点促使教师从备课环节就开始密切关注学生，再根据学生的反馈情况设计下一个网络课程，准备课堂教学内容，注意调整方法，使教学由"盲目型"变为"目标型"，从而更具有针对性。如，戎老师通过《24 时计时法》前置性任务的完成情况了解学情起点：大部分孩子都知道一天中时针要转两圈，共有 24 个小时，每圈 12 个小时；在"预习一"的"一天是从什么时候开始的"问题调查中，有 13% 的孩子不能准确判定一天的起点和终点，因此，要将"0 时"的教学作为课堂教学的重点；在"预习二"的两种计时法的互换检测中，各题的正确率均低于 70%，因此，要将两种计时法的转换作为课堂教学的关键点和训练的侧重点。云平台学习空间使师生通过空间自主学习、评价反馈，提升了信息素养，提高了课堂教学效率与质量。

四、利用云平台学习空间，提升师生素养

马斯洛的需求层次理论是人本主义科学的理论之一，其将人类的需求从低到高按层次分为 5 种，分别是生理需求、安全需求、社交需求、尊重需求和自我实现需求。亲师信道，师生关系和谐、亲密，必是因为师者满足了学生的各层次需求，体现了育人的真诚和无私，讲究育人的艺术性。我们在研究实践中，利用云平台学习空间，真正做到了师生平等，教师又为"平等中的首席"，扮演着学生学习的帮助者、欣赏者、点拨者、引领者、陪伴者等角色。学习空间中的学习资源，既有教师的，又有学生的。如，在"小老师开讲啦"学习活动中，很多学生把自己的讲课视频上传至空间，成为师生的学习资源，老师和孩子们共同成为欣赏者、点评者。这样，每个孩子都在同学和老师你一言我一语的赞美、鼓励、提醒中进步，每个孩子都看到了"同伴眼中的我""老师眼中的我"。情感的力量是不可估量的，当学生的情感被激

活之后,其非智力因素就会综合发挥作用,其学习的自信心和幸福指数会明显提高。我们深刻地感受到,提升师生三个方面、六大素养、十八个基本点的核心素养,情感交融是纽带,这可能就是网络空间交流无障碍的有力见证。运用新技术、新策略,使课堂更高端,学生在新技术的带领下,在玩中学,在学中玩,进步显著。

诚然,我们在课题研究实践中探索到了一些利用云平台环境推动和促进教学方式改革的路径和做法,在实验班级取得了一些成效,对同行有所带动和启示,但从阳泉教育资源公共服务平台的推广应用情况看,还存在理念滞后、设备参差不齐、技术不够、管理松散等问题,这些问题的解决还需要机制保障、责任落实、成果推广、行政干预等手段的跟进。教育部《教育信息化 2.0 行动计划》提出了"三全两高一大"的发展目标,我们全体教育人应当顺应新时代的发展,在工作中认真落实相关要求,以更好地满足个性化学习需要为目标,在融合应用中创新,从我做起,全面提升我们的信息素养,做紧跟时代发展的合格教育工作者。

提高学生核心素养的有效途径——阅读

有幸参加矿区"'阅读童年　智慧人生'红岭湾小学读书推进现场会"暨"'幸福悦读'主题实践活动校本化研究课题实践展示会"。会议的内容主要有实践资料展台展示、课间诵读展示、课堂教学展示、经验交流展示、专家点评讲话等,流程严谨,内容丰富,使我大开眼界,收获颇多,感悟颇深。

且不说课题引领、开放借阅、璀璨星光、读写脚印、午读晚诵、循环阅读、三读共生、悦读悦写、创意无限、硕果盈枝等板块的资料展区,不说孩子们在课间声势浩大的集体诵读,不说校长在《书香文化　红岭梦想》讲话中谈到的推进"幸福悦读"落地生根十大举措,单是王秀丽老师执教的"《格列佛游记》阅读交流课"就已经使我倍感幸福,陷入深思。

王老师展示的阅读交流课,紧紧围绕《格列佛游记》,采用"畅聊分享"的方式,组织学生开展了四个环节的交流:畅聊分享"小角色"、畅聊分享"小片段"、畅聊分享"小疑问"、畅聊分享"小成果"。整节课上,学生们争先恐后、表现积极、声情并茂,一双双小手高高举起;起立抢答的孩子越来越多,他们的脸上洋溢着自信的神情,眼睛里散发出自信的光芒……为了满足孩子们踊跃表现的心愿,王老师适时地创设"小组交流"环节。放眼整个教室,没有一个孩子走神,大家专注地盯着发言者,发言者也积极地回应着大家的期待。

"我看出了国王……非常可恶……"

"我看出了国王是一个热爱和平的人……"

——这是两个孩子对国王角色的不同解读。

"我认为这个村子里的村民很凶……"

"我认为这些说明了村民们很团结……"

——这是两个孩子对村民们的不同看法。

5个孩子走上讲台讲述故事情节和自己的观点,清脆的声音伴着自然的态势,表达流畅,观点鲜明,俨然一个个经过训练的讲解员。孩子们把自己的读书心得卡片贴在黑板上,15张卡片大小不一,形状各异,色彩斑斓,彰显着孩子们善思求异的思维。

这就是典型的、真正的学生自主学习、自主展示,这就是课堂上思维的碰撞、新知的生成,学生自主学习方式的特征凸显出来了,教学效果不言而喻。

课上,教师的组织引导语言简练而精准,或引导学生答疑解惑,或引导学生转换思维,或提醒学生声音要洪亮,完全服务于课堂教学,基本没有多余的言辞,这也为课堂上孩子们尽情展示交流节省了大量的时间。因此,作为"阅读交流课",这堂课定位准确,课堂模式成熟,学生聊得畅快,分享充分,教育教学目标顺利达成,着实是一节成功的阅读交流课。

之所以说这节课是成功的,还因为这节课真正提高了学生多方面的核心素养。孩子们因为同读了一本书,有了共同的"经历和见识",有了"共同语言",他们会在"共同语言"领域讨论、争辩,表达自己的观点,还会写心得、写体会,在你一言我一语中形成共生趋同的、健康向上的价值观。教师的点拨引导,将社会主义核心价值观的种子一颗颗种在孩子的心田,植入孩子的灵魂,使孩子们的思想认识升华。孩子们的核心素养会随着阅读量的丰富而逐步提高,最终成为能够担当民族复兴大任的时代新人。

红岭湾小学推广的"三读共生"模式,学生自读是基础,师生共读和亲子阅读是手段,是促进学生自读成为习惯的手段。学生自读本身就是学生"自主发展"核心素养形成的方式之一,这种良好的习惯会使学生走在学会学习、健康生活的人生之路上;学生自读无疑会奠定学生坚实的"文化基础",在大量的阅读中夯实学生的"人文底蕴",提振学生的"科学精神";学生自读会把学生置于广泛的"社会参与"之中,潜移默化中培养学生的责任担当意识和实践创新精神。可见,阅读对于帮助学生积淀三大领域六个方面的核心素养不无裨益。

同时,师生共读、亲子阅读也会使老师与学生、父母与孩子拥有"共同阅历""共同语言",从而使存在于双方之间的"代沟"缩小,许多令家长烦恼、令教师头疼的摩擦、矛盾、问题和困难迎刃而解! 在这个过程中,学生的核心素养提高了,教师、家长的核心素养是不是也在潜移默化中提升了? 答案是肯定的!

高考改革正在如火如荼地进行,教育部原基础教育司司长、国家副总督学王文湛认为,高考的重头戏是语文,语文的重头戏是作文。语文教育教学将承担更重要的任务:一是培养学生学习、使用祖国语言的能力;二是进行思想教育,语文的思想教育任务不小于政治;三是培养学生的多种能力,培养学生获取新的知识、搜集处理信息、分析解决问题、用语言文字表达的能力;四是语文是进行中华优秀传统文化教育的重要载体。《人民日报》曾直接指出当前我国学生阅读量过少的问题,明确今后要增加阅读量:小学生在家长、老师的陪伴下阅读;中学生阅读名著名篇;今后基础教育的考试难度要降低,广度要增加,即通过阅读来解决广度问题。高考改革后,语文、数学、外语三大学科,只有语文的广度、难度提升,语文成绩在高考中最容易拉开学生的档次。而语文成绩的提高需要长期积累,尤其是对文章的理解能力要靠长期的阅读积累,书面表达能力要靠长期的写作积累。所以,对于语文学科,小学不抓,中考就会后悔;中学不抓,高考就会吃亏。不光是考试,就是在日常生活中,语文的作用依然很大。因此,一个人的语文水平,不仅关乎考途成败,还关乎一生的成败。

《义务教育语文课程标准》(以下简称《语文课程标准》)在"课程理念"中提道:创设丰富多样的学习情境,设计富有挑战性的学习任务,激发学生的好奇心、想象力、求知欲,促进学生自主、合作、探究学习。明确了小学低段、中段、高段、初中四个阶段关于"识字与写字""阅读与鉴赏""表达与交流""梳理与探究"等的教育教学标准。提倡少做题,多读书,好读书,读好书,读整本书,鼓励学生自主选择阅读材料。按照《语文课程标准》的要求,反思我们的语文教学现状,阅读教学一直是短板。矿区教育局设立的"阅读童年 智慧人生"读书工程值得借鉴,矿区红岭湾小学扎实推进"幸福悦读"的做法值得推广,通过多种策略帮助师生养成良好的阅读习惯,对提升师生的核心素养有着积极而深远的意义。

教育同行们,行动起来吧!重视并抓好阅读,是提高学生核心素养的有效途径,也是教师专业发展的幸福之路!

学生随时纠错是自主、民主课堂的特征

案例一：

数学课堂上,老师口述练习题,学生记笔记:个位数是 3、6、8,十位数是 2、4、9,请把组成的所有的两位数写下来。

老师指名两个学生板演,其他学生在练习本上完成。

板演一:32　34　39　62　64　69　82　84　89

板演二:32　34　39　62　64　69　82　84　89　23　26　28　43　46

老师在巡查中面批了 18 名学生的练习,面批后直接放下了练习本,说明都对。而后老师走上讲台,和学生一起检查两名板演学生的练习。

"第一位同学板演得对不对?"老师问。"对!""不对!"

学生有不同的声音。老师没有给出结论,而是指着第二名同学的板演问:"这个对不对?""不对!"同学们异口同声地说。

就这样,前半节课在混乱中度过。

案例二：

老师在写应用题算式时,边板书边表达:"8 只白兔+2 只黑兔＝8 只兔。"在写到等号时老师才开始说"8 只白兔加……"不经意间把算式的和写成了"8",接着就进行下一个环节了。

下一环节正在进行中，一个小男孩突然冒出了一句话："老师，8 加 2 等于 8？"老师扭头一看："啊！老师太粗心了，你真认真，老师向你学习。"然后顺手改正了板书。小男孩被表扬，美滋滋地笑了。

以上两个案例的对比应当引起我们的思考。第一，老师在课堂教学中应非常严谨，不该出错。以上问题确实在所难免（有经验的老师还会用故意出错的方式集中学生上课的注意力），关键是出现这样的问题时，该怎么处理才科学、有效？案例二中的老师平等地倾听学生的"冒犯之语"，诚实地改正自己的错误，敢于批评自我，积极表扬孩子，这种平等意识和民主意识正是我们学习的范本之一。

其二，自主课堂应当是使生命灵动的课堂，学生能够随时纠错是自主、民主课堂的特征之一。按说三年级的孩子比一年级的孩子更富有学习经验，辨别是非的能力应该更强，但为什么 60 多个孩子没有一个敢于纠错呢？笔者调查了解到，案例一中第一个板演的孩子是这个班级的"尖子生"，具有一定的"权威性"，而其他孩子便选择盲从。自主课堂最怕的是鸦雀无声，倡导的是七嘴八舌，而三年级的孩子面对"小权威"不敢坚持正确的观点，不敢相信自己的正确判断，这不是更可怕吗？只有构建真正的、使生命灵动的自主课堂，才能培养出有自信、有思想的人才，这比教知识、学知识更重要。

总之，课堂教学改革的方向更加关注学生主体的学习方式、学习状态、学习能力，教师要致力于建设民主、自主的课堂，这应该成为常做常新的课题。陶行知说："民主教育是教人做主人，做自己的主人，做国家的主人，做世界的主人。"这里的"做自己的主人"就是学会自立、自主、自律、自强。服从不等于盲从，盲从是一种无知。

——构建自主、民主课堂，老师要鼓励学生随时纠错。课改应从学生敢于随时纠错开始。

孩子，请抬起头来说话！

新课程改革进行多年，学校的办学条件大大改善，教师的待遇和地位明显提高，但中小学生的变化有哪些呢？进一步说，新课程改革带给学生的核心素养方面的变化有哪些呢？我经常去中小学听课，看到了学校普遍"低头"听课、答问的学生，即使讲台上的教师说了许多好听的"标签话"，运用了多次多媒体，展示了许多张精美的图片，我还是无法高兴起来，相反，总是感到一种无名的压抑——为始终低着头听课、低着头回答问题的学生而感到压抑！

案例一

在某中学语文课《综合性学习——古诗苑漫步》上。教师备课非常认真，预设了"唱古诗—品古诗—赏古诗—用古诗—辑古诗"等环节，采用了配乐诵唱、小组讨论、个别展示、小品表演等学习组织方式。从课堂设计上看，课改味儿十足。而学生的状态如下：大部分学生在低着头听课，两名学生在整节课上表现十分活跃，二人的个人展示次数分别达到 16 次和 12 次之多。在我这个旁观者看来，其他的学生几乎都在陪着这两名优秀学生，有的学生几乎整节课没有抬头，黑板上写了什么，多媒体演示了什么，同学展示了什么，"低头族"一概不知。

案例二

某中学英语课《Unit6：I'm watching TV》课堂的前 20 分钟，教师一直在耐心地教读、领读单词、词组、句子、对话,学生一直都在低头看着书跟读,声音逐渐变小,后来变为此起彼伏。我注意到,教室里几乎没有学生能够坐直身体、按照正确的读书姿势来读书,他们的头低埋着,目书相距五六寸至一两寸不等,脊背都是弯弯的。

案例三

某班级上语文课《紫藤萝瀑布》。师出示多媒体图片,问:请用一句话描述图片。被指名的"生1"深低着头,怯怯地答:紫色花。师不满,指着已经板书的课题,反问:"像什么呀?!"生齐答:"瀑——布。"师问:"这篇课文的作者是谁? 谁来介绍一下?"被指名的"生2"的头与躯干基本呈直角状,他慢腾腾地站起来,两手捧着的书堵住了鼻子以下部位,嗡嗡哼哼地答:"宗璞。"我坐在离他不远的地方,但还是听不清他在说什么。我实在听不下去了,就走到他跟前,悄声提示他:"孩子,站直身体,抬起头来说话。"孩子斜瞥了我一眼,略微抬起上眼皮瞟了一眼老师,然后又把头埋了下去。

素质教育、创新教育、全面发展教育、阳光教育、综合素质教育、核心素养教育……一系列的教育理念和育人目标落点在哪里? 应该是学生。那么,以上学生的表现说明了什么? 这个问题值得每一位教育工作者深思。

笔者认为,学生的核心素养应当以善良的心灵、自信的品质、丰富的感情、负责的精神、良好的习惯、健康的生活、和谐的交际、坚持的毅力、高远的志向、创新的实践等为基础,其中自信的品质尤为重要,这种品质表现在孩子的言行举止、待人接物等各个方面。自信与否直接影响着孩子成长的快乐程度,影响着孩子生活的质量。说到底,学生的核心素养培养得怎样、教师的理念更新了多少、学校的课改改革了多少,孩子本能的、习惯性的表现是最好的诠释!

"自信是成功的第一秘诀。""自信是向成功迈出的第一步。"习近平总书记多次强调,实现我们的发展目标,实现中国梦,必须增强"四个自信",而且文化自信是根本。一个人丧失了文化自信,就会迷失方向;一个国家丧失了文化自信,就会使民族发展陷入泥潭。"教育要培养德智体美劳全面发展的社会主义建设者和接班人""要培养能够担当民族复兴大任的时代新人"，立德树人需从树立孩子的"自信心"开始。从小培养青少年自信的品质，就是为国家大厦建起了走向强健的钢铁骨架，就是为建设现代化强国奠定坚实的根基。

"孩子，请抬起头来说话！"抬起头，才能站直身体，才能声音洪亮；抬起头，是一种礼貌的交流，是一种自信的姿态；抬起头说话，是一种自主的表达，是一种阳光的心态。

"双减"的目标指向在"三提"

　　《关于进一步减轻义务教育阶段学生作业负担和校外培训负担的意见》实施以来,教师、家长对"双减"的理解随着实践的探索在逐步加深,家校共识也在逐步形成。在此,我就"双减"的目标指向谈谈自己的认识。

　　"双减"政策和经济领域供给侧结构性改革的"三去一降一补"政策在理念上是相通的,最终目标都是为了提高质量。就教育教学而言,"双减"的目标在于提高课堂教学质量、提高学生素养以及提高教师素养。

一、"双减"的目标指向在提高课堂质量

　　造成学生过重的作业负担和校外培训负担的主要原因有三个:一是教师的作业安排简单、机械、重复,教师"课上讲不到,课下作业补"、学生"课上学不好,课下练习补"的习惯,使课堂"高耗低效"问题突出;二是家长"多练习多得分"的心理在作祟,很多家长认为只要多加练习就能拿高分,所以将大把大把的血汗钱投给套路百出的校外培训机构、有偿家教,而这些投资实质上最终以孩子大量刷题为落脚点;三是很多孩子看到同学补课补学,自己也去补,还有不少孩子学习、写作业时习惯有人陪、有人教,依赖心理限制了其独立学习、自主创新能力的发展,被动应付成为学习常态。

课堂教学是教师、学生双边运作、生命互动、思维碰撞、动态生成的过程。课堂教学要提质增效,教师必须树立"质在课堂,效在课上"的意识,深入学习课标,科学处理教材,精讲精练,积极构建"主体参与、分层优化、及时反馈、激励评价、生命灵动"的课堂;学生必须树立"我的课堂我做主,我的学习我参与"的意识,做好课前预习、课堂思考、课堂讨论、知识纠错等,课上全神贯注、聚精会神,不虚度一分钟,真正成为课堂学习的主人。如此,才能构建目标明确、重点突出、化难为易、生动活泼的高质量"生命课堂",高质量的"生命课堂"必为高效率课堂。

二、"双减"的目标指向在提高学生素养

过重的作业负担使学生在"题海战术"中"鹦鹉学舌",操练式"优生"大量涌现。校外培训、陪读、家教等使学生时时有"拐杖在手",一遇到问题就有人告诉答案,不用自己动脑筋、想办法,由此造成的思维依赖、心理依赖真的会毁掉孩子。那么,学生的科学精神、主动学习、实践创新等核心素养如何培养?

"双减"致力于促进学生核心素养的提升。学会学习的素养是"双减"指向的首要素养,其核心是学生能够自主学习,科学安排学习时间,科学掌握并运用学习方法;能够学以致用,知行合一;能够有独立见解和求异思维;具有理性思维品质,敢于批判质疑,勇于试验探究;能够注重反思改进,具有审美情趣和人文精神。"双减",减的是机械、重复的"量",减的是教育规律之外的不必要负担,增的是学生的思维广度和深度,增的是学生的主动参与行动。"双减"的内涵在于增强学生学习的自主性,让学生自己给自己布置作业,学会自我评估、自我检查、自我反思,并有计划地、有针对性地安排自己的学习任务,这是学生"学会学习"核心素养的集中体现,也是新时代学生的必备能力。

三、"双减"的目标指向在提高教师素养

有人说,现在的很多中小学一线教师"退化了""佛系了""躺平了",能出一份

知识结构合理、难易有梯度、题型题量规范的试卷的教师少了,"拿来就用"、采用现成试题资料布置作业的教师多了;能设计针对性强、有思维含量、有实践价值、能以一当十的课外作业的教师少了,布置以"得分"为目的的知识性、重复性作业的教师多了;能潜移默化、因材施教,对学生进行非智力教育的教师少了,搞"一刀切"的集体教育的教师多了。实质上,这些问题均指向教师的核心素养。

新时代的教师做教育、搞教学,要提高政治站位,着眼于培养德智体美劳全面发展的社会主义建设者和接班人,培养能够担当民族复兴大任的时代新人,切实履行自己的社会责任。坚持问题导向,对教育中存在的问题,对学生素质素养方面存在的问题,要心明眼亮,实施科学有效的教育。

习近平总书记指出,我们所做的一切都是为人民谋幸福,为民族谋复兴,为世界谋大同。教育是"面向未来的事业",教育既要立足现实,也要面向未来。实现中华民族伟大复兴的中国梦,"双减"政策要真正落地见效,提高课堂质量是途径,提高教师素养是关键,提高学生素养是目的。这是新时代教师的使命担当,更是新时代学生成人成才、爱国强国的使命担当。

提升学校课后服务水平,强化
学校教育主阵地作用

伴随着国家"双减"政策的落实,中小学课后服务普遍开展,对学校全面育人能力建设、学校教育教学改革、学生全面发展、减轻家长校外培训负担等方面都起到了积极作用,赢得了家长、社会广泛认可。但多数学校的课后服务是文化课学习的延伸,这是不符合"双减"政策要求的。所以,中小学校要全面提升课后服务水平,满足学生健康成长的多元需求,充分发挥学校教育主阵地作用。

一、提高政治站位,认识课后服务

课后服务是落实党中央、国务院关于"双减"工作部署的关键环节,是落实教育部党组和教育督导"双一号工程"的"重头戏",在落实"双减"指向的"三个提高"(提高作业管理水平、提高课后服务水平、提高课堂教学水平)重点工作中具有举足轻重的作用。可以说,学校课后服务水平的高低直接关系学校"双减"实施的质量。

学校是党和人民的学校,立德树人是教育的根本任务,学校担负着为党育人、为国育才的重大教育使命。学校教育要为我党治国理政服务,为社会主义现代化建设服务,为人民服务,要培养德智体美劳全面发展的社会主义建设者和接班人,要培养能够担当民族复兴大任的时代新人。因此,我们的学校教育要明确"立什么德""树什么人"的问题,这体现在学校鲜明的育人目标上。学校培养人才的标准要与党和国家培养人才的标准完全统一,这就要弄清楚落实"双减政策"的过程中"减"什么、"增"什么,弄清楚怎样"减"、怎样"增",弄清楚为谁"减"、为谁"增"。通过课后服务,要把学生过重的作业负担"减"下去,把思维品质、自主能力"增"上来;要把学生的校外培训负担"减"下去,把全面发展、核心素养"增"上来;要把教师的烦冗杂务"减"下去,把育人思想、服务本领"增"上来;要把家长的后顾之忧"减"下去,把家教家风、生涯教育意识"增"上来;要把学校的"唯分数""唯升学"倾向"减"下去,把办学活力、教育质量"增"上来。各所学校的校长、教师只有弄清楚这些问题,才能真正理解、做实党和国家的"双减"工作,充分认识到"双减"作为国家"一号工程"的重大战略意义,充分认识到课后服务在强化学校教育主阵地作用中的深远历史意义,才能在课后服务中站位高、思路明、措施好,将课后服务纳入学校发展规划,主动创新,积极行动,切实把课后服务抓紧、抓实、抓好。

二、丰富有效载体,充实课后服务

教育部出台了《关于进一步规范义务教育课后服务有关工作的通知》(以下简称《通知》),要求"一校一案"制定课后服务方案,着力推进课后服务"5+2"(每周5天,每天2小时)全覆盖,尽最大努力吸引学生广泛参与。落实好《通知》要求中的"一校一案"至关重要,这是课后服务的"指挥营""总课表",是课后服务的基本遵循。教育部基础教育司原司长吕玉刚明确指出:落实"双减"政策,解除家长的后顾之忧,关键是让回归校园的孩子在学校学足学好,根本之策是提高学校教育教学质量,发挥好学校教育主阵地作用。课后服务方案应在服务项目的丰富多彩上做文章,应在满足学生的多元化需求上做文章,唯有如此,才能增强学校课后服务的吸引力。

制定学校课后服务方案要从以下几方面着手:一要搞好学生调研,问需于学生和家长,梳理基于调研、紧贴学生实际需求的服务项目;二要挖掘校内师资、硬件等资源，为教师提供施展才华、全力育人的舞台；三要统筹利用社会本土人才资源、文化资源等优势，加强与青少年活动中心、图书馆、新华书店、科协、体协（武协）、文旅等相关部门的合作，"请进来，走出去"，进一步拓展课后服务渠道，提升课后服务水平。

丰富有效的载体是提高学校课后服务质量的基本保证。学校要想方设法创造条件，让学生有游戏的伙伴，有锻炼的器材和场地，有实验的仪器和实验室，有劳动的工具和基地，有提升兴趣爱好的道具和专用教室，有敞开心扉的心理辅导室，有宽敞明亮的阅览室……而且，在这些项目空间里，应当有足够的指导教师进行针对性辅导。学校的服务种类越是丰富，服务覆盖面越大，服务满意度越高，服务吸引力就越强，而这些工作仅仅靠学校来做是不行的。

"真正的教育，从来就不单单是学校的事情，更是家庭、学校和社会共同的责任。"特别是各级党委、政府应当主动担当，切实履行办学主体责任，为教育发展、为教师教学、为学生成长提供更为优越的条件。在课后服务实行之初，难免出现这样那样的问题，但只要党委、政府、学校、家庭、社会目标一致、共同发力、精准施策，课后服务就会逐步发展起来，课后服务机制就会逐步完善，课后服务质量就会日益提高。

三、实施有效策略，搞好课后服务

搞好课后服务，要积极采取一系列有效策略。一是向"上"看，找准站位和方向。要心怀"国之大者"，时刻关注党中央在关心什么、强调什么，深刻领会党和国家最重要的利益是什么、最需要坚定的立场是什么，切实把增强"四个意识"、坚定"四个自信"、做到"两个维护"落实在每一项课后服务工作中。二是向"下"看，找准重点和着力点。要心怀"每一个学生"，调查清楚学生的兴趣点、需求点，使课后服务更具有针对性。三是向"内"看，找准资源和优势。要心怀"每一位教师"，明确教师的专长、优势,用足用好校内全体教师资源,发挥教师个体潜力,使每一位教师都在课后服务平台中发光发热。四是向"外"看,找好融合点和合作项目。要心怀育人目标,吸收校外优势资源进入校园,融入学校课后服务体系,拓展课后服务渠道。五是综合看,看学生参与率,看项目服务水平,看项目服务过程,看学生受益成效。总之就是要看整体,看长远,看质量,看成果。

四、完善理论成果,提升课后服务

理论与实践如鸟之两翼、车之两轮,二者缺一不可。课后服务实践是一个新事物,只有经常总结经验,才能使课后服务健康发展。那么,如何进行经验总结呢?一要开展围绕课后服务(或服务项目)的课题研究,进行调查研究、经典案例分析、经验教训总结、理论学习、创新实践等。二要研究课后服务相关专业领域的法律法规、行业标准等,增长专业知识,强化管理和引导。三要研究课后服务评价体系,对校内教职工履职情况、外聘师资和项目运转(合同履约、评估标准与退出机制)情况、学生在课后服务中的成长情况、学生和家长满意度等进行科学、有效、全面的评价,正确引导课后服务项目依法、健康、协调发展。四是要提炼本校课后服务特色,从课后服务项目到课后服务特色,这是"实践—理论—实践"螺旋式向上的过程,是一个从量变到质变的过程,也是课后服务理论不断完善的过程。

当前,课后服务在各所学校都已起步,但都面临不少困难。我们要认识到:党和国家要求的中小学课后服务不是搞阶段性的"短时应急",也不可能一蹴而就,而是要长期稳步坚持,使之成为学校常态,并越做越好。"只要思想不滑坡,办法总比困难多。"我们要坚信,只有紧跟党中央,紧跟上级部署,凝心聚力,攻坚克难,努力提升学校课后服务水平,增强学校课后服务的吸引力,才能真正强化学校教育的主阵地作用,为实施国家教育战略、育人战略做出应有的贡献!

在幼儿的心田种下"三信"的种子

人生百年,立于幼学。浇花浇根,育人育心。幼儿教师要提高教育站位,坚守立德树人初心,把"信仰、信念、信心"的种子种在幼儿的心田,在实现中华民族伟大复兴的中国梦的道路上履行时代责任。

一、遵教诲,明方向

作为教育者,特别是作为孩子心田的"首耘者",幼儿教师明确育人目标非常重要。

习近平总书记在教师节、全国教育大会等重要讲话中,多次号召广大教师不忘立德树人初心,牢记为党育人、为国育才使命,积极探索新时代教育教学方法,不断提升教书育人本领,为培养德智体美劳全面发展的社会主义建设者和接班人做出新的更大贡献。全体教育工作者要提高政治站位,深刻领悟总书记的讲话精神,在教育教学实践中,做到切实提高教育立意,勇于担当育人使命。

新时代,教育肩负怎样的使命,培养什么人,是教育的首要问题。习近平总书记指出:"我国是中国共产党领导的社会主义国家,这就决定了我们的教育必须把培养社会主义建设者和接班人作为根本任务。"古往今来,任何国家、任何社会,都是按照自己的政治要求来培养人,从而维护政治统治、维系社会稳定的。对于我们党和国家来说,教育要培养的建设者和接班人,定语只能是"社会主义"。总书记的这句话,明确了教育工作的根本任务,也为新时代教育工作指明了方向和目标。

在思政课教师座谈会上的重要讲话中,习近平总书记提出了"政治要强、情怀要深、思维要新、视野要广、自律要严、人格要正"六点要求,我们要将这六点要求自觉融入专业发展和教育教学实践的全过程。作为教师,我们要深刻认识到自己的教育观点、言传身教等的影响力。因此,我们要十分注意自己在课堂上、生活中的立场,时刻树立"大思政观",上好"大思政课",做到讲政治、高立意,讲正气、高品位,积极传递正能量。我们的工作关系着国家的未来、民族的希望,责任重大,使命光荣。

二、高站位,立幼学

1.准确理解"立德树人"

我们培养的人,要立什么"德"?要立社会主义核心价值观之"德",就是要将社会主义核心价值观,即"富强、民主、文明、和谐,自由、平等、公正、法治,爱国、敬业、诚信、友善"的种子种在幼儿心田,让其伴随着学生的成长而生根发芽。我们培养的人,必须树立共产主义远大理想和中国特色社会主义共同理想,这就是中国教育要立的"德"。中国教育要树什么"人"呢?树"德智体美劳全面发展的社会主义建设者和接班人",树"能够担当民族复兴大任的时代新人"。我们教师要从党和国家全面建设、持续发展的角度理解人才问题。国家建设需要千千万万个各行各业的基层普通劳动者和建设者,还需要千千万万个各个层面的具有中国情怀和国际视野的、具有人类命运共同体意识的高精尖人才和领军人物,所以,我们的教育培养的人才,必须坚持为人民服务,为巩固和发展中国特色社会主义制度服务,为改革开放和社会主义现代化建设服务,即"为党育人、为国育才",这是"为谁培养人"的明确回答,这是教育使命的根本所在。

2.着力培育幼儿的核心素养

习近平总书记强调："少年儿童是祖国的未来，是中华民族的希望。新时代中国儿童应该是有志向、有梦想，爱学习、爱劳动，懂感恩、懂友善，敢创新、敢奋斗，德智体美劳全面发展的好儿童。希望同学们立志为强国建设、民族复兴而读书，不负家长期望，不负党和人民期待。"这为幼儿教师培育幼儿核心素养指明了方向，提出了要求。

（1）幼儿核心素养的"两种能力"。一是自主学习能力。在幼儿教育过程中，对自主学习能力的培养，重点是生活与学习的引导，不仅要调动幼儿在学习中的自主性，促进其对知识的更好掌握，同时也要借助对幼儿自主性的培养，使其在多变的社会环境中能够更好地认知事物、自主解决问题。这是幼儿成长中社会个性的培养目标。二是沟通协调能力。沟通是通过与他人之间的谈话表达自我想法，同时对他人所说的言论进行理解。对幼儿沟通能力的培养，主要通过合适方式对幼儿进行引导。在幼儿的核心素养培育中，沟通协调能力是在双向交流中形成的。

（2）幼儿教育要和小学教育相贯通。作为基础教育的基础，幼儿教育必须与中小学教育一起，致力于培养孩子面向未来的核心素养，共同提升我国基础教育的竞争力，实现立德树人的根本任务。华东师范大学教授李季湄谈到，正确地实施《3—6岁儿童学习与发展指南》（以下简称《指南》），就是在培养幼儿的核心素养，《指南》是核心素养在幼儿教育阶段的具体化。

我们要看到，核心素养的形成与发展是一个动态的过程，既有阶段性，也有连续性。不同学段的要求不一样，各学段之间相互衔接。可以说，《指南》五大领域的32个学习与发展目标和具体要求，是核心素养在幼儿阶段全面而具体的表现，基本内容涵盖了核心素养3个维度、6个要素、18个基本点。

如，核心素养的自主发展维度，包括"学会学习""健康生活"两大要素。"学会学习"的具体内涵是乐学善学、勤于反思、信息意识。关于"乐学善学"，《指南》中是这样要求的:"养成积极主动、认真专注、不怕困难、敢于探究和尝试、乐于想象和创造等良好学习品质。"

再如,核心素养的文化基础维度,包括"人文底蕴""科学精神"两大要素。"科学精神"的具体内涵包括理性思维、批判质疑、勇于探究。关于"理性思维",《指南》中社会领域对4—5岁儿童提出要求:"能按自己的想法进行游戏或其他活动,在活动中出主意、想办法。"对5—6岁儿童提出要求:"与别人的看法不同时,敢于坚持自己的意见并说出理由。"这就是批判思维啊!关于"勇于探究",《指南》科学领域中提到,3—4岁儿童要"喜欢探究,经常问各种问题或好奇地摆弄物品";4—5岁儿童"能根据观察结果提出问题,并大胆猜测答案";5—6岁儿童"能经常动手动脑寻找问题的答案"等。

北京师范大学心理学院伍新春教授认为,情绪管理、自我认知、人际沟通和社会适应4个维度中,情绪管理包括情绪识别、情绪理解、情绪表达和情绪调节4项关键经验;自我认知包括自我知觉、自尊自信、自我控制、性别角色4项关键经验;人际沟通包括亲子依恋、师生关系、同伴关系3项关键经验;社会适应包括行为习惯、挫折应对、合作分享、冲突化解、直面欺凌5项关键经验。

(3)教师需要提高基于核心素养的教育力。要培养幼儿的核心素养,教师必须有教师的核心素养。因为教育是一个灵魂影响另一个灵魂的过程。20世纪50年代,德国存在主义哲学家雅思贝尔斯就在其专著《什么是教育》中作了一组形象的比喻:"教育意味着一棵树摇动另一棵树,一朵云推动另一朵云,一个灵魂唤醒另一个灵魂。"师德是教师核心素养中最内核的素养,是支撑教师素养教育力的核心支柱。

三、种种子,植"三信"

"人无德不立",育人的根本在于立德。这个"德",既有个人品德、家庭美德,也有社会公德、职业道德,更有报效祖国和服务人民的大德。只有"德"立住了,人才能"树"起来,才能真正成为对国家、对民族、对社会有用的人才。

"人人都说小孩小,谁知人小心不小。你若小看小孩子,便比小孩还要小。"这是人民教育家陶行知先生写的《小孩不小歌》。这首歌充分体现了陶行知先生相信儿童、尊重儿童、理解儿童的教育思想,对我们教育工作者有重要的启迪。他告诉我们:要善于欣赏和夸奖,满足孩子的成就感;应着眼于每一个教育细节,贴近孩子的生活,理解孩子;对孩子要倾注真情实感,掌握真实情况,发掘每一个向上的闪光点,尽可能为其营造一个有利于成长的健康环境。这样做就会形成一种有效的教育力量。在这个过程中,要有意播种,种下健康的种子。

1.种下正确理想信念的种子

让孩子知道,要树立马克思主义信仰、中国特色社会主义信念和实现中华民族伟大复兴的中国梦的信心,从小学习立志、从小学习做人、从小学习创造。在这个问题上绝不能走偏。

2.种下正确价值观念的种子

让孩子知道,社会主义核心价值观基本内容有 3 个层面:国家层面包括富强、民主、文明、和谐,社会层面包括自由、平等、公正、法治,个人层面包括爱国、敬业、诚信、友善。要把培育和践行社会主义核心价值观融入幼儿教育的全过程。

3.种下正确劳动观念的种子

让孩子知道,劳动是每个人生存的第一需要,劳动最光荣、最美丽、最崇高、最伟大,自己的事情自己做。教师要教育幼儿做好融入生活的自我服务劳动、服务于班级的劳动,体验丰富多样的劳动生活;教育孩子积极参加力所能及的日常生活劳动、公益劳动和生产劳动。

4.种下良好生活习惯的种子

让孩子知道,每个人都要有良好生活习惯、基本生活能力、高雅生活情操,做到生活自理、平等交往、自我认知、自立自强、健身健美、学习思考、动手实践、实验创新等。

5.种下学以报国的种子

让孩子知道,我们是中国人,振兴中华、实现中华民族伟大复兴的中国梦的主动权,掌握在自己手中。我们健康成长、刻苦学习,是为了将来做一个对党和国家、对中华民族、对人类有用的人。

第三部分：现实思考

现实,客观存在。基于教育现实的思考,是实践反思、问题诊断、对策交流,是时弊针砭、观点表达、共识达成,亦是警钟长鸣、未来期盼。虽然眼界有限、认识肤浅,但有教育情怀、使命担当。

"懂政协、会协商、善议政,守纪律、讲规矩、重品行",重如千钧,内涵深刻,是党的要求,更是自己努力的方向。作为教育界政协委员,我深感责任重大。问题导向,微言大义,勤奋笔耕,参政议政。做好民生民意"微协商",纾解民忧民怨"大民生"。囿于方寸,难免偏执,但忠心可鉴,愿与君商榷。

农村义务教育的尴尬如何破解

近年来，义务教育基本均衡县认定工作已告一段落，这成为教育改革发展的一个历史性、阶段性成果，对农村义务教育的发展，特别是硬件建设方面产生了强有力的推动、提升作用。但是，对比党和国家提出的"义务教育优质均衡发展"目标，农村义务教育又面临诸多尴尬，如：学校建好了，学生却没了；师资保障了，学生却流失了；经费倾斜了，设施设备却没用了。缺"人"（学生、教师）的问题成为当前农村义务教育面临的瓶颈问题，必须予以有效破解。

一、存在的问题

1.在校生逐年递减，生源流失问题突出

21 世纪以来，城镇化建设持续推进、产业结构持续调整助推了农村中青年劳动力大量涌入城市，随之而来的是农村学生大量减少。华北地区两个县城的调查数据显示，90%的农村常住人口不足户籍人口的 30%，农村学校的学生数逐年下降，乡村学校因生源匮乏，平均每年以 15%的速度消失。以本人所在乡镇的一所寄宿制小学为例，2008 年，村委会为改善办学条件，新建一所占地 15 亩的学校，服务周边 6 个自然村，有学生 230 余人。但至 2018 年秋季开学，在校生仅剩下 16 人。该乡镇在 2003 年时，全镇 19 个行政村共有小学（含教学点）28 个，小学生 2800 多

名。2018年秋季,全镇小学(含教学点)仅有7个,学生630余名。这种现象已普遍存在。

2.教师人数逐年递减,队伍结构失衡

一是农村在岗教师大量减少,老中青结构失衡。随着"退休高峰"的到来,在岗教师数量大幅减少,而新教师、年轻教师却递补不上,使农村教师出现严重断层。

二是农村骨干教师大量减少,学科结构失衡。受教师编制总数控制政策影响,县城每建起一所新学校,都会连续几年抽调农村学校在岗骨干教师回城工作,在优先配备县城新学校学科教师的情况下,农村学校的教育生态遭到严重破坏,学科不配套、不平衡等师资问题凸显。

三是农村学校的年轻教师大量减少,教师结构失衡。虽然农村教师的现状已有很大改善,但农村学校的生活条件、教育医疗水平等难以安抚年轻教师的"心"。现在的年轻教师在城市读书时已经习惯城市的生活,他们到农村任教,很难适应农村的生活条件,即使留下来工作,三五年后,也要面临婚恋、子女受教育等各种问题,还是需要回城。

3.校园设备利用率逐年递减,资源浪费严重

一是学科未开全开足,设施设备闲置。虽然在义务教育均衡县认定中,通过薄弱学校建设、标准化学校建设等项目,农村学校补充了大量教学设施、设备,但因缺少信息技术、艺术、体育等学科的专业教师,导致这些学科开设不全、不足的问题长期存在。

二是办学理念落后,专用教室闲置。随着农村学校学生数逐年递减,校长、教师的工作热情也受到很大影响,业务学习、教育教学研究工作积极性不高,与城市相比,育人理念、教学策略等均有一定差距。当初用专项经费建起来的实验室、活动室、图书室、阅览室,配备的文体器材等利用率很低,资源严重浪费。

二、对策及建议

农村义务教育在整个国民教育体系中处于基础地位，关系着乡村全面振兴和社会发展全局。农村地区的教育质量不仅关系农村人口的素质提升，而且对提高全民整体素质起到决定性作用。因此，必须找到破解农村义务教育瓶颈问题的对策。建议如下：

1.加大法律政策的落实力度

《义务教育法》规定：义务教育实行国务院领导，省、自治区、直辖市人民政府统筹规划实施，县级人民政府为主的管理体制。建议省政府建立义务教育规划制度，每三年调整一次学校布局；县政府要进一步履行义务教育办学主体责任，根据实际情况规划调整学校布局、整合学校资源、配备专业教师，为农村义务教育健康发展保驾护航。

2.加大农村校长的培养力度

农村校长要了解农村生活，热爱农村学生，创新农村学校管理制度，善于利用广博的农村资源，开展"三全""五育"育人工作，全面深入地落实党的教育方针，突出技能型、实践型、创新型人才培养。针对农村校长进行以上方面的专业培训是新时代的迫切要求。唯有如此，才能办出符合农村实际、富有农村特色的乡村学校。

3.加大农村学校实践基地建设力度

建议县委、县政府为农村义务教育学校划拨生产劳动实践基地，确定校企联合的正规企业，让师生走进田地参加农业生产劳动，走进企业参观企业生产，真正落实《中共中央、国务院关于全面加强新时代大中小学劳动教育的意见》，培养更多热爱劳动、掌握技能、勇于创新、扎根基层的实用型人才，增强农村学校的办学吸引力。

坚持问题导向,加强乡村教师培训

党的十八大以来,党中央、国务院高度重视中小学、幼儿园教师培训工作,出台了"国培计划"长训、短训,乡村校长培训、教师培训等一系列师训新举措,各级党委、政府,各级教育行政部门对教师培训工作的重视程度日益提高。特别是近年来,乡村教师的培训力度进一步加大,专项投资也在增加,教师培训工作进入了历史高点。教师培训工作的开展,走过了"基层摸索—国培引领—分级实践"的过程,培训工作也经历了"浅表性、碎片化培训—内涵性、全员化培训—系统性、创新型培训"的发展过程,在这个过程中,教师培训的专业性、针对性、实效性在逐步提高,对教师的专业发展和提升发挥了积极的助力作用。

但是,随着乡村学生数量逐年减少,乡村学校逐年合并,乡村教师也在逐年减少,他们对培训的青睐度逐渐减弱。加之来自不同层级、不同部门、不同方式的拼盘式、堆砌式培训项目,让数量有限的中小学乡村教师疲于应付,所以培训效果大打折扣。可见,中小学乡村教师培训已步入教育改革的"深水区"。全面调研,明确问题导向,创新乡村教师培训迫在眉睫。

一、存在的问题

(一)师训组织机构没有理顺

2021年6月底,山西省事业单位改革落下帷幕,我县原负责师训工作的"教师进修学校"与县教研室整合成为"平定县教育发展研究中心"，且不说单位名称有所偏颇，很多遗留问题也未得到很好解决。一是新机构的单位归属是属于"中职系列"还是"中小学系列"，没有明确的界定。二是新机构至今处于"整而不合"的状态，先是人员分地办公，后来是"合署办公"，但仍"各负其责"，师训工作两头搞，职能重复，给一线增加了负担。三是教职工身份认定不明确，原进修校的培训者属于中职职称系列，原教研室教研员属于中小学职称系列，整合后，他们的角色定位、职称系列、编制与岗位设置、职责、待遇等问题，未予以明确认定，在一定程度上影响工作人员的积极性。因此，事业单位机构改革的整合作用没有发挥出来。

（二）培训者教育培训缺位

一是没有培训者专用的课标、教材，培训者参加继续教育全员培训只是跟随中小学教师的课程完成学分，这影响培训者的专业学习与提高。二是培训者国培项目组织频次少、人员覆盖面小，不利于培训者队伍的整体提高。三是培训内容与中小学教学脱节。培训者队伍作为"教师的教师"，没有纳入中小学新课标培训范围，导致培训者对中小学课程改革了解不深，师训理念与新课标理念不够合拍，影响培训组织的实效性。

（三）培训模式落后于时代

县级师训的目的是提升中小学教师专业素养，促使中小学教育教学高质量发展，但教师培训的主导模式一直停留于集中讲座、远程培训等"给予式"模式，创新型的参与式、自助式、自主型培训模式没有培育起来，教师的参训积极性、主动性不够。

（四）培训课程缺乏标准导向

教师培训课程多由培训者凭借工作经验和阶段调研情况而设置，菜单式、拼盘式、碎片化特征明显，系统性、整合度不够，缺乏整体性规划，培训课程需要全面的权威标准导向，并予以规范。

二、对策和建议

（一）理顺管理体制是前提

1.单位名称应规范、统一

《中共中央、国务院关于全面深化新时代教师队伍建设改革的意见》（以下简称《意见》）明确指出："建立健全地方教师发展机构和专业培训者队伍，依托现有资源，结合各地实际，逐步推进县级教师发展机构建设与改革，实现培训、教研、电教、科研部门的有机整合。"所以，整合后的机构名称统一为"＊＊县教师发展中心"更为合适。

2.单位级别、管理应统一

原教师进修学校和县教研室机构合并后的单位的职责是对全县的教师、校长进行培训，对全县中小学进行教科研指导，所以单位的级别应定位于"正科级"，应为独立法人单位，有独立的财务、办公经费和办公场所，以及一定的人事管理权，要通过落实"整合"而充分发挥整合的作用。

3.人员身份要合理定位，做好新旧衔接

应按照"自愿选择+老人老办法、新人新办法"的原则来定位身份，原教师进修学校的人员可以首次选择身份归属，另外，实行"培训者中职、教研员中小学"两种身份并存机制，与内设部室及职能匹配。这样，有利于消除各类人员的专业发展顾虑，较好地落实各类人员的待遇，吸引优秀人才加入培训者队伍，进一步激发大家的工作积极性。

（二）重视对培训者的培训是关键

《意见》指出：深化培养培训改革，构建教师培训支持服务体系，培养学科领军人才和名师名校长队伍。培训者是"教师的教师"，在广大教师中起全方位专业引领作用，重视培训者培训势在必行。为此，要进一步细化适合培训者专业发展的课

标、教材,加强培训者全员培训,提高培训者培训层次,更新培训者教育教学理念,贴近中小学课程改革,真正打造一支专业化、高素质、创新型的教师培训者队伍。

（三）创新培训模式是重点

教育部《关于大力加强中小学教师培训工作的意见》指出:要按照"统筹规划、改革创新、按需施训、注重实效"的原则,完善培训制度,统筹城乡教师培训,创新培训模式机制,增强培训针对性和实效性,促进中小学教师培训在新的历史起点上取得新突破。今后,在传统模式基础上,要主动创新培训模式,积极探索深入一线、深入课堂的"参与式"培训,自主选课、自主展示的"自主式"培训,团队引领、主动涉猎的"自助式"培训,实行分段分层的"自主选学""研训一体""学分激励""导师制""名师工作室"等符合成人心理、促进专业持续发展的新型师训模式。

（四）健全培训课程是核心

课程的设计与开发是培训的基础工程,是做好培训的重中之重,也是培训者内功的体现。教师培训课程与教育教学最新成果的契合,与中小学新课标、幼儿园新纲要、高中新高考等政策的契合,需要更为细化的、富有操作性的"教师培训课程标准"来明确导向,需要结合地域文化进行整体性课程规划。针对培训对象的需求,一方面,侧重培训教育理论、法律法规、教育心理学、课堂教学改革、教科研等理论知识,另一方面,侧重以专题讲座、分组研讨、主体展示、现场研学、案例分享与评比、微课展示与点评等形式进行实践性较强的培训。

总之,教师培训要始终坚持政治标准,落实政治判断;要坚持问题导向,落实乡村师训重点;要坚持立德树人,落实新课标育人导向;要坚持专业标准,落实培训者队伍建设。所以,顶层设计需到位,基层实践要创新。

"四定"策略，助力城乡教育联盟农村小学教师专业成长

为全面推进我县义务教育办学模式改革，县教育局安排平定县实验小学校与石门口联校、柏井联校结为联盟校，进行办学试点，实验小学校为盟主学校。对联盟校农村教师专业化水平现状的调查结果显示，两所农村联校的一线教师中，代课教师占比 38.3%，50 岁以上的教师占比 30.2%，兼职兼科教师占比 92.6%。可见，教师队伍青黄不接、专业化水平较低、工作负担较重。为此，我们在城乡教育联盟背景下，实施"四定"策略，助力农村小学教师专业化成长，积极提升农村小学师资水平。

一、定制度、搭平台，提供教师专业成长的必要条件

石门口联校和柏井联校两所盟校都是农村学校，所辖学校点多、面广、规模小，代课教师占到三分之一以上，要进行常态化的教育科研，进行有效的教师培养和培训，必须通过符合实际的系列制度来解决实际困难，必须通过对应的平台来帮助教师沟通。

（一）一个章程

《平定县实验小学校联盟办学章程》明确了联盟办学的指导思想、目标任务、

工作思路、联盟构成,联盟工作组的职能、阶段目标、主要任务、工作要求、保障措施等。

(二)两个平台

领导工作组、名师骨干引领学科工作组,对应的有"领导工作组联盟工作制度""名师骨干引领学科工作组联盟工作制度"。领导工作组建立了公共邮箱、QQ群;名师骨干引领学科工作组以年级、学科建立 QQ 群、通讯录。领导、教师分别在这两个平台上履行职责,开展交流与合作。

(三)若干制度和计划

制定平定县实验小学联盟"办学模式改革工作实施方案""教育联盟教师培训计划""教学活动实施方案""教育联盟逐月工作安排表"等具体文件。

效果:"没有规矩,不成方圆",说明制度很重要;"泥泞路上的奔驰,永远跑不过高速路上的夏利",说明平台很重要。制度与平台相结合保障了不同地域、不同学校、不同层次的教师都能够平等地参与到教育科研工作中来,突破了本位观念的禁锢,突破了时空限制,突破了水平制约,教育联盟的办学模式为教师的专业化成长打开了一扇阳光之窗。

二、定载体、互交流,把握教师专业成长的中心环节

"实验小学联盟名师骨干引领学科组通课标通教材教学预案"是本联盟在教师中广泛开展业务交流的主要实践载体,"教学预案"要准确把握课标、把握重难点,要讲清楚知识的关键点、易混点、易错点,体现新旧知识的迁移等。预案表格规定了教师书写教学预案的内容,常规性项目主要有交流时间、教师姓名、课型、教学内容、素养目标、教学重点、教学难点、教学方法、教学用具等。特色项目为教学环节与知识点、应着重处理的关键点、设计意图、板书设计,这四个项目为促进教师在通课标、通教材的基础上进行有针对性的、高效的教学发挥着至关重要的作用。

效果：名师、骨干教师是使用"教学预案"的"领头雁"，各年级各学科备课组成员在名师、骨干教师的引领下常态化开展教学教研工作，从名师、骨干教师通教材、通课标教学预案的共享做起，跟进度、抓重点、超前备课、网上共享，同组教师互相学习，修改使用，达到通教材、通课标、有效备课、服务课堂教学的目的。"教学预案"为教师随时随地开展教研提供了条件，教师一年内完成预案 629 课时，预案应用基本覆盖了联盟内全体教师，既促进了名师、骨干教师成长，也帮助其他教师实现专业成长。

三、定活动、勤指导，促进教师专业成长的必要手段

课堂教学展示与专家点评指导相结合的教研活动方式，全体领导、教师都十分喜欢。课堂教学展示可以让教师领略到同行骨干的风采，专家点评指导可以解决教师的很多困惑，还能欣赏到更美的教育教学"风景"，呼吸到更为清新的"空气"。为了保证教学、展示"两不误"，为了让更多教师参与活动，联盟校领导工作组精心策划，紧紧围绕教师喜爱的方式组织丰富多样的活动，取得了较好的效果。主要活动形式如下。

（一）示范性交流活动

如，平定县实验小学校几位县级名师的示范课，在不同的维度给联盟校教师以启迪，真正起到了示范引领的作用。又如，语文、英语骨干教师精彩的示范课，领导与观摩课堂的联盟校教师诚恳座谈，提出了"从理论层面提高对有效课堂的认识，从实践层面磨砺有效课堂教学的能力，进一步促进有效课堂的实效性"的指导意见，均使联盟校教师拓宽了专业发展思路。此外，还有国培教师在岗实践课展示活动、平定县语文学科中心组活动、小课题研究实践课与成果展示活动等，老师们借助组建教育发展联盟的有利时机，加强交流与合作，共同发展进步，各类示范活动使得教师的教学、教研水平整体性显著提高。

（二）诊断帮扶性交流活动

针对联盟农村校新教师多、代课教师多、老教师多且"青黄不接"的现状，本联盟组织学科优秀教师进行课堂教学视导活动、针对薄弱学校的薄弱学科开展交流活动。

案例：本联盟领导、教师共60余名，参加了我校数学学科研讨活动，聘请市教研室小学数学教研员跟踪指导。活动中，第一阶段由青年骨干教师讲授《圆环的面积》。教学过程中，教师通过复习导学、作图自学、讨论互学、计算练学等环节，组织学生在动手实践、动脑思考、动口表达中掌握圆环的基本特征和圆环面积的计算方法，并采用师生"知心信息卡"了解学情；运用"导学案"实施教学，实现分层优化；运用扑克评价卡进行激励评价，充分调动学生参与学习的积极性。课堂在学生畅谈收获、感悟中结束，突显主体型课堂教学的特征。

第二阶段分两个环节进行。首先，由说课教师分析课标、教材，分析学情，预设教法与学法，安排教学流程，进行教学自我反思等。然后，由市教研员针对课堂教学和说课情况进行评课指导，他从课标要求、内容体现的学生核心素养角度进行分析，就本节课的成功点和建议点进行总结、点评。之后，他作了"充分挖掘教材内涵，找准教学着力点"的点评讲座，使与会教师深受启迪，受益匪浅。

效果：这种在诊断基础上的帮扶活动针对性强、实效性强，使教师感触多、收获大，很受大家欢迎。

（三）比较性学习交流活动

这是一种"抓两头促中间"的教研方式，主要以"同课异构"课堂教学展示为主，为教师提供比较研究的范本，促进各个层次的教师进行反思、专业改进。

案例：本联盟60余人参加在柏井中心小学开展的低段语文、高段数学"同课异构"课堂教学展示活动。第一环节由我校的骨干教师和柏井联校的教师进行《小蜗牛》《数与形》的"同课异构"。第二环节进行分组研讨活动，议课时采用"六点研讨法",明确指出三个优点、一个不足、两个建议。

效果:与会教师,特别是弱校弱科的教师真正学习到如何上好一节课,并对照自身,反思不足,这种交流活动为乡村年轻教师的成长指明了方向。执教者不但能在课堂教学的大舞台上尽显所能,而且可以在相互比较和学习中,充分认识到自己与他人的差距,从而达到相互切磋、优势互补、共同提高的目的。听课者不但能从几位教师教学智慧的展现中得到启发,而且还能结合自身教学实践进行多角度、全方位的思考,从而有效地促进城乡教师专业化成长。这种活动在直接比较中做课、研讨,做课教师和参与教师可以直接在具体课例中明确学科教学的方向,感悟课标落实的措施,从而选择科学有效的教学方法,这对教师学科素养的提高大有裨益。

四、定课题、搞科研,实施教师专业成长的长效措施

开展教育科研是提高教师专业水平、提高教育教学质量的有效途径,是一所学校实现可持续发展的根本保证。定课题、搞科研已成为促进学校长久发展的主要手段,也是促进联盟内农村教师专业素养提高的有力措施。

(一)小课题研究常态化、生活化

我校的小课题研究已扩展到联盟学校,两所联校的教师分别组建研究小组,有的教师主持小课题,他们经常参加小课题研究活动,这对大家启发很大。

案例:我校组织开展了"平定县实验小学第三轮小课题研究实践课展示活动暨教育联盟校际联动教研活动",来自市级实验校、联盟校的教师共计 110 余人参加。上午的活动是分学科的小课题实践课展示,主讲的 8 名教师围绕本组小课题的研究目标和阶段性成果进行课堂教学展示。下午进行的是小课题研究阶段成果展示交流、专家点评指导,荣获阶段成果一等奖的 9 个小课题组代表进行了小课题阶段成果交流。县、市共 7 名专家分别对这些小课题的实践课展示、阶段成果展示和课题资料情况进行点评。专家的点评针对性强、指导性强,使与会人员增长了见识,

受益匪浅。会上,我以"让小课题研究成为教育生活"为题进行了经验交流,与会领导分别讲话予以指导,市规划办领导为参加展示的教师和小课题组颁发了荣誉证书,并对我校给予高度评价,希望小课题研究要继续高层次地进行,坚持不懈地推进,真正使小课题研究在提升教师队伍素养,提升学校办学品位上做出更大的贡献。

效果:本次活动涉及的学科领域广泛,形式和内容丰富,展示效果真实,辐射带动效应良好,得到了与会教师的一致欢迎,得到了领导和专家的一致好评,特别是使联盟内农村一线教师大开眼界,受到了大家的普遍赞誉。

(二)"基于网络学习平台的学与教"的探索实践

1."基于网络学习平台的学与教"的公开课活动

在信息技术与学科教学深度融合活动中,石门口联校成为本联盟的"领头雁"。为在联盟内进一步推广应用信息技术,本联盟举办了公开课研讨会,共40余人参加了活动。贾燕萍老师大胆创新,其所教的《再见了,亲人》一课,是在创编、应用网络课程,学生前置性学习网络课程的基础上进行的。她通过阳泉教育资源公共服务平台的大数据,分析学生网络课程学习反馈情况,对课堂进行再设计,为进一步推进信息技术与课程深度融合提供了范例,尤其是课堂上学生生动活泼的自主学习,让其他一线教师产生了抓紧提高专业水平的紧迫感。

2.阳泉教育资源公共服务平台使用培训活动

为了加深全体教师对信息技术与学科教学深度融合的理解,促进师生有效使用阳泉教育资源公共服务平台,本联盟与冠山联校组织开展了共计120余人参加的培训活动。贾燕萍老师作了题为"基于网络课程的学与教"的讲座,介绍了自己在阳泉云平台进行网络课程实践的经验与收获。石门口联校的李祯老师针对"实施网络课程需要注意的几个问题"进行现场指导,并和与会教师进行沟通互动。我借此机会动员、鼓励联盟教师顺应"互联网+"信息技术的飞速发展,顺应时代需求,更新教育理念,改革教学方法,重新定位"教与学"的关系,积极主动地、充分地利用阳泉教育资源公共服务平台进行信息技术与学科教学的深度融合实践,希望大家通过典型引路、典型示范、学习研讨、实践改革等途径,把翻转课堂模式、微课辅助教学等植入课堂,实现课堂教学"大变脸",以此实现教师专业素养、学生自主能力、教学质量同步提升。

效果:本次培训活动,进一步提高了联盟教师信息技术应用的意识和水平,使联盟教师在典型示范中找到专业发展的正确方向,积极投身于改革教与学模式,实现教育信息的交互共享,进而在构建高效课堂的行动中,为实验小学联盟走出一条内涵发展与外延发展相结合的信息化特色办学之路积累了经验。

四、总体效果

在城乡教育联盟内实施"四定"策略,对提高联盟内农村教师的学科素养,提高其改革课堂教学的意识,增强其学课标、学教材、研教法、研学法的主动性和创造性,起到了积极的促进作用;对县城教师体会农村教师的工作特点,学习他们敬业奉献、艰苦奋斗的工作作风,具有积极的教育、感染作用。

本联盟在一年试点工作中,采取网络、实地等多种方式开展教师专业化培训工作,召开了 16 次联盟工作会议,教师完成的教学预案共计 1191 课时,双方领导、教师做讲座共计 56 人次,制作联盟工作简报共 17 期,整理和装订研究成果资料集共5 套 70 册,这些都有助于教师的专业化成长,为他们今后工作的开展奠定了坚实的基础。

五、思考

(一)关于教师

教师是实施教育教学工作的关键力量,农村教师的专业素养亟待进一步提升。

公办教师队伍老化、代课教师量多而不稳定等因素,客观上要求我们必须将提高教师学科素养、提升教师专业素质作为主要工作来抓。

（二）关于实效性

作为盟主学校,我校缺编 36 个,优秀教师有流失现象;联盟农村学校,教师缺编现象更为严重。在这种情况下,维持正常的教学工作都很困难,如果联盟活动频繁进行,确实对教师的正常工作、对学校的正常管理会造成不小冲击。所以,我校推出的示范课、研究课,首先要经过学校领导和同组教师听评把关,再修改后才送教观摩;我校推出的教师讲座,内容要经过学校领导审阅把关,经过再加工后再做讲座,绝不能耽误大家宝贵的时间。

（三）关于激励机制

教师的专业成长需要激励机制。对于在联盟工作中承担特别工作任务的教师,本联盟颁发证书,这是对教师工作的肯定和鼓励。实际上,无论是需要加强培训的农村教师,还是盟主校教师,都需要激励,所以,建立行之有效的激励机制是很有必要的。

关于加强学生心理健康教育的建议

当前,大学生、中小学生、幼儿有不少人存在心理问题。据抽样调查,大学生存在的心理问题主要有无法自主生活,学习环境不适应,考试、就业的思想压力大,情感障碍,挫折承受力差,人际关系紧张,心理孤独,等等。中小学生存在的心理问题主要有惧怕考试、人际交往困难、逆反心理严重等。幼儿的主要心理问题有自我封闭、有暴力倾向等。

本市相关机构的抽样调查显示,在 800—4000 人的 21 所学校(含大中小幼各个学段),有专职心理健康教师的占 14.3%,有兼职心理教师的占 66.7%,专、兼职心理教师中有心理咨询师资格证的占 23.8%,学校有心理辅导室的占 85.7%,而所有的学校均没有心理健康教育专项教材和心理教育课。由此可见,学校心理健康教育边缘化、表象化状况甚为突出,需要切实加强学生心理健康教育。

为此,我提出如下建议:

1.利用行政力量推动心理健康教育在大中小学真正落实

《中小学心理健康教育指导纲要(2012 年修订)》(以下简称《纲要》)指出,心理健康教育的具体目标是:使学生学会学习和生活,正确认识自我,提高自主自助和自我教育能力,增强调控情绪、承受挫折、适应环境的能力,培养学生健全的人格和良好的个性心理品质;对有心理困扰或心理问题的学生,进行科学有效的心理辅导,及时给予必要的危机干预,提高其心理健康水平。心理健康教育的主要任务是:全面推进素质教育,增强学校德育工作的针对性、实效性和吸引力,开发学生的心理潜能,提高学生的心理健康水平,促进学生形成健康的心理素质,减少和避免各种不利因素对学生心理健康的影响,培养身心健康、具有社会责任感、创新精神和实践能力的德智体美劳全面发展的社会主义建设者和接班人。要按照"全面推进、突出重点、分类指导、协调发展"的工作方针,不同地区应根据本地实际情况,积极做好心理健康教育工作。

对照《纲要》,常规性地开展学生心理健康教育,目标、任务、思路都已非常明确,只是我们基层的工作落实度还不够,需要更新教育理念,抓紧落实工作。

2.尽快培养一批心理健康教育的专业队伍并充实到学校

《纲要》明确指出,必须大力加强专业教师队伍建设。各地各校要制定规划,逐步配齐心理健康教育专职教师,专职教师原则上须具备心理学或相关专业本科学历。每所学校至少配备一名专职或兼职心理健康教育教师,并逐步增大专职人员配比,其编制从学校总编制中统筹解决。地方教育行政部门要健全中小学心理健康教育教师职务(职称)评聘办法,制定相应的专业技术职务(职称)评价标准,落实好心理健康教育教师职务(职称)评聘工作。心理健康教育教师享受班主任同等待遇。《教育部关于培育和践行社会主义核心价值观进一步加强中小学德育工作的意见》要求,有条件的学校要设立中小学心理辅导室,每所学校至少配备一名专、兼职心理健康教育教师,同时要提高全体教师特别是班主任开展心理健康教育的能力,加强生命教育和青春期教育。

对照《纲要》,可见我们基层在心理健康教育教师队伍建设方面重视不够,甚至在很多地区这支队伍的建设处于"盲区"。正确的做法是,不仅要配备专职心理教育教师,还要培训队伍拿到相关的资质,如心理教师资格证、心理咨询师资格证等,以帮助这支队伍充分发挥应有的作用。

3.应当健全心理健康教育课程体系,并列入国家课程计划

学生心理健康教育是一门专业性很强的科学课程,关系着学生的身心健康成长,关系着一个人一生的发展,国家应当将心理健康教育课程化,配套适合各个学段的专门课标、教材,并规划课时、列入课表,每周至少保证一节心理健康教育课,使各学段的教育更加科学有效。

4.应当健全心理健康教育管理体制,发挥心理健康教育机构的"合力效应"

地方教育主管部门设立心理健康教育教研室,推行心理健康辅导员制度;学校设立心理健康教育教研组,设立心理健康辅导室,负责心理健康教育课程的讲授和个别学生的心理咨询;联合当地的心理教育学会等机构,联合开展学生心理健康教育研讨、心理健康教育社团活动、心理健康水平测评等,还可以使教师队伍、家长队伍的心理健康问题得到解决,从而在区域内形成开展心理健康教育的良好氛围。

世界卫生组织对心理健康的定义是:"不但没有身体的缺陷和疾病,还要有生理、心理和社会适应都完满的状态。"健康除了指身体无病外,还要具备心理的稳定性及良好的社会适应性。中学生心理健康是指具备健全的智力、情感和意志,连续统一的人格及对己、对人、对社会的正确认知和良好的适应能力。培养学生良好的心理品质,预防心理问题产生;开发学生各种潜能,提高学习的效率;激发学生的非智力因素,鼓励学生创造性学习;提高学生人际交往能力,增强社会适应性;增强学生的自我意识,培养自我评价能力;等等。要达成以上目标,就要认真开设心理健康教育课,开设心理咨询辅导,切实加强学生心理健康教育。

将国学经典纳入学校课堂教育体系

一些民办机构借办少儿国学班敛财甚至对儿童进行体罚的负面新闻大家都有所耳闻，这为国学教育的发展蒙上了一层阴影，进而有人开始否定国学教育的合理性。其实，恰恰相反，这种现象正好说明国学教育的开展已到了刻不容缓的地步。当下，在功利思想的驱使下，一些人瞅准当前"国学热"这一商机，抢先开办国学教育培训班。他们打起"国学教育"的幌子，招摇撞骗，进而抹黑了真正的国学经典教育。当然，这里不包括那些像做公益事业一样在用心做国学教育事业的人。

关于传统文化，习近平总书记在2014年2月24日组织的中央政治局第十三次集体学习中指出："要深入挖掘和阐发中华优秀传统文化讲仁爱、重民本、守诚信、崇正义、尚和合、求大同的时代价值，使中华优秀传统文化成为涵养社会主义核心价值观的重要源泉。""不忘本来才能开辟未来，善于继承才能更好创新。对历史文化特别是先人传承下来的价值理念和道德规范，要坚持古为今用、推陈出新，有鉴别地加以对待，有扬弃地予以继承。要本着科学的态度，继承和弘扬中华优秀传统文化，努力用中华民族创造的一切精神财富来以文化人、以文育人。"2014年3月26日教育部出台《完善中华优秀传统文化教育指导纲要》（以下简称《纲要》），明确指出要分学段有序推进中华优秀传统文化教育，可以说顶层设计已经到位。

为此，我建议：

1.将国学经典教育纳入学校课堂教育体系,落实在幼儿园、小学、初中、高中、大学等各级各类学校的教学中。国家应编写适合各个学段使用的统一课标、教材,应规定统一课时,将国学经典课程规划纳入国家课程中,保证学习和落实。

2.加大国学经典教育教师队伍的培养培训。《纲要》第 16 条中有"全面提升中华优秀传统文化教育的师资队伍水平"的要求,要严格审查、考核、管理国学经典教师队伍,并加强培训,保证师资力量到位,保证国学教育的发展方向和质量。

3.由县级政府主导,教育主管部门组织,因地制宜,结合本地历史文化,组织一批国学专家,有效利用当地的国学教育资源,开展国学经典教育活动,做好讲授传承工作。

切实找准着力点，让职业教育在基层落地生根

于 2022 年 5 月修订的《中华人民共和国职业教育法》为推动职业教育高质量发展提供了根本遵循。有法可依是第一步，关键是如何落实。特别是农业县区必须认清当前存在的问题，制定针对性配套政策、措施。

1.职业教育观念落后，思想认识有偏差

轻视职业教育问题突出。人们普遍认为培养厂矿企业职业技术人员就是职业教育的全部。据统计，全国 2017—2019 届贫困地区农村生源中有 11% 的人学农，学农后从事农林工作的不足 5%。存在"重普教轻职教"的思想，大多数群众认为职业教育是低人一等的"次等教育"，他们不管孩子的实际情况，盲目追求上普通高中。普通教育和职业教育完全剥离，片面追求"分数"，使学生与农企生产劳动几乎完全脱节。

2.各级政府投入不足，设施建设滞后

2021 年，全国共有中等职业学校 7000 多所，普通高中约 1.5 万所。县区以下的职业学校建设多停留于"每个县办好一所职业高中"的层面，缺乏"农科教"结合的职业教育特色。大多数县区职业高中的各类场地建设与省级标准差距还很大，更不必说新型专业设施和信息化设备的建设了。

3.师资力量薄弱，专业素质不强

2021 年全国中等职业学校专任教师近 70 万人，普通高中专任教师 200 余万

人。截至 2019 年 10 月,我国中职学校"双师型"教师总量约为 26 万人,占中职专任教师的 31.5%。农业县区职业学校的师资力量更不容乐观,大部分教师由普通高中转入,"双师型"教师占专业课教师的比例仅为 12%。

4.办学质量不高,服务职能较差

很多基层职高的办学模式还停留在普通教育模式中,校企协同发展、"双元"育人格局没有形成,职教特色尚不明显,人才培养质量的实用性较弱,导致本地区生源大量外流。另外,很多农业县区职业学校的专业设置以传统专业为主,骨干专业、特色专业没有形成,缺乏市场意识,没有推行面向企业真实生产环境的项目教学、案例教学等模式,职高专业服务经济社会发展的潜能没有充分发挥出来。

为落实好《中华人民共和国职业教育法》,我们需要在制定配套制度、推动地方制定或修订职业教育条例,以及完善相关制度体系等方面找准着力点,特建议:

1.尽快制定配套制度

实施《中华人民共和国职业教育法》,需要在实践层面加大顶层设计,坚持政策下沉,加大县级职业教育扶持力度。立足国内国外"双循环"大市场,着眼县级以下农村基层实用人才培养,对县级、农村职业教育进行总体谋划、科学规划,在硬件建设、软实力储备等方面出台实质性举措。深入推广农业县区职业教育的成功经验和先进典型,坚持正面宣传,进一步提高职业学校的吸引力,以留住更多本土人才,使其留在家乡为乡村全面振兴、农村经济发展服务。

2.提升职业教育资源支撑力

要按照《国家职业教育改革实施方案》制定省级职业院校、农村职业学校(教学点)基本办学标准,超前规划校园建设。充分利用义务教育阶段"撤点并校"后闲置的学校资源,开拓职业学校教学及学生实习实训基地。支持职业教育教学设施设备的配备,满足办学需要。建设就业实习数据平台,建设城乡职校、企业系统连通、数据融合共享的一体化信息服务平台,实现各类数据管理和交换的信息化。

3.壮大"双师型"教师队伍

一是通过"校企合作模式"，启动"学历证书+若干职业技能等级证书"制度试点(即"1+X证书制度"试点)工作，落实教师每年至少有1个月在企业实践以及每5年为一周期的全员培训制度，加强现有教师的实践力度。

二是要改革教师评价机制，在教师职称评定、评优评模、绩效考核中，破除"五唯"倾向，将教师的职业技能等级、企业生产项目实践经历、教师的业绩等纳入评价标准。

三是聘请企业技术人才、能工巧匠兼职任教，加强名师工作室和教师教学创新团队建设，助推校企"双师型"专业人员的教改研究与实践。

四是打通职高教师与高职院校教师的交流融合通道，采取"拜师带徒""青蓝结对""外请内聘"等方式，让职校的教师走进高职院校拜师学习，提高教师的"双师"能力。

4.努力提高办学质量

拓宽学生入企实训渠道，推动"校企合作共同体"建设。通过师生入企、半工半读、组团发展等方式，促进校企间资源共建共享。合理规划专业，确立传统型、产业型、智慧型专业，重点建设2—3个骨干专业、特色专业。同时，培育新型专业，提高县区职高在市域乃至全省职业学校专业建设中的竞争力。要按照产业链需求设置专业，为产业的可持续创新发展培养人才。要引导基层职高加大技能技术实训课程量，突出实践型、技能型教学。

关于全面提升中小学课后服务水平的建议

课后服务是落实党中央、国务院关于"双减"工作部署的关键环节,是落实教育部党组和教育督导"双一号工程"的"重头戏",在落实"双减"指向的"三个提高"(提高作业管理水平、提高课后服务水平、提高课堂教学水平)重点工作中具有举足轻重的作用。可以说,学校课后服务水平的高低直接关系学校"双减"实施的质量。中小学课后服务普遍实施以来,对学校全面育人能力建设、学校教育教学改革、促进学生全面发展、减轻家长校外培训负担等方面都起到了积极作用,但是,要赢得家长、社会的广泛、持续认可,课后服务水平必须进一步提升,充分满足学生健康成长的多元需求。

一、存在问题

1.服务项目相对单一

当前,中小学课后服务项目设置相对单一,不能够满足学生成长、发展的多元需求。据对我县窗口学校第三中学校和实验小学校的有关统计,全校课后服务项目数(包含学科类、活动类、生活服务类等)分别为32个、52个,而这两所学校的学生数分别为1925人、2386人,项目数与学生数比分别为1:61和1:46,这些项目仅从比例上来讲,就不可能满足学生的多元需求。

2.服务质量相对不高

一是课后服务项目以学科类社团、文艺类活动项目为主,体育类、生产劳动类、生活服务类、科技活动类等项目占比过低。如:平定县第三中学校的课后服务项目数为 32 个,学科类社团占用本校教师 128 人,占教师总数的 70%;文艺类活动服务项目 7 个,占活动类项目的 63.6%;科技类、体育类占活动类项目的 27.2%。实验小学校的文艺类活动服务项目为 4 个,占活动类项目的 44.4%,科技类项目为 0。

二是课后服务项目的课程化准备不够充分。每个服务项目的课程体系没有建立起来,仅仅靠教师的个人喜好、特长进行教学,内容安排随意化现象较为严重,实施教学不够规范。

三是课后服务项目的评价体系和评价制度不健全。没有全面、正确的评价,就难以保障课后服务发展方向。课后服务项目涉及学科类、艺术类、体育类、科技类等各个领域,如果县级教育主管部门、学校的评价制度不健全、评价体系不完备,这些课后服务项目就不会健康、长久地生存和发展。

四是课后服务内涵不足。很多学校在搞"一校两制",课后活动类服务不涉及毕业年级学生(小学六年级、初中九年级),也就是说,毕业年级学生只参加学科类课后服务,这实质是在增加文化课课时,打"分数战"。据调查,平定县第三中学校有学生 1925 人,实验小学校有学生 2386 人,参与课后服务的人数均达 100%,但实际上,两所学校毕业年级分别为 571 人、420 人,这些学生基本不参与课后活动类服务项目。

五是服务项目的教师队伍严重不足。特别是活动类服务项目,如体育、艺术、科技、劳动等,因专业师资严重缺乏,难以开展。平定县第三中学校也外聘了编程、足球、曳步舞、吉他等 5 个社团的 5 名社会人才入校,担任社团活动的指导教师,但这些人没有教师资格证书,不懂教育心理学知识,给组织教学、学生管理、心理疏导等方面埋下隐患。实验小学校没有外聘校外人员担任教师,因为在一个县区内,学校可以聘用入校担任指导教师的社会专业人员是极其有限的。

3.服务资金管理不够规范

各地对教育部要求的落实情况参差不齐,有的还存在有章不循、落实不到位的情况。《阳泉市中小学生课后服务工作实施方案》明确规定要"经费分担,财政补贴":"各县(区)要采取财政补贴、家长合理分担、收取服务性费用等方式多渠道筹措课后服务经费,政府财政承担部分经费,纳入预算,予以保障。按照成本补偿和非营利原则,课后服务课时费原则上每课时每人,小学不超过 2 元,初中不超过 3 元。"明确规定"教工参与,合理取酬":"学校管理人员、教师参与自习课或课后服务工作,按照课时数计入工作量,纳入绩效考核范围。"如今,中小学课后服务已经实施了数年,但仍存在财政补贴不够到位,向家长收费没有完全实施(高中),参与课后服务的教职工服务费分配不够科学等问题。如此,必然影响今后中小学课后服务质量的进一步提高。

二、工作建议

1.丰富服务项目,满足多元需求

教育部出台了《关于进一步规范义务教育课后服务有关工作的通知》(以下简称《通知》),要求落实"一校一案",着力推进课后服务"5+2"(每周 5 天,每天 2 小时)全覆盖,尽最大努力吸引学生广泛参与。"一校一案"是课后服务的"指挥营""总课表",是课后服务的基本遵循。教育部基础教育司原司长吕玉刚明确指出:落实"双减"文件,解除家长的后顾之忧,关键是让回归校园的孩子在学校学足学好,根本之策是提高学校教育教学质量,发挥好学校教育主阵地作用。所以,课后服务方案应在服务项目的丰富多彩上做文章,服务项目要涉及学科类、活动类、实践类、艺术类、体育类、科技类、劳动类等多个领域,满足学生的多元需求,唯有如此,才能增强学校课后服务的吸引力。

2.利用优势资源,创设服务条件

一是搞好学生调研,问需于学生和家长,梳理基于调研、紧贴学生实际需求的服务项目;二是各级党委、政府高度重视,为学校开展课后服务排忧解难,提供硬件、软件支持,如,想方设法创造条件,让学生有游戏的伙伴,有锻炼的器材和场地,有实验的仪器和实验室,有劳动的工具和基地,有提升兴趣爱好的道具和专用教室,有敞开心扉的心理辅导室,有宽敞明亮的阅览室……而且,在这些项目空间里,应当有足够的指导教师。三是挖掘校内师资、硬件等资源,为教师提供施展才华、全力育人的舞台。四是统筹利用社会本土人才资源、文化资源等优势,加强与青少年活动中心、图书馆、新华书店、科协、体协(武协)、文旅等相关部门合作,"请进来,走出去",进一步拓展课后服务渠道,提升课后服务水平。

3.加强课程建设,健全评价制度

一要梳理、整合课后服务项目,进行项目课程建设,防止将学科类服务项目做成"加课时、延时间"的学科教学,防止其他类服务项目因缺乏指导和制度而出现各种乱象,要对课后服务项目教学内容的政治性、正确性、难易度等进行专项审核,提高项目"准入门槛"。二要对校内教职工履职情况、外聘师资情况、项目运转(合同履约、评估标准与退出机制)情况、学生在课后服务中的成长情况、学生和家长满意度等进行科学、有效、全面的评价,使课后服务项目依法、健康、协调发展。所以,只有建立健全课后服务项目的科学评价制度和机制,才能真正助力立德树人、全面育人。

4.充实教师队伍,覆盖全体学生

一是参与课后服务的教师,应以校内为主、校外为辅,但他们均需要进行专题培训。通过培训,使校内教师认识到学科课后服务不同于日常课堂教学,不能将课后服务搞成日常课堂教学的"翻版"或"加时版";使校外教师认识到课后服务的重要意义和主要功能,明确职责、遵守道德、坚持教学原则、灵活运用方法等。二是中小学课后服务要全面覆盖申报参与的学生,严禁将毕业年级的学生拒于活动类服务项目之外。学校的服务载体越丰富,服务的覆盖面越大,服务的满意度越高,服务的吸引力就越强。

5.健全经费制度,保障顺利实施

省域、市域或县域应制定有关中小学生课后服务工作实施的经费保障制度,明确规定"经费分担,财政补贴;教工参与,合理取酬"的标准、方式,并及时抓好落实,保障参与课后服务的教职工合理取酬,并专心提高服务质量,这样才能保障中小学课后服务顺利实施、健康运行。

习近平总书记指出:"真正的教育,从来就不单单是学校的事情,更是家庭、学校和社会共同的责任。"特别是各级党委、政府应当主动担当,切实履行办学主体责任,为教育发展、为教师教学、为学生成长提供更为优越的办学条件。各级党委、政府,各个部门,各所学校校长、教师,只有真正学懂、弄通党和国家的"双减"政策,充分认识到"双减"作为国家"一号工程"的重大战略意义,才能在课后服务中站位高、思路明、措施强,真正做实"双减"工作。只要党委、政府、学校、家庭、社会目标一致、共同发力、精准施策,中小学课后服务就会逐步发展起来,学校教育主阵地作用就会充分彰显。

如何使中小学校党组织领导的校长
负责制落地见效

2022 年 1 月,中共中央办公厅印发了《关于建立中小学校党组织领导的校长负责制的意见(试行)》(以下简称《意见》),各地纷纷响应,开展试点推行工作。建立、推行中小学校党组织领导的校长负责制,旨在将党的全面领导"横到边、纵到底、全覆盖",推进中小学校治理体系和治理能力现代化,这对推进基础教育高质量发展和建设教育强国具有重大意义。但这一制度在试点推行中也面临诸多困难和问题,需要从实际出发,予以研判和解决。

一、面临的困难和问题

1.思想认识不到位,存在"到底谁是一把手"的困惑

从教育主管部门到学校,领导层的政治认知模糊现象普遍存在,"重业务轻党建"现象也比较突出;思想观念不够解放,习惯用传统思维模式和工作方式对待新事物,理念、思路跟不上新形势、新要求。一部分学校领导对新变化的接受能力、对新形势的应变能力、对新矛盾的破解能力等还有待提高,思想政治素质还不能适应新形势和任务需要。《意见》出台后,基层讨论最多的就是"书记、校长到底谁是一把手,谁说了算",这种理念导致党组织的全面领导作用没有突显出来。

2.管理体制不统一,两种制度同时实施存在不协调现象

在《意见》试点、推行中,大部分学校仍实行校长负责制,少部分试点学校实行党组织领导的校长负责制,因管理体制没有理顺,只能用原先的体制管理,加上学校"去行政化"未彻底实行,所以,无论是书记、校长的选拔、任命,还是管理、评价等,均存在"穿新鞋走老路"的问题。没有健全党办的学校,有的党政合署,有的只有书记一人在做党务方面的工作,力量薄弱,书记被边缘化,党组织作用难以发挥,造成上级部门和基层学校存在诸多不协调现象。

3.配套细则不到位,难以厘清"党组织领导"和"校长负责制"的权责

当前,仍缺乏中小学校议事规则的顶层设计、示范文本以及党建工作的重点任务清单等配套制度,党组织领导的校长负责制下的学校内部运行机制尚未健全,缺乏试点经验成果的推广。如,上级在部署工作时,很多交叉管理的工作,哪些安排给书记,哪些安排给校长,谁是"第一责任人",很多时候都拿不准,这给实际工作带来不少羁绊。

4.人才队伍有差距,"好校长"难选,"好书记"难求

实行党组织领导的校长负责制,对书记、校长的政治修养和综合素养提出了更高要求,对党组织、行政班子成员的政治素养和品德修养要求更高。当前,书记、校长队伍素质城乡差距较大、年龄结构偏大、后继人才乏力现象较为普遍。

二、对策及建议

1.加强培训研讨,提高政治认知

要抓好《意见》的贯彻落实工作,关键是组织各级教育主管部门、各级各类学校的党政领导认真学习文件重要精神,深入开展针对学校党组织书记、校长的专题培训、研讨,使其从树牢"四个意识"、坚定"四个自信"、做到"两个维护"的高度,全面领会《意见》中的有关精神,进一步提高政治认知。

2.加强顶层设计,理顺管理体制

各省、市、县要认真制定落实《意见》的实施方案,全面了解城乡中小学校党组织的建设现状,书记、校长的配备情况,摸清底数,建立任务清单和工作台账,注重分类指导、分步实施,以推动改革稳妥落实。试点工作要推进实施"一校一案",积极总结试点经验成果。管理体制改革要超前预设,有计划地逐步达到全面覆盖。如,省、市、县组织部门、教育主管部门等要制定党组织领导的校长负责制运行模式和评价监督细则,指导推行党组织民主决策机制、书记首位表态制,初步实践模式,推广试点经验,使各校在"有模—用模—创模—脱模"中,制度改革臻于完善。

3.加强政策配套,厘清党政权责

《意见》虽在宏观上明确了中小学校党组织的全面领导职责、学校党组织书记主持党组织全面工作、校长在学校党组织领导下依法依规全面负责学校的教育教学和行政管理等工作,但在实际执行中,还是存在不少问题。因此,加强政策配套,厘清党务和政务、党建和教学等职责非常必要。如,要研究制定中小学校议事规则的示范文本、党建工作的重点任务清单等配套制度,指导各校结合实际完善议事规则,着力制定新的学校章程,健全学校内部运行机制,等等。

4.加强队伍建设,选好、配好班子

当前,学校党政班子大都交叉任职,党组织班子和行政领导班子基本为一套人马,党组织会议和校长行政会议往往合并召开,议事范围不明晰,党组织在学校所处的政治核心作用不明显。因此,厘清党组织班子和行政班子的职责任务,加强两套班子,特别是党、政主干(书记、校长)的选拔、配备、培训等工作尤其关键。应摒弃过去书记是"辅助岗位""养老岗位"的错误认识,同时充分认识到选好、配好书记不等于健全"党组织",党组织中至少要保持三分之一的不属于党政交叉的任职人员。只有保证书记和党组织班子、校长和行政班子"双强双赢",才能将《意见》的落实推向深入。

校长评价——深化教育评价改革的题中之义

2020 年 10 月,中共中央、国务院印发《深化新时代教育评价改革总体方案》,明确"到 2035 年,基本形成富有时代特征、彰显中国特色、体现世界水平的教育评价体系"等教育评价改革目标,提出"改革党委和政府教育工作评价,推进科学履行职责;改革学校评价,推进落实立德树人根本任务;改革教师评价,推进践行教书育人使命;改革学生评价,促进德智体美劳全面发展;改革用人评价,共同营造教育发展良好环境"等要求,而校长评价改革却未提及。《义务教育学校校长专业标准(试行)》(以下简称《校长专业标准》)规定了"规划学校发展、营造育人文化、领导课程教学、引领教师成长、优化内部管理、调适外部环境"等校长职责。可见,校长评价对促进校长专业发展和提升,对学校办学的科学性、有效性具有极其重要的作用,是深化教育评价改革的关键一环。在此,我就基础教育校长评价的思考与同行分享,以求商榷。

一、校长评价是一个老话题、新课题

在日常教育教学工作中,以及各级教育政策文件中,我们见得较多的是"教育评价""教育督导评估""教育质量评价",这些评价相对于"校长评价"来说,都显得宽泛。现实中,实施学校教育评价、教育质量评价的地区很多,进行专门的校长评价的地区却极少；实行教育教学研究的很多，研究成果也很丰富，但进行校长评价研究的却很少，研究成果也比较少。所以，校长评价，说起来是一个老话题，但真正做起来，却是一个新课题。

教育部出台的《校长专业标准》明确指出："校长是履行学校领导与管理工作职责的专业人员。"并提出了校长专业发展的 5 个基本理念，即以德为先、育人为本、引领发展、能力为重、终身学习，明确了校长的道德使命、办学宗旨、角色定位以及专业发展和持续提升的要求；提出了校长的 6 项专业职责，即规划学校发展、营造育人文化、领导课程教学、引领教师成长、优化内部管理、调适外部环境，体现了倡导教育家办学的要求。对校长的 6 项专业职责细化为约 60 条基本要求，每项专业职责约 10 条要求，由专业理解与认识、专业知识与方法、专业能力与行为三个方面组成，具有很强的指导性和规范性。可见，校长不仅仅是行政职务，而是和教师一样，属于专业人员，并且要引领教师专业发展、领导课程教学等。

因此，校长评价要发挥导航作用。抓好抓实校长评价，就抓住了提高校长领导力的核心，就抓住了推动学校健康发展的"牛鼻子"，校长评价应当作为教育评价的重要研究课题之一。

二、校长评价的现状

近年来，我国政府和教育部门都对校长的发展非常重视，并积极采取各种措施促进校长管理制度改进和校长专业水平提高。教育部 2012 年出台了《义务教育学校校长专业标准（试行）》，2015 年印发了《普通高中校长专业标准》《中等职业学校校长专业标准》《幼儿园园长专业标准》，这对引领校（园）长专业发展具有里程碑意义。但是，《校长专业标准》规定的校长评价制度却相对滞后。

从我国校长评价的现状来看，现有的校长评价存在评价工具缺失、评价内容模糊、评价标准程式化、评价体系不健全、评价依据不统一、评价缺乏专业支持、评与聘任脱节、评价目的归于考核和奖惩等问题,评价重约束、轻引领,重结果、轻过程,重分数、轻发展,评价标准与校长专业发展不契合,与校长专业发展趋势不适应;而且,更多地表现为重视对学校、对教师、对学生的评价,重视教学成绩的评价,忽视对校长的评价。因此,以上问题在一定程度上影响了校长管理制度的改善和专业水平的提高,影响了校长专业领导力的持续提升。

三、当前校长评价中存在的误区

一是将学校评价等同于校长评价,给学校的评估分数就是对校长的评价分数。二是将考试成绩评价等同于校长评价,认为高考、中考、小考的分数代表了全校的教学水平,甚至认为拔尖生的成绩代表了一所学校、一个地区的教育水平,自然,这也就代表了校长的水平。三是"泛评价""一刀切",无论学段差别、年龄差别、资历差别、专业水平差别,所有的校长都用一个标准进行评价。如,要求所有校长一律代课,不代课的一律扣分,这显然不切实际,也会导致校长"虚代课现象"普遍存在,有损校长形象和教育教学质量。四是校长任用机制不够健全。校长任用往往与校长评价相脱节,忽视校长的教育思想、专业能力、校长作为和办学贡献,在机制推动、因才而用方面落实不够,这也是校长评价走虚走空的原因之一。

综上,这些校长评价的误区实际上可以归结为"无校长评价",其根源在于校长评价没有坚持《普通高中校长专业标准》《义务教育学校校长专业标准(试行)》和《幼儿园园长专业标准》,缺乏专业性、针对性和科学性,校长评价与校长岗位聘任的衔接不够,缺乏专业约束。在深化教育评价改革,推进中国式教育现代化的今天,校长评价应引起足够重视。

四、教育评价改革中校长评价的建议

在信息化时代背景下,学生的核心素养培育、教师的专业素养提升、学校办学理念的与时俱进、新时代教育特殊使命的完成，都对校长的角色定位、专业素质、领导能力提出了新要求。校长，首先要以教育者的角色坚持教育规律、坚守教育理想，还要以管理者的角色贯彻落实党和国家的教育方针，以创新的意识管理学校，更要以领导者的角色带领全校师生共同发展，共谋学校高质量发展大计，完成为党育人、为国育才的光荣使命。因此，实施校长评价，要着眼于提升不同层次、不同类型校长的领导力水平，促进他们更好地履行校长职责。为此建议：

1.实行校长队伍专项评价

采用德尔菲法将校长评价从教育评价、学校评价等客体评价、综合评价中剥离出来，突出校长队伍的政治性、专业性、全面性，补充个性化成果、贡献方面的评价内容，建立一套针对性强且有效的中小学校长评价体系，增强校长的履职评价认可度、归属感。

2.坚持校长队伍专业化评价

依据教育部《幼儿园园长专业标准》《义务教育学校校长专业标准（试行）》《普通高中校长专业标准》《中等职业学校校长专业标准》《高等学校领导人员管理暂行办法》等，制定各学段校长、领导人员评价指标，实行分学段、分类型专项评价，引导校长人生规划和职业发展规划并轨先行，明确校长专业发展方向，确保校长领导力持续提升。

3.建立校长队伍选聘机制

"一个好校长，就是一所好学校。"但没有好的校长评价，就难以甄别出好校长。现实中，校长选拔、聘用的依据各地不同，缺乏一个"主调"，如果能够将教师评价、校长评价与校长选聘、校长管理衔接起来，构建一个环环相扣的评价系统，必能营造校长队伍的良好生态，促进校长队伍可持续、专业发展。因此，通过评价杠杆调节，建立教师、校长动态上升通道，将教师、校长队伍中的优秀人才推举到更高的平台上发挥作用，这才是教育评价的重要使命。

4.建立教育评价改革保障机制

一是重视校长主体建构。任何评价,如果没有主体参与,便会失去生命力。校长评价应发挥校长在评价中的主体作用,推行建构式评价。二是强化校长专业身份认同。在落实校长职级制度过程中,要紧密结合本地实际,实事求是落实校长评价改革制度。三是将专用经费纳入预算。校长评价改革经费应纳入教育改革保障经费预算,作为推进教育质量整体评价的重要板块,这是推动教育高质量发展的必要投入。

习近平总书记在全国教育大会上明确指出,"健全立德树人落实机制,扭转不科学的教育评价导向……要坚决克服唯分数、唯升学、唯文凭、唯论文、唯帽子的顽瘴痼疾,从根本上解决教育评价指挥棒问题,扭转教育功利化倾向",这段重要论述一针见血地指出了长期以来我国各级各类教育评价中比较突出、深受诟病的"五唯"等问题,为推进我国教育评价制度改革指明了方向。《深化新时代教育评价改革总体方案》是推进校长评价改革的指导性文件,只有学深、悟透,才能做实。

习近平总书记在党的二十大报告中,将教育、科技、人才在全面建设社会主义现代化国家中的战略意义概括为"基础性、战略性支撑",教育评价改革作为教育改革的支点,应突出校长评价的引擎作用,将校长评价作为深化教育评价改革的关键一环,本着"政治统帅、师德为首、分级分类、专业导向、激发自主、注重成效"的原则,坚持政治性、政策性、导向性、实践性、操作性相结合,进行细则条目、分值比重等设置,走出一条推进教育高质量发展的校长评价专业化道路,补齐短板,推动发展。

名师工作室应在区域内充分发挥引领作用

名师工作室作为提升教师队伍素质、发展基础教育的一种有效载体,自2000年开始在全国各地创建,起初,确实对激励名师、骨干教师奋发向上,对当地基础教育阶段教师素质提升等起到了积极作用,但在发展中期、后期也确实出现了继发力不强、作用发挥不够等问题,"有名无实"的现象普遍存在。为此建议,各级党委、政府及教育主管部门应重视名师工作室的建设与管理,使其在区域内充分发挥引领作用。

一、问题与现状

综合分析全国各地名师工作室建设与运行情况,其存在的主要问题为:一是缺乏顶层设计引领;二是缺乏制度保障;三是发展定位不准,缺乏符合实际的规划;四是主持人自主权限不够清晰、不够充分;五是学科专业性、带动性不强;六是研修活动形式大于内容,深入性不够;七是成员的个性化需求得不到保障;八是教科研成果和教育教学实践双向转化能力较弱。根本原因在于培育人才理念问题和工作效率问题。

二、对策与建议

(一)重新认知"名师"

名师,指的是在教育培训领域公认的有重大贡献和影响的学者、教师、培训师等。他们的特质可归纳为三点:有明确的、独树一帜的教育教学主张;有一定数量的代表性论文或著作;有对教育的奉献精神。例如:霍懋征的教育思想精髓是"没有爱就没有教育""没有教育不好的学生",她的教育主张有"四个从没有""讲读法""十学会""十六字教学法"等;李吉林是情境教育创始人;于漪坚持教文育人,主张教育思想和教学实践同步创新;李庾南是"自学、议论、引导"教学法的创始人;魏书生创立了"14种教育观"、班级民主管理、六步教学法。县、市级名师的教学思想虽然没有以上方家深邃丰实,但也有正确的、鲜明的教学主张和突出的教育教学成果。值得注意的是,无"名师"之名的教师中确有一些有思想、敢创新的骨干教师,应注意吸纳培养。

(二)选好名师工作室主持人

不是所有的名师都具备做名师工作室主持人的素质和条件。工作室的主持人要在区域内具有一定知名度和影响力,具备正确的、独特的教育教学理念或者风格,有一定的话语权,有领导能力、组织能力、合作意识和公允情怀、奉献精神。只有这样的人去主持名师工作室,才能团结和激发每个成员的自主成长意识和进取创新精神。

(三)把握名师工作室的建设和运行原则

1.同步原则

即一边培养名师,一边推进名师工作室的建设与发展。名师之"名"是相对而言的,没有绝对的标准。名师是"成长中的名师""培育中的名师",既需要组织的培养,也需要同行的滋养,更需要持续的自我发展。

2. 保障原则

一是制度保障。要有与上下、内外相衔接的、完善的制度，有名师工作室的立足之地。二是经费保障。要有必要的运行经费，账目可以挂靠列支。三是待遇保障。要给主持人、名师以时间（工作量、公假等）、场地、设备，规定主要活动区域。四是职权保障。主持人对工作室业务安排、经费支出的合法性、合理性负主要责任。

3. 授牌原则

县、市级名师工作室要有相应级别教育主管部门的专项授牌文件，统一举行挂牌仪式，并公布于众，突出公开性和规范性。

4. 领航原则

实行党组织领导下的名师工作室主持人负责制，加强顶层设计，讲求"区域发展一盘棋"，坚持政治性，强调整体性，体现全面性，突出创新性，落实成效性。

5. 双选原则

名师工作室成员组成实行由教育主管部门遴选和主持人自主提名相结合，要考虑到成员的专业、年龄以及工作便捷性、区域均衡性等因素。

6. 分层原则

名师工作室要坚持分层分类原则，成员要遵循梯队组合原则，形成分类建设、优势互补、功能区分的名师工作室和结构合理、能力互补、梯队组合的名师团队。

7. 专业原则

名师工作室建设必须突出专业性，考虑专业成果的同质组合、互补组合，以及专业人员的优化组合，鼓励"百花争艳"。

8. 周期原则

要明确运行周期，一般为 1 年到 3 年不等，特殊为 5 年到 10 年，突出的可以为终身制。同时要明确主持人更迭接续的要求和程序等。

9.考核原则

名师工作室要实行年总结、年考核、终评估等考核制度,重视过程业绩,突出成果导向,打造成效品牌,引领区域教育发展。

总之,名师工作室要落实立德树人根本任务;要把培育和弘扬社会主义核心价值观作为凝魂聚气、强基固本的基础工程,集创新性、自主性、高效性、研究性于一体,积极倡导在学科教研、课堂教学改革与成果创新方面进行有益的实践探索;要把工作室建成为"名师成长的摇篮、资源辐射的中心、师生对话的平台、教育科研的基地",使其在所在区域内充分发挥引领作用。

师范院校的毕业生面向
农村中小学分配的建议

从 2007 年开始，我国在教育部直属师范大学实行师范生免费教育制度。这一重要制度确实是加强师范教育改革、吸引更多优秀人才报考师范院校的一项示范性举措。教育部于 2012 年底出台了《关于深化教师教育改革的意见》（以下简称《意见》），《意见》要求加强中小学幼儿园教师、职业学校教师、特殊教育教师和民族地区双语教师培养培训基地建设，鼓励、支持地方结合实际，实行师范生免费教育制度，但至今没有落实。不管怎样，以上制度都是为了吸引人才报考师范院校，但现实题有如下几个：一是师范院校毕业生毕业后没有加入教师队伍；二是仅有教育部直属的 6 所师范大学的免费师范生远远满足不了需求；三是广大农村中小学面临教师青黄不接、数量不足、质量没有保障的严峻局面。要想从根本上解决教师数量不足、质量不高的问题，从就业环节入手是最有效、最根本的措施。

基层数以万计的教师、数以亿计的学生及家长都期盼国家实行师范院校的优秀生面向农村中小学分配的制度。

师范教育是教育事业发展的根基，改革开放以来，我国师范教育得到了长足发展，特别是在二十世纪八九十年代，国家实行中专以上师范学校最高分录取、全免费教育和包分配制度，为教育事业吸纳和输送了大批优秀教师，这些教师为教育工作做出了重大贡献。但是,如今这些教师有的已经退休,在职的也已经四五十岁,其中有一部分教师的身体状况已经不能胜任主要教学工作。与之相对应的是,随着我国经济社会的全面发展,人民群众对教育的需求、对师资的需求逐年提高,"择校热""择班热""择师热"便是表现。相比之下,我们教师队伍的整体素质还不能完全适应时代需要,师范教育改革发展还不能完全适应建设高素质教师队伍的迫切需要,高等师范院校人才培养还不能满足基础教育对优质师资的迫切需要。因此,加强中小学教师队伍建设已经成为一项刻不容缓的战略任务。为此,建议:

第一,在部属师范大学继续实行师范生免费教育制度,以吸引贫困家庭的优秀学生报考师范院校,从源头上吸纳一流人才加入教师队伍。

第二,在其他本科师范院校也实行免费教育制度,以扩大优秀人才报考师范院校的比例,满足现实需要。

第三,对男生报考师范院校要予以鼓励,因为我们的教育需要大批男教师。

第四,对师范院校的优秀毕业生要确定一定比例,实行"工作定向、包分配制度"。这是从教育上吸纳优秀人才的根本措施。

第五,国家要真正把教育摆在优先发展的战略地位,把教育工作作为衡量地方各级政府的硬指标,明确要求县级政府重视教育、重视教师。

民族振兴在教育,教育振兴在教师,教师振兴在人才。鼓励优秀的高中毕业生报考师范院校,鼓励优秀的大学毕业生投身教育,到农村中小学任教,这有利于培养德才兼备的优秀教师,有利于真正加强中小学教师队伍建设,有利于从根本上提高教师队伍的整体素质,有利于促进和支持国家各级教育改革,进一步提高教育教学质量和水平。这项重大举措对于促进教育事业全面、协调、可持续发展,对于建设教育强国、构建社会主义和谐社会具有重大而深远的意义。

学校应成为最安全的应急避险场所

加强应急避险场所建设是做好防灾减灾工作的一项重要的基础性工作，是落实以人为本、构建和谐社会的具体表现之一。应急避险场所是受到灾害侵袭时，为暂时离开居所的人群临时提供的保全生命的场所。应急避险场所应当利用空旷场地和大型场馆，预先准备生活物资、自救设施等。建设应急避险场所，是法律的硬性规定，更是城市公共安全建设的一项重要内容，应该受到各级政府的重视、全民的关注。

学校是较大的人群聚集地，一所学校的师生，少则百人，多则千人，每个学生都是家庭的未来和希望，而学生应急避险能力和自救能力较弱，面对突发事件，学校是否有明确的、安全的避险场地，能否采取必要的、有效的避险措施，是否具有科学的、迅速的自救、互救能力，直接关系学生的生命安全。因此，各级政府应站在"生命至上"的角度，站在民族和国家发展的高度，重视学校应急避险场所的建设。

现实情况是，法律已经作出明确规定，而基层落实的情况却千差万别，很多地方的应急避险场所建设停留在口头，停留在安装几块"应急避险场所"的牌子上。为此，建议如下：

学校应成为最安全的应急避险场所！既然是应急避险场所，那就要在危急的时候用来妥善安置受灾人员，所以这个场所就要具备一定的条件。

1.首先要有开阔的场地,周围没有高层建筑、高压电线(或裸露电线)、悬挂物等;经过地质勘探,地下没有防空洞之类的危险因素,并可以用来搭建帐篷。

2.应设置紧急避险逃生标识,以有效指引慌乱中的逃生者向正确的方向逃生。

3.应该有应急供水、供电设施和应急物资的储存点、分发点。

4.政府应该慎重地、负责任地选择合格的应急避险场所,进行高质量建设,使之确实符合要求,保障在危险袭来之时能够保护人民群众的生命安全。在此基础上,学校的应急避险场所建设更应与学校教育教学工作紧密结合,纳入常态管理,确保师生的人身安全。

总之,学校要成为最安全的应急避险场所,还要提高师生的认识,加强气象灾害知识普及和地震灾害知识普及、消防安全应对教育、心理健康教育、人身安全防护等,多管齐下,明确责任,创新方法,确保应急避险教育工作落到实处。

我国高校应加强构建家校共育机制的建议

按照我国当前的教育体制，大学(大专、本科)招收的学生主体的年龄在 18 岁至 25 岁，这些孩子进入大学时刚成年，他们在心理、生理、社会经验等方面都不是很成熟。而大学校园的环境相对社会化，学校管理相比中小学来说松散许多，可以说，大学已经把学生当成人对待了，如此就形成了一定的反差，这种反差本应该通过学校和家庭的有效沟通、共同教育进行弥补，但现实情况是家校联系脱节，共育无从谈起。很多学生已经大学毕业了，家长还不知道大学辅导员老师的联系电话，只有孩子在学校出现了安全事故、疾病等必须与家长联系的事情时，学校才与家长联系，家长在家校共育中实质上处于被动地位。

基于以上状况，我提出如下建议：

1.高校学生管理，要切实落实中央要求

2023 年 1 月，教育部等十三部门发布《关于健全学校家庭社会协同育人机制的意见》指出："积极构建学校家庭社会协同育人新格局，着力培养德智体美劳全面发展的社会主义建设者和接班人。""明确学校家庭社会协同育人责任，完善工作机制，促进各展优势、密切配合、相互支持，切实增强育人合力，共同担负起学生成长成才的重要责任。"高校和家庭是对大学生进行教育的至关重要的、不可或缺的两个主体，二者常态化地有效沟通和联系，对于保证大学生沿着正确的方向成长和发展,对于保证高校应有的教育质量,对于减少和避免安全事故的发生有着积极作用。

2.高校学生管理,要切实构建"三位一体"教育格局

随着时代发展,社会对人才的需求呈现多元化趋势,大学生的培养自然更需要多元主体的积极参与,学校、家庭、社会理应共同承担培养责任。可以说,学校、家庭、社会"三位一体"教育是一个紧密联系的系统工程,而家校联系是这项工程中一个不可缺少的重要组成部分,是这项系统工程的"信息枢纽"。只有不断完善"三位一体"教育体系,才能实现多元人才的培养目标,才能最大限度地发挥我国青年大学生的才能,使其为国家建设做出应有的贡献。

3.高校学生管理,学校要切实发挥引领、主导作用

学生的家庭因文化层次、地域风俗、民族而不同,学校要在家校共育工作中发挥主导作用。首先,要引导家长了解学校,了解学校的管理模式和具体要求,认识孩子的老师、辅导员,明确家校联系的途径、方式等。其次,家校之间要形成常态化的交流和信息共享。最后,要面向家长、面向学生进行培训,使之通过学习不断提升家校共育的认知;家长要和学校老师、辅导员形成教育共识,并互通有无,共同教育和引导大学生在正确的求学道路、健康的人生道路上前进。

4.高校学生管理,要充分利用传统方式和现代手段

传统的沟通方式,如书信、联系卡、调查问卷等,可以用于阶段性的、程式化的沟通内容;现代手段,如固定电话、手机、网络沟通平台(QQ、微信、博客、邮箱)等,可以实现即时沟通。如此,家校结合,互促共进,共同对大学生的生活、学习、成长等进行全方位管理。

大学生一般都远离家庭,跨市、跨省到异地求学,他们的成长确实需要家庭、学校的细致监管。在这个敏感的时期,家校"放手",让其自行发展是极不负责任的,家庭和学校应当本着对学生负责、对家庭负责、对社会负责、对国家负责的态度,深入细致地构建起家校共育机制,并扎实开展家校共育工作。

关于切实做好减轻中小学生课业负担的建议

中小学生课业负担过重的问题是一个"老话题"，历来受到党和国家的高度关注，教育部也多次下文，明令禁止导致中小学生课业负担过重的教育行为，这虽然在一定时段、一定范围内起到一定的作用，但此问题一直难以得到根本解决，甚至有愈演愈烈之势。长此以往，这势必会影响学生身心健康，不利于培养国家需要的人才。

一、中小学生课业负担过重的主要表现及问题

1.学生自主成长的时间被严重挤占，自主学习能力普遍下降

学生放学后上"作业辅导班"，周末上"学科补习班"，寒暑假上"学科预习班""特长训练班""竞赛辅导班"等，这些时间本是属于学生的自由时间，如今却被一个个紧锣密鼓的培训班挤占了。作业本应该独立完成，如今却有人辅导，独立学习能力无从培养；周末本应该参加家务劳动或研究性、实践性学习，如今却被"学科补习班"占用，学生的实践能力无从培养；寒暑假应该投入大自然怀抱，认识大自然，参加生产劳动实践，如今却被"内容丰富"的辅导班占据，学生成了"辅导班"的"奴隶"，学生的规划能力、实践能力与创新能力失去了"土壤"。

2.学生的兴趣爱好被忽视，自主成长的自信心受到严重影响

大多数学生上的辅导班非己所愿、非己所好，属被动从之。在这种情境下，其

兴趣爱好得不到发展,优势得不到发挥,自信心必然受挫,从而影响其自主发展和快乐成长。

3.学生的锻炼时间被取消,身体素质普遍下降

当前,中小学生的身体素质普遍下降。学生害怕长跑运动,400 米跑不完就气喘吁吁;上肢力量差,很多男生引体向上连一次都做不了。全国学生体质与健康调查结果显示:大学生身体素质继续呈现下降趋势;视力不良检出率居高不下,继续呈现低龄化倾向;肥胖检出率持续上升。造成这些问题的直接原因是学生的锻炼严重缺位,而锻炼时间的缺乏又与课余时间被挤占直接相关。

二、造成中小学生课业负担过重的主要原因

长期以来,中小学生课业负担过重问题难以彻底解决,这实质上是人民群众对优质教育的期盼与现有教育资源,特别是学校教育资源不充分之间的矛盾的表现,这个矛盾随着人民群众生活水平的逐步提高会愈来愈凸显。

1.学校原因

师资力量不足,体育、艺术、信息技术教师缺乏,大班额教学等因素,导致学校教育存在重视主科教学、轻视"副科"教学、教学方法陈旧、效率不高等问题,由此造成学生"课内遗漏课外补""校内不学校外学"的状况。

2.家庭原因

一类是重视子女教育的家庭,家长将自己的"成长缺失"和"成长理想"寄托在孩子身上,不惜花重金为孩子报各种辅导班。一类是不重视子女教育的家庭,家长忙于工作或生计,将孩子托付给辅导班代管,摆脱孩子对自己的拖累,这一类型的家长认为"花钱就是履行教育责任"。还有一类是盲目从众的家庭,父母认为孩子的同龄人很多都上辅导班,自己的孩子不能输在起跑线上,就盲目攀比,给孩子报了一个又一个辅导班、特长班、预习班等。

3.社会原因

受众有需求,市场就会有供给。据调查,我县前些年有200多个培训机构(只有2个有注册手续和经营许可证),内容包括学科培训、作业辅导、特长培训、各学段预习班教学等,从幼儿到高中生均有培训对象。

三、解决中小学生课业负担过重的主要措施

1.堵疏结合,减轻课业负担

堵,就是要严格落实教育部等四部门印发的《关于切实减轻中小学生课外负担开展校外培训机构专项治理行动的通知》(以下简称《通知》),对不符合规定的办学机构坚决取缔;对在校外兼职的教师严格叫停、处理,从源头上减轻课业负担。疏,就是要激活学校办学机制,在政府的主导下,允许学校整合社会力量(如当地文体部门、青少年活动中心等)参与办学,将体育、艺术类人才引进校园,利用校园活动时间开展社团活动,这样的"归并"教学也减轻了学生的课业负担。

2.内外监管,减轻课业负担

对校外培训机构和学校内部活动,教育部门都要加强内容上、形式上的监管,做到有标准、有检查、有评价,形成正向评价机制,切实在培养学生全面素质、兴趣特长、核心素养等方面,起到与学校课堂教学有益补充的作用,提高学生的体育、艺术、科学等素养,促进学生全面发展。

3.纲目并举,减轻课业负担

即要把"育人"和"管事"结合起来。这里的"育人"主要指对教师和家长的教育。一方面,教师需要教育引导。习近平总书记强调:做一名好老师要有理想信念、有道德情操、有扎实学识、有仁爱之心。在学生眼里,老师"吐辞为经,举足为法",一言一行都给学生以极大影响。要引导教师把教书育人和自我修养结合起来,做到以德立身、以德立学、以德施教。通过高度重视、认真教育,切实解决教师

队伍中存在的有偿补课、有偿办班等功利问题。另一方面,家长也需要教育和引导。政府、教育主管部门要通过媒体,学校要通过家长会等渠道,对家长进行教育,使家长树立正确的人才观和教育观,克服"重分轻德""重分轻能"的偏狭教育思想。"管事"就是对教育过程管理要从严从细。教育部等四部门印发的《通知》,要求校外培训机构要坚决纠正学科类的"超纲教学""提前教学""强化应试""重复教学"等不良行为,严禁组织中小学生等级考试及竞赛,坚决查处将校外培训机构培训结果与中小学校招生入学挂钩行为。同时,教育部对学校正常教育教学中关于学生课业负担有明确的规定,如各学科的周课时数、不同年级学生的作业量、中小学生的在校时间、不同年龄段学生的睡眠时间等,这些规定的落实情况直接决定着教育教学的效率和质量,决定着学生课业负担的轻重。

合理解决中小学生课外培训负担过重问题,只堵不疏不行,只管校内不管校外不行,只管教师不管家长和学生不行,只有在政府的强力推动、社会的共同参与下,才能标本兼治,将学生的课业负担引向健康运行的轨道。

学生暑期值得关注的问题及对策建议

2021 年 7 月 7 日，暑假刚刚开始几天，我省永济市就有 6 名放假在家的学生因在城西舜帝坝黄河边玩耍失联。据永济市人民政府通报，截至 7 月 9 日 16 时 30 分许，共搜寻出 5 名失联学生，均无生命体征。出现此类问题的主要原因在于：对学生暑期存在的问题预测、关注、监管不到位。由此，我特别就学生暑期值得关注的问题进行梳理，并提出对策及建议。

一、学生暑期值得关注的问题

（一）安全问题

1.溺水问题

每年暑假，全国各地关于中小学生溺水的信息总是接连不断，溺水死亡占死亡总数比值居高不下。

2.交通事故问题

据统计，在我国的未成年人意外死亡中，交通事故是主要原因之一。除公共交通事故外，家庭自驾游交通事故、飙车（包括自行车、摩托车）事故也是主要原因。

3.食物中毒问题

时逢盛夏，学生误食发霉食物、过期食物、不卫生食物等导致的食物中毒现象在学生意外事故中占到一定比重。

（二）习惯养成问题

1.沉溺网络问题

学生沉溺于智能手机、电视、游戏中，是家长面临的最为头疼的问题之一。

2.作息紊乱问题

主要表现为：无计划、无约束，赖床、夜战、少餐，学习或虎头蛇尾，或一曝十寒，或半途而废。

（三）心理健康问题

1.攀比心理

学生之间因关系远近，以升学、生日为由头，派生出升学宴、生日宴等庆祝形式，有的宴席还有家长助力。宴席在学生的相互攀比中进行，规模、档次逐级攀升，愈演愈烈。这是中小学生中存在的较为严重的、不健康的攀比心理在作祟。

2.宅居独处问题

暑期，有很大一部分学生选择宅居独处，连续多天不出门、不锻炼、不与其他人交往，特别是双职工家庭的独生子女，家长上班，孩子独自留在家里，终日沉浸在自己的世界里，养成了诸多不良习惯，从而造成孤僻、偏激、抑郁等心理问题。

（四）锻炼不足问题

1.不进行体育锻炼，健康受到影响

肥胖症、骨质疏松症、体能不达标等体质问题突出。

2.不参加生产劳动，价值观念消极

没有生产劳动意识，不会使用劳动工具，存在不劳而获、崇尚暴富、贪图享乐的错误思想。

3.不参加社会实践活动，责任感较低

有一部分学生不愿为他人和社会提供服务，参加公益劳动、志愿服务的意愿不强,社会责任感普遍较低。

二、对策及建议

为防止以上几类问题出现,一是要增强家长的监管责任感,增强安全意识,落实家教管理措施;二是学校、社区、水利、交通、公安等各部门要加强协同配合,发挥协同监管作用。

1.增强家长(法定监护人)的安全监管意识

假期,家长要加强对孩子的全面、全程监管,要向孩子普及溺水、交通、饮食等方面的安全知识和常识,切实履行家庭教育管理责任。

2.学校要发挥主导作用

学校要通过书面告知、网络提醒、阶段反馈等方式,引导学生在假期科学规划生活,养成良好习惯。注重过程评价和终极评价,引导学生度过一个安全文明、充实而有意义的假期。

3.社会要发挥协同教育作用,履行共同教育监管职责

社区、书店、媒体要通过组织才艺展示、读书活动等形式,开展适合不同学段学生的活动,引导更多学生正向发展。同时要设立行业监管专岗,特别是水利、交通、城管等部门,通过监管专岗,及时发现和制止危险行为,保障学生安全文明度假,保障良好的社会秩序。

4.加强劳动实践引领,补足劳动实践课程

要利用假期广泛宣传、大力落实教育部出台的《大中小学劳动教育指导纲要(试行)》(教材〔2020〕4 号,以下简称《纲要》),通过劳动实践、公益活动、岗位服务等途径,落实《纲要》对小学教育至高等教育等各学段学生的劳动实践内容,进行日常生活劳动教育、生产劳动教育、服务性劳动教育,引导学生牢固树立劳动最光荣、劳动最崇高、劳动最伟大、劳动最美丽的思想观念,积极参加家务、田间、车间、

科普、公益、服务等力所能及的各种劳动锻炼,加深对"劳动创造人本身、劳动创造历史、劳动创造世界、劳动不分贵贱等马克思主义劳动观"的理解,增强社会责任感。

5.细化配套制度,实行学校托管

教育部印发的《关于支持探索开展暑期托管服务的通知》,鼓励有条件的学校积极承担学生暑期托管服务工作,以满足广大家长需求,解决学生暑期"看护难"问题。但其中涉及一些不好界定、落实不到位的问题,如教师补助费用的来源,托管中开展的活动与补课的界定问题,监管主体、评价标准、奖惩办法等配套措施,不能因制度不严密,使学校和教师"出力不讨好"。

教师职称评审应评聘合一，取消结构比例限制

2016 年以来，我省的中小学、中职教师职称评审制度进行了大幅度改革，特别是都增加了正高级教师的评选，实行评聘分开，这对调动一线教师的工作积极性，促进教师专业发展，促进学校精细化、科学化管理起到了积极作用。但从 2020 年 10 月份开始，评聘分开制度又突然叫停，基层校长、教师很不理解。经初步了解，原因在于评聘分开的开放性、激励性，岗位结构比例制度的限制性、约束性给基层人际关系造成了不可调和的矛盾。说白了就是，评聘分开鼓励广大教师积极进取，取得高一级的教师职务资格，但因结构比例限制又不予聘用，使具备高一级职务资格的教师并不能享受到相应的待遇，甚至很多教师直到退休也享受不到聘用待遇。对教师来讲，这个评上的教师职务资格等于虚晃一枪，没有实际意义。

相比于公务员已经实行多年的职级并行制度，教师职称评审制度还存在诸多约束性条款。对此，我建议如下：

1.职称评审应当实行评聘合一

教师职称应参照公务员的职级并行制度，实行评聘合一。职称评聘应以教师的师德表现、工作表现和业绩成果成效为主要评判标准，鼓励广大教师把提升专业素养、教育教学质量作为主业，持续保持学习提高、专业精进的状态，这既有利于教师个人的专业成长，有利于教育教学质量的提高，也有利于学校管理教师队伍。

2.应取消岗位结构比例的限制

现行的岗位聘用制度从理论上来讲具有科学性,但从现实情况看,操作性较差,并不能够很好实行。职称评审制度与岗位结构比例制度有冲突,教师评上职称,具备了某级教师资格,就应该立即聘用,没有必要"吊胃口"不聘用。学校一方面聘用大量的代课教师,另一方面是评上职称的教师不被聘用,不让享受相应的待遇,这很矛盾。所以,应取消岗位结构比例的限制。

3.职称评审应照顾到城乡各类专业技术人员

目前的教育现状为,生源向县城集中,以至于当前县城的学生总数占到全县学生总数的70%以上。可以说,县城学校的校长和教师经历了多年大班教学,常年超负荷工作,但从来没有享受过什么补助,可他们为教育做出的贡献不可磨灭。同时,"乡补"、评优、评模、晋职的名额和条件向农村倾斜,有利于吸引中青年优秀教师到农村任教,有利于巩固农村教师队伍,这是必要的,但是,这种倾斜应符合农村教育的条件,不应过度放宽条件。现在的现象是:农村教师教着极少数的学生(很多小学班级学生数为个位数),享受着丰厚的乡村补助,享受着评模、晋职的倾斜政策,特别是乡村教师晋升职称允许与所教专业不一致,不作论文、课题项目、奖项、荣誉头衔等硬性要求,难道乡村教育教学不需要专业研究? 现实情况是乡村教师到县城的班级讲课,却不会组织课堂教学;县城的教师到乡下的个位数班级讲课,同样不会组织课堂教学! 由此可见,教育政策的制定是滞后于教育实际情况的。

需要强调的是,职称评审应照顾到城乡教师、校长、教研人员等各类专业技术人员,不应顾此失彼,显失公平。

5.荣誉规定不应作为职称评审的必要条件

荣誉,更多的是对教师的个人品德、敬业精神等方面的肯定,拥有荣誉的教师不一定专业能力突出。前些年,个人荣誉被纳入职称评审的必要条件,但由于荣誉的表述过于死板、狭窄,造成了很多"专家笑话",荣誉成了职称评审中对参评者的

"故意为难"。包括对荣誉称号名称的指定和限制,难以服众,因为随着时代的发展,荣誉称号也在不断更新、变化,所以说,荣誉规定只能作为教师某方面工作的一个重要参考或印证性资料,不能作为职称评审的必要条件,或者说,可以限定级别和评选机构,不能限定称号。如,同一个文件中的不同称号都应被认可。

总之,职称评审政策对教师专业成长、提升教育质量具有"指挥棒"作用,影响深远,意义重大,希望有关部门能够立足实际,及时修改完善。

关于加强学校手机管理工作的建议

随着信息化的发展,手机已经成为人们生活、生产、学习的必要工具之一,特别是智能手机的普遍推广及应用,深刻地影响了人们的思想和行为。手机,对于心智发展不成熟的中小学生来讲,是一把"双刃剑"。他们可以利用手机来辅助学习,提高学习效率,也因沉迷于手机游戏、网络游戏而熬垮了身体,耽误了学业,影响了成长。2021年初,《教育部办公厅关于加强中小学生手机管理工作的通知》(教基厅函〔2021〕3号)出台,为学校进一步加强中小学生手机管理工作提出了五点意见:有限带入校园、细化管理措施、加强教育引导、做好家校沟通、强化督导检查。北京的一些学校在校园率先为学生制作了"手机保管专柜",统一管理手机,不准学生将手机带入教室,为学生手机纳入学校常态化管理开了个好头。

实际上,中小学校园里的手机管理问题不只在学生层面,教师层面的手机管理问题也层出不穷。尽管学校一直强调禁止教师上课接打手机,但教师在上课、会议中接打手机的现象屡屡发生。更有甚者,有的教师在课堂上、监考中打开手机经营自己开的"网店",忙得不亦乐乎,这引起学生和家长的极大不满。因此,如果只是限制学生在校园随意使用手机,而对教师使用手机的问题不管不问,那学校的管理就没有说服力。所以,应当将教师、学生使用手机的问题一并纳入学校管理的范畴。

为此,我建议:

1.为问题的解决找到出口

只是一味地采取"堵"的办法是解决不了问题的,必须"堵疏结合"才能有效。也就是说,为师生手机问题的解决找到出口是关键。在这个信息化时代,为师生提供信息交流的便利,是再正常不过的服务。各学校"应通过设立校内公共电话、建立班主任沟通热线、探索使用具备通话功能的电子学生证或提供家长便捷联系学生的途径等措施,解决学生与家长的通话需求"。当然,也包括满足教师的通话交流需求。所以,相关企业应尽快研究这些便捷、适用的技术设备,尽快投入校园使用,或者投入具有视频通话等功能的设备,归入班级管理。

2.为问题的解决落实措施

首先,要明确限制师生带入手机的范围和时间。如,上课、开会、进行集体活动期间,需要教师履行管理、教育、教学的期间和场合,教师不应带手机;在上课、考试、活动期间,学生不应带手机。

其次,为师生手机的暂时性存放提供安全设施,并由专人管理。

最后,为师生制造适合校园使用的信息设备应是最理想的办法。信息设备,指只具备语音通话、视频通话功能的交流设备。

3.为问题的解决提供改进空间

师生使用手机的问题是一个动态问题,解决的思路也一定是动态的。所以,校园乃至社会要为这一问题的解决留出更多改进空间。

让中小学辅导在阳光下运行的建议

　　近年,围绕"减轻学生课业负担"话题,实施减轻学生过重课外作业负担、禁止教师有偿补课、限制校外办学机构收费补课行为等呼声很高,其间,还有不少教师因为有偿补课行为受到处分,甚至丢了工作。有偿补课为何屡禁不止? 课外培训机构为何"满天飞"? 究其原因,一是中高考的指挥棒下,分数仍然是主要衡量标准;二是有一部分学生确实需要课外辅导来提高成绩;三是教需矛盾开始突显,公立学校现有教育资源与家长、学生的高标准需求存在一定的"期望差";四是公立学校教师的工资待遇相对不高。

　　在这些因素的综合作用下,有偿补课行为有令难行、有禁难止。可见,一味采取"堵"的办法是不行的,只有"堵疏结合",让中小学辅导在阳光下运行,才能助于从根本上解决问题。为此,我结合《关于进一步减轻义务教育阶段学生作业负担和校外培训负担的意见》(以下简称《意见》)、《全面推行义务教育课后服务"5+2"模式和暑期托管服务工作的通知》(以下简称《通知》),建议如下:

一、明确辅导类型与职责

　　辅导,从时间上分为课间辅导和课外辅导。课间辅导指在"国家规定学生在校时间范围内"的、课堂教学时间以外的,由教师组织实施的辅导;课外辅导指在"国家规定学生在校时间范围外"的,由教师组织实施的辅导。

课间辅导就内容讲,有知识辅导、心理辅导、学习方法辅导等;就形式讲,有面向个体、小团体、集体的辅导。这些均属于教师的分内职责,教师应针对学生情况,因材施教,因人施策,精心辅导,不能讲报酬。

课外辅导应根据其内容、形式、对象等有所区别,应遵循学生、教师双方自愿原则,应当支付教师一定的报酬。

二、明确课外辅导制度

1.因地制宜,制定规则

结合"双减"要求,对于辅导的时间、地点、原则、方式、内容、学生安全、家校衔接、权利义务、教师报酬等进行明文规定。在同一个地区内,规则标准相对统一,做到学校、学生、家长、教师人人皆知,使辅导工作在阳光下运行。

2.统筹协调,协同实施

《通知》要求:要认真落实《国务院办公厅关于规范校外培训机构发展的意见》的要求,完善课后服务经费保障办法,明确相关标准,采取财政补贴、服务性收费或代收费等方式筹措经费。课后服务经费主要用于对参与课后服务教师和相关人员进行补助。所以,各地区党委政府、县区教育主管部门、行政审批部门、学校等要根据课外辅导、托管的具体情形,制定相关方案、代收费标准、补助标准等,形成上下一致的整套制度固定下来,这样才有利于学校、教师依法依规实施。

三、明确不同类型学校的不同要求

《意见》和《通知》主要是针对走读类学校的,对于寄宿制学校并不适用,应区分对待,防止地区、基层落实时"一刀切",脱离实际。

当前,有偿补课现象仍未杜绝,要彻底根除这些教育乱象,制定相关方案、制度、标准,让中小学辅导在阳光下运行应为根本之策。

第四部分：跋　文

引导教师成长、发展的一道曙光

翟有祥

2021 年初,我高兴地收到了任建青同志送给我的一本她最新编著的《教坛心语——中小学教育的实践与思考》,整本书设计大方,给人一种庄重优雅之感。缓缓翻开这本教育教研文集,条理清晰,深入浅出。全书分学校管理、教学探讨、现实思考、附录四大部分,其中对建青同志先进的教育教学理念、严谨求实的治学治教态度叙述得较为透彻。

我和建青同志相识于二十世纪九十年代中期,她那时在岔口中学任教务主任,我在县教研室负责中教组的教研工作,常常下校听课、评课,开展教研活动,工作之缘,多有交集。我们发现她有务实的工作作风、旺盛的精力和较强的业务能力,她把岔口中学教务工作料理得头头是道,使岔口中学的教学质量多年位居全县前列。

建青同志是我所知的我县乡镇中学中第一位女教导主任、第一位乡镇中学女校长,她辗转任职于巨城中学、岩会中学、城关中学、县实验小学,直至如今的县教师进修学校(2020 年 6 月改为县教育发展研究中心)。不同区域的不同岗位历练了她的工作能力,使她积累了丰富的教育管理与教学研究经验。多年来,她勤于学习、善于思考、敢于担当、勇于实践,在繁忙的教学工作之余,殚精竭虑,明理悟道,锲而不舍,笔耕不辍。她将自己工作以来精心撰写且发表于报纸杂志的优秀教育教学文稿编著成集,奉献于读者,实属不易。总结过去是为了更好地开拓未来,这些精彩的篇章似滴滴甘露滋润着读者的心灵,这是教育管理的智慧结晶,这是教学研究的丰硕成果,我们当然要为之点赞。

仔细研读《教坛心语——中小学教育的实践与思考》,发现这本文集有六大特点:

其一,文集突出一个"实"字。内容翔实,事件真实,文字朴实,没有华丽的修饰语,没有套话、空话,完全是以自己的经历为依据,实事求是讲道理,注重严管善理、引领帮扶,真正做到了教育理论与教育实践的有机结合。凝聚着建青同志的智慧和才干、心血和汗水,代表着她主持学校工作的正确性、独到性,完全经得起检验。

其二,文集反映了一个"全"字。从教育管理到立德树人,从教学研究到推进课改,从学校教育到家庭教育,从课堂教学到课题研究,从常规教学到特色建设,从环境氛围到习惯养成,从反思自身到借鉴他人,这本书让读者一看就知道是出自一位教育管理行家、教学研究专家之手。

其三,文集折射出一个"正"字。文集字里行间渗透着党和国家的教育方针、社会主义核心价值观,展示着作者先进的教育思想、渊博的专业知识、巧妙的管理艺术、精深的学术造诣。她将见闻体悟整理提炼,累积起来,就是弥足珍贵的精神财富。整本文集都在引导师生提振正气,激励人们奋发向上,为教育事业增姿添彩。

其四,文集强调了一个"研"字。建青同志无论主持中学工作还是小学工作,都十分注重教学研究,总是勤研善导,持久深入地引领广大教师研究学校、研究教学、研究课堂、研究学生。文集中的教学探讨部分始终贯穿着以学论教、以教导学、教学相长、提高质量的主体教育意识,她坚持实行研训一体化,立足课堂抓课改,主动承担省、市、县下达的研究课题,使教学研究成为教师的工作常态,从而培育出一批批学习型、专业型、研究型、创新型教师。

其五，文集体现了一个"新"字。建青同志在继承中有发展，在发展中常创新，紧紧把握时代脉搏，顺应教育发展方向，以全新的教育教学理念为指导，更新教学观念，革新教学手段，创新教学模式，优化课堂结构，细化教学评价，深化课程改革，将实用性课题研究贯穿于整个教育教学过程，形成了十几份成效显著的研究报告。新思想、新举措、新成果，有力地促进了教师的成长、发展，大面积提高了教育教学质量。

其六，文集印证了一个"梦"字。人生最可贵的是知道自己要干什么，该干什么，思想有多远才能走多远。不是杰出者在做梦，而是善梦者才杰出。正因为建青同志对工作有高度的责任感和事业心，对人生有明确的价值追求，她才会不断地、自觉地、刻苦地去学习、研究、实践，去立德、立功、立言，既志存高远，又身体力行。人人都有出彩和梦想成真的机会，关键是要奋发努力地去追逐梦想。

教育是一项事业，意义在于奉献；教育是一门科学，价值在于求真；教育是一门艺术，生命在于创新。高尔基说过："一个人追求的目标越高，他的才能发展得就越快，对社会就越有益。"难得的是，建青同志能够经常有意识地从理论和实践的结合中发现问题、认识问题、解决问题。据我所知，我县能将自己的工作经历、所思所想编著成集的人还不多，且该文集文章篇目之多，内容质量之高，确实让人赞叹。建青同志努力做到了干一行、爱一行、专一行、精一行，无愧于平定县教育发展改革史上的典型人物，在我们教师队伍中开了新河、树了榜样。我们应像她一样，在自觉学习上争当标兵，在勤思敏悟上争当表率，在务实重干上争当模范，在开拓创新上争当先进。把小事办实，把难事办成，把大事办好。

贺《教坛心语——中小学教育的
实践与思考》出版

赵科文

能手任建青，
学科带头人。
特级评到山西省，
校长名三晋。

教学有心人，
研究下实功。
撰写论文百余篇，
报纸杂志登。

课题作引领，
质量是生命。
教改成果都公认，
师生收获丰。

校长任建青，

当官又当兵。

推门听课"五不论"，

自身有内功。

多校挑重任，

从来不忘本。

学校管理"方圆论"，

推陈又出新。

平定女强人，

建青是精英。

政协常委当先进，

心系老百姓。

教坛铸师魂，

心语发内心。

难能可贵出精品，

激励后来人。

在教育梦想之路上升华着一种教育精神

王世茂　　李喜庆

在大家的心目中,任建青校长是一位学习型、业务型、实干型校长。她敦方正直,清廉自守,敬业奉献,良好的人格形象一直是师生的表率;她与时俱进,钻研业务,扎实推进新课程改革,是学校教育教学管理的行家里手。她用自己坚实的足迹,追逐着教育梦想,升华着教育精神,诠释着教育真谛。

坚持方向,依法办学——办好人民满意的学校

教师、教务主任、校长,任建青的角色在变,但她的教育梦想没有变,她用教育思想管理学校,用文化建设发展学校。办人民满意的学校,她首先展现的是作为校长办学的方向意识、责任意识、法治意识和人本意识。以党的教育方针为办学方向,办好党和人民的学校,以国家法律法规为指导,办为每一位师生的健康发展负责的学校,这是校长的岗位职责所在,也是校长的历史使命所在。

任校长和教职工一起学习,坚持引领大家敬畏法律,依法治教。深刻理解党的教育方针,确立"面向全体、全面发展"的办学理念;全面理解《教育法》《义务教育法》等法律法规,依法科学治校、严谨治教;学习理解《教师法》,认真履行教师义务,正确行使教师权利;学习践行《教师职业道德规范》《新时代教师职业行为十项

准则》,全面提升教师素养,做现代专业教师。她办学的法治意识把全体教师引向了理性教育的科学轨道上,规范办学、安全管理、党建行评、课程改革、课题研究、特色建设、信息化等各方面工作都在创先争优的路上,在全县发挥着辐射、引领、带动的作用。因此,学生受益,家长放心,社会满意。

科研实践,改革创新——提高教育教学质量

教学质量是学校的生命线,教学工作是学校的中心工作。在教育教学管理中,她坚持"课题引领课改"的治教理念,以素质教育为总方向,以课堂教学为主阵地,以课题研究为主抓手,以教科研工作为支撑,走科研强师、教研兴校之路,不断提高教师业务水平,不断深化课堂教学改革,切实提高教育教学质量。

课堂才是师生成长的摇篮,睿智的校长进课堂。任校长一贯坚持推门听课"五不论"(不论领导教师、不论主副科、不论年龄、不论节次、不论节数)的原则,每年听课在160节以上,及时真实地获取课堂教学的正反面信息;个体式、集体式的教学研究是她的常规工作,她自然而然地和教师"教研"在一起,智慧碰撞在一起,感情融合在一起。这些都潜移默化地激发了教师进行教学研究的主动性,促进了学校教学工作的过程诊脉、针对改进和科学决策。

校本的课题研究是最富有生命灵动性的。她主持着市级、省级、国家级多项课题,涉及课堂教学、书法教育、特色学校建设、国学经典教育等各个领域,她引导大家将课题精神融会贯通,与教育教学实践紧密结合,教师的教育教学机智,学生的灵动思维展示,同行的优点鼓励、失误提醒,领导的建议鞭策、诚恳指导,使得每一次活动都充满关爱和激励,顿悟与欣喜在沟通交流中焕发出生命灵动的勃勃生机,教师的专业成长便悄然发生了。任建青是大家信服的课题研究专家,大家愿意跟着她做课题,愿意跟着她研课、论课,愿意跟着她参加教学竞赛,因为她总是走在大家的最前头。她带领团队参加县、市"主体型"课堂教学模式大赛,荣获县一等奖,

荣立市二等功,学校获"成绩突出奖";她所撰写的多篇论文、案例等在市级、省级刊物上发表或获奖,成为大家的表率。

厚德载物,文化奠基——形成特色校园文化

"仁爱崇文,儒雅大成"学校特色文化创建立意高、见效快。学习借鉴、深入探讨,以"仁爱儒雅"为核心,以校本课程建设为依托,通过教育教学实践活动,努力引导学生在思想上领会"仁",在情感上体验"爱",在学识上成为"儒",在行为上表现"雅",致力于使学生成长、成才、成功,可持续发展,为师生的素质提升和共同进步创设了良好的环境。学校校本文化发展主题、发展方向、文化特色明确独特,成果总结实用精良,课题研究富有成效,运用推广影响深远。全省评比校本课程中,她主编的校本课程荣获一等奖,在全省的现场汇报展示深得专家好评,广受同行赞誉,吸引了吕梁市柳林县锄沟小学、郊区育才小学等一批兄弟学校莅临观摩交流,这同样成为学校特色文化建设中亮丽的风景。

服务基层,担当作为——创新教师培训的模式

在师训工作中,她秉承县教师进修学校"服务基础教育,打造优质师资"的办学宗旨,坚持"以教师发展为本、以学校发展为本、以教育发展为本"的办学理念,着眼"准确定位,超前规划,项目推进,分类提高"的办学目标,立足于师训工作的实践价值,创新师训工作的组织管理:调研在先,了解实情;突出重点,针对师训;送教服务,大胆创新;骨干引领,率先垂范。近年来,她坚持"以类型定主题,以主题定内容,以项目定模式,以需求聘专家"的培训思路,回应一线关切,在师训安排中补空白、补短板、补弱项,课程设置、专家选聘、管理保障方面总体部署,协同一致;创新培训方式,采取"送教(培)下乡""课题送教""同课异构"等方式,在深入课堂、深入教师、深入教研方面不遗余力,服务到位;追求培训实效,线上学习与线下实践

相结合、类型与主题相结合、集中讲座与个体展示相结合,效果显著。如对新教师的培训中增设了"学科课堂教学展示与论坛"课程,学员在登台展示中借鉴共进;对基层教师进行集教科研、教研教改、校本研修、教师培训于一体的"研训一体化"培训,针对性强、时效性强。借助国家教育行政学院远程教育培训平台实施的校(园)长培训、班主任培训、骨干教师培训、思政教师培训、语言文字骨干教师培训等,站位高、受益广。针对学科教师吃不透课标、不会处理部编新教材、课堂教学随意化等现象,组织"例讲新课标下的教材理解与处理"暑期网络培训,更新教师理念,化解教师疑难。"研训一体化"、"1+1"组织、"同课异构"、"课题送教"等是主要创新点。如此,培训的主体性、实效性明显增强,赢得一线广大教师、校长的欢迎。

珍惜荣誉,精心履职——架起党心民心连心桥

在县政协第十四届委员、第十五届委员、第十六届常委任期内,她坚持学习,广泛调研,认真分析,提案43件,调研报告12件,进行大会发言11次(统计数据截至2024年),把基层群众的呼声和愿望反映给党和政府,认真履行作为一名政协委员的职责。她围绕农村教育存在的实质性问题有效履职,"关于实施乡村振兴战略必先振兴乡村教育的调研报告"在全县干部大会上进行交流,多篇提案引起上级领导的高度重视;她抓住农村教育发展最突出的问题有效履职,"对全县中小学教师进行合理分配和补充的建议"等提案,对解决我县教师队伍建设等问题提出了有价值的建议;她针对群众对教育不满意的问题有效履职,"对全县中小学校体育操场进行提档建设的建议""采取根本措施解决县实验小学校园安全隐患的建议""我国高校应加强家校共育机制的构建的建议""关于把党团队知识进教材作为培养青少年爱党爱国情感的基础工程的建议"等提案、建议,全面反映基层群众的呼声和诉求,为党政领导决策提供了重要参考。她在政协委员年度考核中连年名列前茅,

在全县"两会"上连年被评为"反映社情民意先进个人""优秀政协委员"。她的工作实绩让大家感叹:"真不愧是我们工作的标杆、学习的榜样!"她坚定地说:"我是一名共产党员,我要用教育初心和使命书写自己有意义的人生。"

任校长给我们的印象永远是朴实无华,脚踏实地,不骄不躁。在她的视野中,教育梦想的实现还在路上,生命不息、奉献不止的教育精神应当一路升华!

自 跋

　　把自己的文章整理成一本文集，是我的夙愿。此稿是在 2021 年整理的资料集《教坛心语》的基础上进行增删而成，以中小学教育教学实践与思考为主要内容，本意是与同行交流商榷，引发新的思考，碰撞新的观点，探索新的实践。文集即将付梓，我甚为欣慰，百感交集融化为一种情感，那就是——感谢。

　　感谢教育经历。师生构筑的多彩教育生活启发了我，是我写作的素材之源；同仁奉献的丰富教育实践引发了我的共鸣，是我写作的动力之源；团队合作的深入探讨、研究开阔了我的视野，是我研究的力量之源；师长、领导的谆谆教诲、鞭策引领了我的成长，是我写作的方向之源。从课堂教学到学校管理，从教育实践到教育研究，从教育教学到现实思考，所有的成绩或问题、成功或失败，都是宝贵的资源。

　　感谢助力指导。由资料集到文集，我得到了很多领导、专家的指导，如：冠盛教育培训中心原董事长、中学高级教师王世茂先生亲撰前言，提纲挈领；《平定报》首任主编赵成秀老师垂阅斧正卷首语，不遗余力；县教育局原副局长赵科文老师的板话简评提要钩玄；县教育局原教研室主任翟有祥老师斧正初稿认真细致……我深知，没有各位的鼎力相助，我难遂心愿。在此，我对各位致以最诚挚的谢意！

　　才疏学浅，书中瑕疵谬误必定难免，敬请各位缘阅者批评指正并原宥海涵。

2025 年 4 月